대한민국,
활명수에
살다

대한민국, 활명수에 살다

초판 1쇄 인쇄 | 2015년 12월 14일
초판 1쇄 발행 | 2015년 12월 23일

지은이 전병길
책임편집 손성실
편집 조성우
마케팅 이동준
표지디자인 장병인
본문디자인 권월화
용지 월드페이퍼
제작 (주)상지사P&B
펴낸곳 생각비행
등록일 2010년 3월 29일 | 등록번호 제2010-000092호
주소 서울시 마포구 월드컵북로 132, 402호
전화 02) 3141-0485
팩스 02) 3141-0486
이메일 ideas0419@hanmail.net
블로그 www.ideas0419.com

ⓒ 생각비행, 2015, Printed in Korea.
ISBN 978-89-94502-55-7 03320

1897

대한민국 최초의 브랜드

대한민국, 활명수에 살다

전병길 지음

생각비행

'생명을 살리는 물' 이야기를 시작하며

대한민국 사람들 중 '활명수'를 모르는 이는 거의 없다. 대한민국
소비자의 99.8퍼센트가 활명수를 알고 있으며 연간 1억 병이 생산
된다.* 한마디로 활명수는 한국을 대표하는 브랜드다. 그리고 활명
수는 오래되었다. 그냥 오래된 것이 아니라 한국에서 가장 오래된
브랜드다. 활명수가 태어난 해는 19세기 후반인 1897년이다. 그해
가을 조선의 고종 임금은 자주독립의 기치를 내걸고 대한제국을 선
포한다. 1897년은 영국 체신청에서 세계 최초로 무선통신을 성공
시킨 해이자 사람들이 많이 찾는 해열진통제 '아스피린'이 태어난
해이기도 하다. 세계 통신 및 의학 발전에 큰 획을 그은 해에 한국
브랜드의 역사가 시작되었다. 활명수는 무려 120년의 세월을 우리

● 활명수 브랜드 누리집 http://www.whalmyungsu.co.kr/page/main.html#brand

곁에 있었다. 활명수는 구한말과 일제강점기, 해방 이후 혼란과 전쟁, 전후 복구와 경제발전 그리고 민주화와 세계화, 지식정보화 시대를 거치는 동안 사람들에게 많은 이야기와 의미를 주었다.

동양과 서양의 의학이 만난 탄생 이야기부터 2015년 여성들을 위해 새롭게 출시된 '미인 활명수'에 이르기까지 활명수와 연관된 이야기는 셀 수 없이 많다. 문화 칼럼니스트인 이응진은 초등학교 때 처음 서울로 수학여행을 와서 배탈이나 만병통치약(?)으로 통했던 활명수를 사러 약국에 들렀다가 일행을 잃어버린 추억이 있으며[*] 민음사의 박맹호 회장은 약사인 아내가 활명수를 판 돈으로 간간이 출판업을 해나가며 오늘날 한국을 대표하는 출판사를 일궈냈다.[**] 한국의 대표 지성 이어령은 입덧하는 아내를 보고 체한 줄 알고 활명수를 사다 먹이려고 했다는 솔직한 글을 남겨 아빠로서 미숙했던 옛날을 고백하기도 했다.[***]

이외에도 활명수와 관련된 수많은 일화와 각종 언어 표현, 액제 소화제 활명수 본연의 기능과 역할을 넘어 다양한 용도로 활용되는

---

[*] 〈소풍과 수학여행〉, 《파이낸셜뉴스》, 2011. 10. 26.
[**] 〈민음사 박맹호 회장 "아내가 '활명수' 1원씩에 팔아 출판 지원"〉, 《경향신문》, 2012. 12. 11.
[***] 〈[책 속으로] 암으로 먼저 간 딸에 바친다 … 애끓는 팔순 아버지 이어령〉, 《중앙일보》, 2015. 06. 13.

사례에서 알 수 있듯이, 활명수는 지난 120년 우리나라 역사만큼이나 역동적이고 의미 있는 이야기를 가득 안고 있다. 활명수와 관련된 다양한 이야기를 한번 묶어보면 어떨까? 이전과는 다른 접근 방식으로 말이다.

그동안 우리나라 기업이나 브랜드 역사 연구는 주로 경제발전과 기업 내부의 관점에서 이루어졌다. 기업과 브랜드가 어떻게 성장하고 발전했는지 또 어떤 전략을 취했는지, 신제품을 어떻게 개발하여 마케팅했는지, 매출증가율과 시장점유율은 어떠하며 경쟁전략은 어떻게 수립했는지 등등. 이처럼 잘 짜인 프로세스의 틀 속에서 계량적 수치를 통해 기업을 이해하고 평가해왔다. 하지만 사람들의 마음속에는 통계 수치로는 표현할 수 없는 '무엇'이 있다. 우리네 정서에는 서구적 가치로 정의하고 해석하기 어려운 특유의 '무엇'이 있다. 활명수의 나이는 어언 120살이다. 1897년에 세상에 태어난 이래 기나긴 세월을 거치며 지금까지 이어올 수 있었던 까닭은 사회 속에서 사람들과 긴밀하게 호흡하며 꾸준히 가치와 정서를 창조하고 발전시키며 유지해 나아갔기 때문일 것이다.

이 책은 지난 120년간 한국 사회에서 한국인과 동고동락同苦同樂한 활명수의 이야기다. 책의 구성은 다음과 같다. 1부 '최초의 브랜드, 활명수의 탄생'은 활명수가 태어난 시점인 1897년 전후의 상황을 국민 뮤지컬 명성황후를 모티브로 하여 풀어냈다. 뮤지컬 속 주요 배역 중 한 명인 호위무사 홍계훈과 소화제 활명수를 만든 민병호는 둘 다 궁중 무관이라는 공통점이 있다. 또한 공교롭게도 이 책이 출간되는 2015년은 명성황후 시해 120주기이자 뮤지컬 명성황후 제작 20년이 되는 해여서 그 의미가 더욱 깊다.

2부 '생명을 살리는 물, 샘솟다'는 급변하는 시대적 배경 속에서 활명수가 탄생하는 이야기를 다루었다. 활명수의 아버지 민병호 선생의 주생활 공간이었던 정동과 서소문 일대를 역사 자료에 근거해 당시의 모습으로 상상해보았으며 활명수와 활명수 모기업 동화약방의 첫 시작을 나름 해석하기도 했다. 이 책에 실린 활명수 모기업 동화약방의 첫 신문기사와 첫 광고, 활명수 상표를 도용한 신창약방의 사과 광고는 사실상 처음 세상에 공개되는 것이어서 초창기 한국 기업 연구에 있어 나름의 의미가 있다고 할 수 있다.

3부 '민족의 답답한 마음을 달래다'는 일제강점기의 활명수와 동화약방의 모습을 담았다. 동화약방이 활명수를 팔아 독립운동 자금을 댄 이야기, 그리고 민족경제 진흥을 위해 전개된 '조선산직장려계'와 '물산장려운동'에 활명수와 동화약방 윤창식 사장이 참여한 이야기는 20세기 초중반 암울한 식민지 상황에서 민족경제 진흥을 위해 투쟁한 활명수의 지나온 역사를 보여준다. 또한 사회계몽운동과 구호 활동에 적극적이었던 활명수의 모습은 오늘날까지 소비자의 사랑을 받을 수밖에 없는 이유가 무엇인지 확실히 보여준다. 아울러 노천 민병호 선생 가문에서 보당 윤창식 선생 가문으로 동화약방의 경영권이 이전되는 모습을 살펴보았다.

4부 '격동의 시대, 마르지 않는 샘'에서는 제2차 세계대전과 해방 이후의 혼란기, 한국전쟁의 참상 가운데에서도 국민과 함께 고난을 이겨낸 활명수의 모습을 보여준다. 이 시대는 그야말로 한국 현대사의 암흑기였다. 중국 만주에서부터 부산 국제시장까지, 시대와 장소는 달랐어도 활명수는 한국인의 답답한 마음을 달래고 위로해주었다. 한국전쟁 이후 혼란스러운 상황 속에서 과연 활명수가 국민에게 어떤 의미였는지를 함께 살폈다. 활명수가 졸지에 선거사범이 되기도 하고, 미국 대통령 아이젠하워가 한국에 오던 날, 카퍼레이드를 구경하기 위해 운집한 수많은 시민의 속을 위로하기도한다. 활명수는 입학시험을 보러 가는 아이와 아빠의 초조한 마음을 달래고 이어주는 매개체가 되기도 했고, 급격한 산업화의 물결 속에서 도태된 사람들의 속을 진정시키고 위로하는 역할도 맡았다.

5부 '새로운 물은 새로운 부대에'는 1960년대 후반 이후 우리와 함께한 활명수를 보여준다. 월남전 특수와 더불어 베트남에도 활명수가 진출하게 되고, 남북 간 대립이 극에 달한 시대에는 활명수의 역사 또한 시대상을 반영할 수밖에 없었음을 살펴본다. 경제가 발전하고 사회가 다양해지면서 활명수 광고는 시대의 흐름에 맞춰 새로운 모색을 하게 된다. 과음과 과식을 모티브로 한 광고가 등장하기도 하고 경쾌한 활명수 광고 CM송이 나와 대중의 사랑을 받기도 했다. 아폴로 11호가 달에 처음 착륙한 시점에는 도전정신을 광고 문구로 내보냈다. 당시 최고의 사치품이었던 자동차와 전화기에 대한 대중의 욕구를 광고에 적절히 연결하기도 했다. 한때 큰 인기를 끈 스마일 마크를 활용한 '위의 스마일' 광고 역시 시대상을 파악할 수 있는 중요한 자료가 되었다. 이 시기는 오늘날의 동화약품을 있게 한 가송 윤광열 회장이 기업 경영의 전면에 나선 시점이라, 그의 업적을 가치사슬로 표현해보았다.

6부 '활명수 속 세상, 세상 속 활명수'는 1970년대 이후부터 지금까지 활명수가 지나온 세상의 이야기를 그려보았다. 산업화를 통해 나라가 근대화되면서 잘살아보겠다는 의지와 새롭고 발전된 것에 대한 갈망 속에서 활명수는 때론 유용한 재활용품으로 때론 세련되지 못한 구시대적인 것으로 취급받기도 했다. 한편 '생명을 살리는 물'이란 뜻이 담긴 활명수는 그 의미로 인해 독특한 언어유희의 대상이 되었으며, 막힌 속을 뚫어주는 독특한 효능은 다양한 상황에서 직유 혹은 은유적인 표현으로 활용되기도 했다. 또한 활명수는 언론 자유화를 추구하던 시대의 현장이나 가슴 아픈 남북 이산가족 상봉의 현장에도 함께했다. 예술과 상품이 만나 협업과 융합이 이뤄지는 현장에서 활명수는 기업의 사회공헌을 고민하며 역할을 다하고 있다.

7부 '활명수 경영학개론'은 활명수의 경쟁전략과 마케팅전략의 역사, 그리고 사회경제적 의미를 고스란히 담았다. 특히 브랜드 라이벌 관계인 삼성제약의 '까스명수'와 활명수가 1967년에 벌인 탄산가스를 함유한 액상 소화제 대전을 일명 '탄산가스 전쟁'이라는 이야기로 정리했다. 업계에서 구전되다시피 한 내용을 구체적인 자료를 찾아 시대의 흐름에 맞춰 일목요연하게 정리했다. 활명수와 까스명수의 '탄산가스 전쟁'은 한국 브랜드 라이벌 역사에서 백미라고 볼 수 있다. 그리고 구한말부터 최근까지 활명수의 가격을 물가 시세와 비교하여 분석했는데, 이로써 일제강점기의 활명수 가격이 지금보다 훨씬 높았음을 알 수 있었다. 활명수와 설렁탕의 가격을 비교하여 지수화하는 작업은 물가와 사업 유형을 비교하면서 시대적 상황을 유추하는 시도였다. 역대 활명수 광고에 등장한 모델들을 포지셔닝 맵으로 정리하는 작업 역시 활명수 역사상 처음 시도되었는데, 이를 통해 시대의 흐름에 따라 소비자에게 어필하기 위한 광고 기획자들의 일관된 노력을 엿볼 수 있었다. 마지막으로 활명수의 오랜 역사가 마케팅으로 어떻게 활용되는지도 살펴보았다.

8부 '한민족의 브랜드 헤리티지를 넘어서'는 120년 동안 한국인에게 사랑을 받아온 활명수가 어떻게 미래로 나아가야 할지에 대한 고민을 풀어놓았다. 전통에 안주하지 말고 1위의 지위에 만족하지 말아야 한다는 것이 결론이다. 다시 말해 활명수 탄생기로부터 이어진 혁신의 마음을 계속 이어가야 한다는 의미다. 이 책을 쓰며 궁금한 점이 많았다. 도대체 하나의 브랜드가 120년을 이어온 힘의 원천은 무엇일까? 그것은 앞으로 전개될 이야기들 속에 배어 나올 것이다.

2009년 이래 매년 한두 권의 책을 꾸준히 출간하고 있다. 매번 쉽지 않은 과정을 거치며 책을 마무리한다. 이번 책 역시 큰 뜻을 품고 작업을 시작했지만, 중간중간 어려움이 꽤 있었다. 하지만 어려움 속에서 길을 모색하며 나름의 해법을 얻었다. 이번 책 작업의 가장 큰 성과는 잘 알려지지 않은 자료를 발굴한 것과 이를 나름의 틀로 분석한 데 있다. 한국언론재단에서 운영하는 KINDS와 네이버가 서비스하는 옛날 신문 자료 검색 시스템(네이버 뉴스 라이브러리)은 자료 수집의 지평을 몇 단계 높여주었다. 예전에 자료를 찾으려면 일일이 대학 도서관을 찾아다니며 복사해야 했지만, 디지털 시대에는 그런 발품을 팔 일이 줄어들었다. 고마운 일이다. 특히《동아일보》는 일제강점기 창간호(1920. 4. 1)부터 검색이 가능해져 좋은 참고자료가 되었다. 한 가지 아쉬운 점은《조선일보》자료는 검색되지 않는다는 사실이다. 하루빨리《동아일보》처럼 방대한 자료를 쉽게 검색할 수 있는 날이 오기를 기대한다.

책을 마무리하기까지 많은 분의 격려와 도움이 있었다. 먼저 책의 기획 단계에서 출판의 과정까지 물심양면으로 후원해주신 동화약품 윤도준 회장님께 감사의 말씀을 드린다. 2014년 여름, 생면부지生面不知 부족한 사람의 치기 어린 제안을 너그럽게 받아주셨기에 이렇게 책을 출간할 수 있었다. 회장님께서 수시로 보내주신 메일과 메시지는 새로운 아이디어의 원천이 되기도 했다. 또한 이번 책 출간에 있어 행정적인 도움을 주신 동화약품 윤현경, 이설 이사님과 김가혜 과장님께도 감사드린다. 이분들의 도움으로 체계적인 자료 수집과 글쓰기가 가능했다.

나의 새로운 일터인 재단법인 통일과 나눔의 안병훈 이사장님과 윤석홍 상임이사님을 비롯한 재단 관계자분들에게도 감사드린다. 부족한 사람에게 과분한 자리를 맡기고 격려해주시는 모습에 늘 새로운 용기를 얻는다. 그리고 《조선일보》 홍준호 발행인님을 비롯한 편집국 기자분들에게도 감사드린다. 특히 새로운 인연의 고리 역할을 해주신 주용중 편집국 부국장님께 특별한 감사의 마음을 표현하고 싶다.

이번 책을 출간해주신 도서출판 생각비행에도 감사드린다. 지난 2013년 이래 생각비행과 함께하는 세 번째 책이다. 그동안 부족한 원고가 생각비행의 편집으로 상당 부분 상쇄되었음은 두말할 나위 없다. 그리고 나의 동역자들인 (사)리더십코리아 한국리더십학교 동문과 통일정책연구회 회원들에게 감사드린다. 이들과 함께 보낸 20대 후반과 30대는 돈으로 환산할 수 없는 값진 시간이었다.

마지막으로 가족에게 미안하고 고마운 마음을 전하고 싶다. 무엇보다 병상에 계신 장모님이 쾌차하시기를 기도한다. 간병과 육아로 심신이 지쳐 있는 아내 영라에게 사랑의 마음을 전하고 싶다. 또한 곧 초등학교에 입학하여 유익한 시간을 보낼 아들 예찬에게 사랑의 마음을 표현하고 싶다. 이제 몇 년 뒤면 아들과 함께 책을 읽고 글을 쓸 수 있을 것 같아 벌써 기대하게 된다. 언젠가 속이 더부룩할 때 아들과 활명수를 나눠 마시는 날도 올 것이다. 그날 또한 기다려진다.

2015년 가을날
역사의 현장, 서울 정동의 한 카페에서
전병길

7.
활명수 경영학개론

1897

대한민국,
활명수에 살다

①

최초의 브랜드,
활명수의
탄생

기사회생의 명약,
활명수

活命水
1897

> ♬ 한 발 나아가면 빛나는 자주와 독립
>
> 한 발 물러서면 예속과 핍박
>
> 용기와 지혜로 힘 모아
>
> 망국의 수치 목숨 걸고 맞서야 하리
>
> 동녘 붉은 해 동녘 붉은 해 스스로 지켜야 하리
>
> 조선이여 무궁하라 흥왕하여라 ♬

1995년 12월 30일 서울 예술의전당.

아리아 〈백성이여 일어나라〉가 울려 퍼지며 뮤지컬 '명성황후'의 첫 공연이 끝났다. 막이 내려도 감동의 박수는 끝날 줄을 몰랐다. 그날 이후 뮤지컬 명성황후에 대한 호평이 국내외적으로 끊이지 않았고 그 명성은 오늘날까지 계속되고 있다. 조선의 스물다섯

째 왕비이자 대한제국의 첫 황후였던 명성황후(1851~1895) 시해弑害
100주기를 추모하기 위해 제작된 뮤지컬 명성황후는 한국 창작 뮤
지컬의 자존심, 국민 뮤지컬, 최고의 문화상품, 아시아 최초 뉴욕
브로드웨이 진출 작품, 런던 웨스트엔드 진출 작품, 대형 창작 뮤지
컬 최초로 100만 관객 동원, 1000회 공연 돌파와 같은 화려한 기록
을 남겼다.[1] 이러한 기록만으로도 이 작품이 국내 뮤지컬 분야에서
차지하는 영향력이 어느 정도인지 가늠할 수 있다. 한마디로 뮤지
컬 명성황후는 한국 뮤지컬의 새 시대를 열었다.

　비운의 국모國母 이야기를 다룬 뮤지컬 명성황후는 한반도를 둘
러싼 열강의 틈바구니에서 뛰어난 정치적 수완과 외교력을 발휘했

뮤지컬 명성황후에서 〈백성들이여 일어나라〉를 제창하는 장면

에이콤 인터내셔널 블로그

으나 일본 낭인들에 의해 비극적 최후를 맞이한 명성황후를 보여주는 데 집중한다. 이를 위해 개화파開化派[2]와 위정척사파[3]의 대립과 갈등, 구식舊式 군대가 신식 군대에 비해 차별받는 현실에 항거해 일으킨 '임오군란'(1882), 김옥균을 비롯한 급진개화파가 개화사상을 바탕으로 조선의 자주독립과 근대화를 목표로 일으킨 '갑신정변'(1884), 고종 임금의 아버지 흥선대원군의 재집권과 실각, '갑오개혁'(1894), 그리고 명성황후가 일본 낭인들에 의해 처참한 죽음을 맞는 '을미사변'(1895) 등의 시대적인 사건과 더불어 역사의 파고에 당당히 맞서는 명성황후의 모습을 연대기적으로 보여줬다.

명성황후를 비롯해 을미사변 당시 희생된 이들이 장엄하게 부르는 마지막 아리아 〈백성이여 일어나라〉는 관객의 마음속에 진한 감동을 선사했다. 공연이 끝나고 출연한 배우들이 무대인사를 할 때면 다른 배역들보다 유독 많은 박수를 받은 배역이 하나 있다. 바로 명성황후의 호위무사였던 홍계훈洪啓薰이다. 1882년 임오군란 당시 왕비(훗날 명성황후)가 궁으로 몰려오는 구식 군대를 피해 탈출했을 때 목숨을 걸고 호위한 이가 당시 무예청 별감 홍계훈이었다. 그는 충청도 충주에 두 달간 숨어 있던 왕비를 호위했다. 왕비를 구한 공으로 말미암아 훈련대[4] 연대장 자리까지 오르지만, 1895년 을미사변 당일 궁궐로 난입한 일본 낭인들과 맞서다 경복궁 앞 광화문에서 최후를 맞이한다.[5] 뮤지컬에서는 홍계훈이 명성황후를 남몰래 연모한다는 묘한 로맨스 설정이 가미되었다. 관객이 홍계훈에게 환호하는 이유가 바로 이 때문이다. 왕실에 대한 충성과 왕비에 대한 남모를 사랑, 사랑하는 이를 지키기 위해 맞이한 비참한 최후, 거기에다 배우가 잘생기기까지 했으니 뮤지컬 속 홍계훈이란 배역에 열광하지 않을 수가 없다.

열강에 둘러싸인 조선의 상황은 한 치 앞을 내다볼 수 없는 바람 앞의 촛불과 같았지만, 무관인 훈련대장 홍계훈처럼 자신이 모시는 주군主君을 향해 충성을 다한 신하도 적지 않았다. 동시대 무관 중에서 왕실에 대한 충성심과 함께 남다른 호기심과 실험정신으로 한국 기업과 브랜드 역사의 시작을 알린 이가 있었으니, 바로 궁중 무관인 선전관宣傳官(임금을 측근에서 보필하는 무관, 오늘날 대통령 경호관) 출신 노천 민병호다. 그는 1856년 충청도 충주의 양반 가문에서 태어났다. 일찍이 무과에 급제하여 한양으로 올라와 궁중 선전관을 지냈다. 사서삼경四書三經과 같은 한학에 능했으며 한약 지식도 출중했다. 또한 선전관이란 벼슬에 있었기 때문에 궁중 사정에 밝아 각종 궁중 처방 비법도 알 수 있었다.[6] 민병호의 폭넓은 지식과 다양한 호기심은 훗날 한국 최초의 브랜드인 '활명수' 탄생의 밑거름이 된다.

활명수가 세상에 나오기 직전인 조선 후기 우리 의학은 많은 발전을 이루고 있었다. 위급한 병이 났을 때 필요한 의학서인 각종 구급방이 편찬되어 많은 사람에게 도움을 주었다. 특히 《동의보감》으로 유명한 허준은 여성들을 위해 《언해구급방諺解救急方》을 편찬했다. 이 책은 침구 한 가지만으로 병을 다스릴 수 있는 단방약單方藥을 처방하여 경제성을 높였다.[7] 이뿐 아니라 약의 구입과 보관을 목적으로 약을 대상으로 하는 일종의 동아리인 '약계藥契'를 만드는 사람도 늘어났다. 양반층이 중심이긴 했지만, 지방에서 약이 널리 유통되고 있었고 소비 대상도 평민층으로 넓어졌다. 약계는 일정한 장소를 가지면서 점차 약방藥房으로 성장해갔다.[8]

양약洋藥으로 불린 서양의 약은 부산, 인천 같은 개항장을 중심으로 활동하던 일본인에 의해서도 조선에 들어왔다. 처음에는 치약, 비누 등으로 조선인에게 접근하던 일본 상인들이 취급 품목을 약으로 넓혔다. 일본 상인들은 각종 약제가 부족한 조선에 서양 약품과 일본에서 제조한 양약을 팔았다. 1890년대에 이르러서는 조선 전역에 걸쳐 일본인 매약상들이 적극적인 활동을 벌였다.[9]

서양 의료선교사들과 일본 매약상들에 의해 알려지기 시작한 서양의학과 약품은 서서히 영역을 넓히면서 자연스럽게 전통 한약에 영향을 주었다. 이로써 서양의학을 수용한 새로운 약이 발명되었는데, 1897년 세상에 나온 액상 소화제 '활명수'가 그 시초다. 우리 손으로 개발한 첫 신약이 소화제인 까닭은 우리 민족의 식습관과 연관이 있었다. 한국인은 전통적으로 맵고 짠맛에 길들여져 있었다. 맵고 짠 음식이 몸에 좋지 않다는 사실을 알고는 있지만, 이미 그 맛에 중독되어 있었다. 더구나 급히 먹는 식습관 때문에 체기가 자주 발생했다. 이런 유별난 식습관으로 말미암아 우리나라 사람들은 위장장애, 소화불량이 많은 편이었다. 조선시대 말기 서울에서 의료 활동을 하던 의료선교사 에비슨O. R. Avison은 한국인이 많은 양의 음식을 급히 먹기 때문에 위장병이 많다고 판단하고 있었다. 평안도 평양 지방의 의료선교사 웰스J. H. Wells도 이와 유사한 의학 보

고를 한 바 있다.[10]

활명수가 개발되던 19세기 후반 우리에게 약이라곤 달여서 먹는 탕약밖에 없었다. 심지어 약은 구하기도 힘들어 급체나 토사곽란 등으로 목숨을 잃는 이가 많았다. 바로 이때 민병호가 획기적인 신약을 세상에 내놓게 된다. 왕실에서 사용하는 궁중 한방 비법 등에 조예가 깊었던 민병호는 1884년 갑신정변 당시 미국 선교사 알렌이 부상당한 금위대장 민영익을 치료하는 것을 보고 서양의학에 관심을 보이기 시작했다.[11] 이때부터 동서 의학을 절충한 새로운 약 개발에 나섰다. 소화불량에 효험이 있는 한약재에 알코올, 클로로포름 등 서양의학 지식을 가미해 획기적인 제품을 개발해냈다. 퓨전 신약 '활명수'는 이렇게 세상에 등장했다. 활명수는 출시 이후 사람들의 입소문을 타기 시작했다. 약효가 워낙 좋아 다 죽어가는 사람을 살리는 신비의 약으로 명성이 쌓이기 시작했다.

일제강점기에 활명수의 모기업 동화약방은 이런 제품의 특성을 살려 신문 광고에 실으면서 죽은 사람이 다시 살아난다는 의미인 '기사회생起死回生'이란 문구를 넣었다.

1910년 7월 12일자 《대한매일신보》에 실린 활명수 광고의 내용을 보면 "평안북도 태천 동화약방 출장소에 근무하는 이정화 씨가 길거리에 누워 죽어가는 지순복 씨를 보고 자선慈善의 마음으로 활명수를 건넸고, 그것을 마신 이순복 씨는 회생하였다"라고 되어 있다. 아마도 동화약방의 직원이 체험한 이야기를 광고로 내보낸 듯하다. 이러한 '활명수=기사회생起死回生' 콘셉트의 광고는 1930년대

활명수를 마시고 기사회생한 사람의 이야기를 소개한 광고

《대한매일신보》 1910년 7월 12일자

까지 20여 년간 지속된다. '기사회생'을 콘셉트로 하는 동화약방의
자신감 넘치는 광고는 활명수의 우수성을 보여주는 한 단면이기도
하다.

시장을 리드하는 브랜드는 대개 정체성을 한 단어나 한 문장으
로 표현한다. 소비자는 그러한 단어나 문장을 접하면 자연스럽게
해당 브랜드를 떠올린다. 볼보Volvo 자동차는 브랜드 속성에 '안전'
을 내포하고 있고, 월마트Walmart의 EDLPEveryday Low Price는 '매일
매일 저렴한 가격'을 의미한다. 리복Reebok은 젊음을 상징하고 디

즈니Disney는 즐거움의 표현이다. 우리는 외국의 학자나 저술가들이 위와 같은 사례를 담아 쓴 경영 서적을 읽고 때로는 시험도 봤다. 그 때문에 우리가 생각하는 브랜드의 정석은 대부분 외국의 사례다.

하지만 활명수는 120여 년 전에 '기사회생'이라는 콘셉트로 우리 증조할아버지나 고조할아버지들의 마음을 사로잡았다. 오랜 세월이 흘렀지만, 부모님 세대와 우리 세대가 활명수를 마시고 있다. 대한민국에서 활명수는 존재 자체만으로도 우리의 역사요, 삶의 한 부분이다.

지난 세월 활명수는 우수한 약효, 전략적 브랜드 관리를 바탕으로 민족과 함께 기쁨과 슬픔을 나누었다. 앞으로 전개되는 글은 민병호에 의해 처음 시작된 동화약품의 부채표 활명수가 걸어온 길에 대한 이야기다. 19세기 후반 민병호는 급변하는 시대 속에서 무엇을 보았으며, 어떤 일들을 했고, 그때 탄생한 '활명수'가 어떻게 사회와 소통하며 120년에 가까운 시간을 우리와 함께했는지 살펴보려 한다. 지금부터 그 이야기의 문이 하나씩 열릴 것이다. 당시의 삶으로 한 발 한 발 나아가며 이야기를 나누고, 그 시대를 느끼고 때로는 상상하며 말이다.

1897
대한민국,
활명수에 살다

2

생명을
살리는 물
샘솟다

활명수와 함께
정동길 걷기

活
命
水
1897

서울은 조선시대에는 '한양漢陽', 일제강점기에는 '경성京城'이라고
불렸다. 1897년 대한제국 선포 이후 1910년 일본에 병탄될 때까지
서울을 황제가 거주하는 '황성皇城'이라고 부르던 이들도 있었다. 서
울은 600년이 넘는 세월 동안 국가의 수도이자 중심 도시였지만,
격동의 세월을 거치며 옛 모습은 많이 사라졌다. 하지만 지나간 시
대의 흔적을 찾기가 그리 어려운 일은 아니다.

과거 한양 도성都城의 서남쪽인 남대문과 정동 일대는 19세기 구
한말 정치·사회적 격동이 일어난 곳이다. 남대문 서쪽 성곽 건너에
대한상공회의소 건물이 있다. 남대문 인근에 일본인이 많이 살아서
일본인 학교가 있던 곳이다. 빌딩 왼쪽으로 성벽 일부가 복원되어
있다. 성벽을 따라가면 서소문로西小門路에 이른다. 여기서부터 성벽
이 끊기는데 1914년 일제강점기 도시 계획에 따라 서소문이 철거

되면서 성벽이 허물어졌기 때문이다.[12] 과거 성벽이 있던 서소문로 부근에 오랜 전통을 지닌 기업이 하나 있다. 바로 동화약품이다.

동화약품의 지금 주소는 서울시 서소문로 9길 14 (중구 순화동 5-1)
조선시대 주소로는 한성부 서소문 차동
일제강점기 시절 주소로는 경성부 화천정 5

1897년 한국에서 가장 오래된 기업 중 하나인 '동화약품'이 창립되었다. 그리고 가장 오래된 브랜드인 '활명수'가 탄생했다. 동화약품은 현재 '한국 최고最古 제조회사' '가장 오래된 등록상표 부채

동화약방(현재 동화약품) 본포 입구

동화약품

표 '최장수 의약품 활명수' 등 총 4개 부문에 걸쳐 기네스북에 올라 있는데, 그 역사가 시작된 곳이 바로 서울 서소문로 9길 14 일대다. 창업주 민병호는 자신의 집에서 상호를 '동화약방'으로 명명하고 사업을 시작하여 한국 최초의 브랜드인 '활명수'를 제조하기 시작했다. 1920년대 초반 동화약방의 2대 주인인 민강(민병호의 아들)의 지원 아래 중국 상하이에 있던 대한민국 임시정부의 국내 연결 업무를 담당하는 서울연통부가 비밀리에 설치되었다.

서소문로를 따라 배재빌딩 안쪽으로 들어가면 '정동'으로 갈 수 있다. 골목을 천천히 올라가면 1885년 미국 감리교 선교사인 아펜젤러 목사가 세운 배재학당 동관 건물이 나온다. 활명수가 세상에

서울연통부 기념비

서울특별시 설립, 1995년 8월 16일

태어날 무렵인 1890년대 중후반, 그 당시 배재학당 학생이었던 청년 이승만(1875~1965)은 신식 문물인 영어를 익히는 데 전념하고 있었다. 훗날 그는 대한민국 초대 대통령이 된다. 배재학당의 또 다른 학생이었던 청년 주시경(1876~1914)은 한글 연구와 국어사전 편찬을 준비하고 있었다. 한편 배재학당 교사였던 서재필(1864~1951)은 후학을 가르치며 동지들을 모아 1896년에 '독립협회'를 결성하여 근대 민간 언론의 시작을 알리는 《독립신문》을 배재학당 구내에서 창간한다. 독립협회가 《독립신문》을 발행하며 적극적으로 활동하던 즈음에 활명수가 태어났다. 근대 민족운동의 요람이었던 배재학당 동관 건물은 1984년 배재 중고등학교가 강동구로 이사하기 전까지 학교 건물로 사용되었고, 지금은 '배재학당 역사박물관'으로 활용되고 있다.

배재학당 맞은편에는 서울시립미술관으로 들어가는 길이 있다. 서울시립미술관은 1995년 서초동 법원단지가 조성되기 전까지 대법원이 있던 곳이다. 1928년에 지어진 이 건물은 일제강점기에도 법원인 경성재판소로 쓰였다. 적지 않은 무명의 독립운동가들이 이곳에서 단지 조선의 독립을 열망하며 행동했다는 이유 하나로 유죄판결을 받고 옥고를 치렀을 것이다. 경성재판소가 들어서기 이전 이 자리에는 1886년부터 5년간 최초의 근대식 공립교육기관인 '육영공원育英公院'이 자리하고 있었다. 육영공원은 좌원左院과 우원右院으로 나누어, 좌원에는 젊은 현직 관리를 학생으로 받고 우원에는 관직에 아직 나가지 않은 명문가 자제들이 입학했다.[13] 육영공원의 교사 중에는 미국에서 온 호머 헐버트(1863~1949)가 있었는데, 그는 조선을 너무 사랑한 나머지 죽은 뒤에 조선에 묻히기를 원했다. 서울 양화진에 있는 그의 묘지에는 "나는 웨스트민스터 성당보다 한국 땅에 묻히기를 원하노라"라고 쓰여 있다.[14] 아펜젤러가 세운 배재학당이 영어 교육을 중시했고, 이웃하고 있던 최초의 공립학교인 육영공원도 영어 중심으로 교과를 진행했던 것으로 보아 정동 일대는 어떤 면에서는 한국 영어 교육의 발상지이기도 하다.

서울시립미술관을 나와 조금 내려가면 원형 교차로가 나온다. 과거 덕수궁 대한문 쪽에서 함께 걸어오던 청춘 남녀가 배재학당과 이화학당으로 나뉘어 들어갔다는 풋풋한 이야기도 전해 내려온다. 아마 그 학생들은 당시로써는 세련된 모던보이와 모던걸이었을 것이다. 교차로에서 덕수궁길로 접어들면 구세군중앙회관, 대한성공회 서울주교좌성당, 경운궁 양이재를 찾아갈 수 있다.

이처럼 정동길은 그야말로 우리의 근대 역사를 경험할 수 있는 곳이다. 정동길 초입에 정동제일감리교회가 보인다. 한국 감리교회의 모교회이자 1897년에 지어진 우리나라 최초의 개신교 예배당이다. 초창기부터 인근에 있던 신식 교육기관인 '배재학당'과 '이화학당'의 학생들이 이 교회의 교인이 되어 개화운동의 한 중심지를 형성하고 있었다. 독립운동가 서재필과 초대 대통령 이승만, 3.1 만세 시위를 주도한 유관순 등 많은 독립운동가와 민족지성이 이 교회에 출석했다. 현재 남한과 북한 양쪽에서 존경받는 독립운동가 손정도 목사(1882~1931)가 이 교회 담임목사를 역임하기도 했다.

1919년 삼일운동 당시 민족대표 33인 중 이필주 목사와 박동완 전도사는 당시 정동교회에서 목회자로 사역하고 있었다. 그리고 순국한 유관순 열사의 장례식을 이곳에서 치렀다. 정동교회는 종교활동뿐 아니라 수많은 토론회와 음악회 등을 열어 민주주의 훈련과 신문화 수용, 민족의식과 여성 인권의식 등을 고취했다. 1918년에는 국내 최초로 파이프오르간을 설치해 교회 음악의 중심 역할을 담당했으며, 많은 음악가가 이곳을 거쳐 갔다. 한국 현대음악의 선구자들은 대부분 정동교회 파이프오르간과 정동교회 성가대에 대한 추억이 있다. 그리고 이 파이프오르간 밑 은밀한 공간에서는 1919년 삼일운동에 사용할 독립선언서와 유인물이 비밀리에 제작되었다.

정동교회 길 건너 정동극장 옆에는 덕수궁 중명전重明殿으로 들어가는 골목이 있다. '무거운 빛의 전'이란 뜻의 중명전은 1905년 을사늑약이 체결된 절망의 장소이자 1907년 고종이 헤이그 특사를 파견한 희망의 장소이기도 하다. 원래 중명전은 고종이 궁궐의 도서관으로 세운 서양식 건물로 우리나라 최초의 도서관 건물이었다. 하지만 일제강점기에 덕수궁을 축소하고 지금의 덕수궁길을 내며 갈라지게 되었다. 중명전은 1935년 3월 12일 일어난 화재로 외벽만 남고 다 타버린 후 재건되어 외국인 사교클럽으로 쓰였으며 해방 후에는 '서울클럽SEOUL CLUB'으로 사용되었다. 그리고 이곳은 1963년 11살 때 일본으로 인질로 잡혀간 고종의 일곱째 아들인 영친왕(1897~1970)이 이방자 여사와 영구 귀국하면서 1970년 73세의 나이로 사망할 때까지 머물던 장소이기도 하다.

중명전 옆에 있는 지금의 예원학교 자리에는 1885~1895년까지 언더우드 선교사에 의해 설립된 한국 장로교회의 모교회격인 새문안교회(당시 정동장로교회)가 있었다. 새문안교회는 정동교회와 더불어 교육과 의료, 복지 사업 등을 통해 한국의 근대화에 기여했다. 독립운동가이며 민족지도자인 안창호, 김규식과 국학자인 최현배 등이 새문안교회에 출석했다. 활명수의 모기업인 동화약방 설립자 민병호도 새문안교회의 교인이었다. 민병호에게 새문안교회는 인생의 새로운 가치를 발견하고 민족기업인으로서 길을 갈 수 있도록 이정표를 제시해준 공동체였다. 새문안교회를 설립한 언더우드, 근대적 의료기관이었던 제중원의 알렌 등이 속해 있던 미국 북장로교 조선선교부 역시 민병호에게는 의미 있는 네트워크였다. 민병호는 지금의 예원학교 자리에 새문안교회가 있던 때부터 교회에 출석한 것으로 보인다. 민병호의 집과 교회는 걸어서 10분 거리에 불과했다. 이와 같이 19세기 말 한국 개신교 선교의 양대 축이었던 아펜젤러와 언더우드 선교사는 불과 100여 미터 거리를 두고 선교 사역을 하고 있었다.

사람들은 정동을 초창기 개신교 선교사들이 거주하며 선교 활동을 한 공간 정도로만 알고 있지만, 이곳에 서양인들이 몰려들게 된 까닭은 외교 공관들이 있었기 때문이다. 1883년 지금의 정동 10번지에 미국공사관이 개설된 이후 이 일대에 여러 국가의 외교 공관이 입주하게 된다. 외국 공사관들은 각기 미관美館(미국공사관), 영관

英館(영국공사관), 아관俄館(러시아공사관), 법관法館(프랑스공사관), 청관淸館 (청나라공사관), 덕관德館(독일공사관) 등으로 불리며 정동 일대에 자 리를 틀기 시작했다. 정동 지역은 외교의 중심지인 '공사관 거리 Legation Street'를 형성하며 조선을 둘러싼 열강의 외교 중심지로 변모 했다. 공사관 거리에 있던 외국 공관들은 자국의 이해관계에 따라 협력하거나 경쟁하며 동아시아의 변방이었던 조선에서 본국 정부 의 대리전을 치렀다.

정동에 있던 당시 외국 공관 중 유심히 봐야 할 곳 중 하나가 바 로 아관이다. 1895년 을미사변으로 명성황후가 시해된 이후 고종 임 금은 신변에 위협을 느껴 왕조의 정궁인 경복궁 대신 정동 러시아공 사관으로 거처를 옮겨 나랏일을 보았다. 이 사건을 아관파천俄館播遷 이라고 한다. 지금의 정동공원에 우뚝 솟아 있는 하얀 탑이 바로 1896년 아관파천이 일어난 러시아공사관이다. 덕수궁과 러시아공 사관은 이웃하고 있었고, 공사관 지하에서 덕수궁까지 지하통로가 연결되어 있었다.[15] 나라의 근본이었던 왕은 러시아 공사관에 피신 해 있었고 국정을 총괄하는 장소인 궁궐이 러시아공사관과 비밀 통 로로 연결되었으니, 그것이 곧 추락한 조선 왕실의 위상이었다.

한때 조선의 임금이 피신할 정도로 위세 등등하던 러시아는 1905년 러일전쟁에서 일본에 패하며 한반도 내에서 영향력을 상실 했다. 을사늑약으로 조선이 외교권을 상실하자 러시아공사관도 그 지위를 잃었다. 러시아공사관이 있던 자리는 그저 가슴 아픈 추억 의 공간이 되어버렸다. 사라진 러시아 외교공관은 1990년 한국과 구소련이 외교관계를 수립하면서 다시 들어오게 된다. 국교정상화가 이뤄진 이후 러시아는 19세기 조선과 러시아 사이에 맺은 러시아공사관과 관련된 외교문서를 내밀었다. 옛 러시아공사관 부지의 소유권을 주장하며 장소를 내어달라고 요구한 것이다. 그러나 그 자리엔 이미 건물들이 들어선 상태여서 정부는 1999년 당시 비어 있던 옛 배재고 자리의 일부를 러시아 대사관 부지로 제공했다.[16]

정동공원 언덕을 내려오면 한국 여성 교육의 요람인 이화여고가 있다. 이곳은 1886년 미국 북감리교 선교사인 스크랜턴 부인에 의해 개교하여 이듬해인 1887년 고종 임금이 교명을 이화학당이라고 하사했다. 이화학당은 한국 여성 교육의 역사와 궤를 같이한다. 이화학당에서 남녀평등의 사고로 교육받은 이들은 사회 곳곳에서 여성 차별을 극복하고 남녀평등을 이루는 데 선구적인 역할을 해나갔다. 이화학당에는 초·중·고·대학이 개설되어 있었는데 대학부인 이화여자전문학교(이화여대의 전신)도 1935년 지금의 신촌 캠퍼스로 이전하기 전까지는 정동에서 여성 인재들을 길러냈다. 이화여고 심슨기념관에서 근대 교육의 흔적을 찾아볼 수 있다. 유관순 열사가 공부하던 교실이 복원되어 있고, 여성 교육의 산실이던 이화학당의 과거도 살펴볼 수 있다.

이화여고 심슨기념관 바로 옆에는 이 학교의 백주년기념관이 있다. 이화여고 백주년기념관은 1902년 서울 최초의 근대식 호텔인 손탁호텔이 있던 자리다. 손탁은 1885년 초대 조선 주재 러시아 대리공사 카를 베베르Karl Ivanovich Veber와 함께 서울에 도착해 베베르

부부의 추천으로 궁궐에 들어가 양식 조리와 외빈 접대를 담당했다. 그러다 명성황후의 신임을 얻어 정계의 배후에서 활약하다가 1895년 고종으로부터 정동에 있는 가옥을 하사받아 외국인들의 집회 장소로 사용했다. 이때 서구인과 조선 개화파 중심의 사교 모임이 이뤄졌다. 이른바 '정동구락부'다.

정동구락부는 미국과 프랑스 등의 외교관과 언더우드, 아펜젤러 등의 선교사가 회원이었으며, 조선인으로는 민영환, 윤치호, 이상재, 이완용, 이하영 등이 속해 있었다. 당시 일본의 압력을 받고 있던 고종 임금은 서구 열강의 힘을 빌려 일본 세력을 물리치고자 배일排日 성향의 정동구락부에 시종을 보내어 호의를 베풀었다. 신하들에게도 정동구락부를 통한 서구인들과의 친교를 권장했다. 서재필 등 독립협회 결성을 주도한 인사의 상당수가 정동구락부를 드나들던 이들이었다.

정동구락부 조선인 회원 중 눈여겨볼 두 사람이 있다. 바로 이완용(1858~1926)과 이하영(1858~1919)이다. 친일파의 대명사인 이완용은 정동구락부에서 서구인들과 어울리며 교분을 쌓았으나 훗날 조선의 주변 정세가 일본에 유리하게 기울자 조선을 일본에게 헌납하는 데 앞장서게 된다. 몰락한 양반 가문 출신인 이하영은 찹쌀떡 장사 등으로 생계를 연명하다 외국인들과 접촉하며 어깨너머로 배운 일어와 영어 실력을 인정받아 외교관으로 특채되어 훗날 외교부 장관 격인 대한제국 외부대신까지 오르게 된다.[17] 한일병탄 이후에는 동화약방 사장 민강 등과 소의학교를 설립하고 조선 최초의 고무신 회사인 '대륙고무'를 세우기도 한다. 조선의 지식인들은 정동 구락부에서 세계의 정세를 살피고 서양 문물을 자연스럽게 접했다. 서구 열강의 외교관들은 이 모임을 통해 치열한 각축전을 펼쳤다.

1902년 손탁은 정동구락부가 주로 모이던 한옥 건물을 헐고 서양식 호텔을 지었는데, 이곳이 바로 손탁호텔이다. 1904년 우리에게 잘 알려진 일본의 이토 히로부미가 묵기도 했고, 러일전쟁 당시에는 종군기자 신분으로 한국을 방문한 미국의 소설가 마크 트웨인과 훗날 영국의 수상이 되는 윈스턴 처칠 등이 투숙하기도 했다.[18] 손탁호텔과 정동구락부는 국내에 커피 문화를 소개하는 창구 역할을 하기도 했다. 국내에서 커피를 처음으로 판매한 곳은 1888년 인천항 주변 일본 조계지租界地에 들어선 '대불호텔'이었지만,[19] 조선 사람들이 만나 사교를 하며 커피를 즐기는 공간의 시작은 정동에 세워진 서울의 첫 커피점인 손탁호텔 정동구락부라 할 수 있다.

한마디로 정동은 19세기 후반과 20세기 초반 한국 근대사의 희망과 절망이 압축된 공간이었다. 청일전쟁과 을미사변을 비롯한 일제의 무력시위가 진행된 가운데 아관파천이라는 비극적인 장면이 이곳에서 연출되었고, 한국의 자주권을 박탈한 을사늑약이 체결된 현장 또한 정동이었다. 그럼에도 절망 속에서 희망의 싹이 피어나고 있었다. 정동을 중심으로 서양 문물이 전파되고 신식 교육이 시작되었으며 조선 민족을 깨우치려는 선교사들의 다양한 활동이 이뤄졌다. 최초의 근대 여성 교육과 최초의 체계적인 영어 교육 또한 정동에서 시작되었다. 진정한 대한의 독립을 꿈꾸는 이들이 정동으로 모여들었다.

정동과 서소문 일대는 한국 최고最古의 제조기업(동화약품)과 최초의 브랜드(활명수)의 발상지이기도 하다. 활명수가 처음 만들어진 1897년 전후의 정동의 모습을 보면, 동화약방(동화약품의 전신) 인근 배재학당에서 청년 이승만은 민족의 미래를 준비하며 열심히 영어 공부를, 청년 주시경은 민족을 향한 사랑을 담아 한글 연구를, 서재필은 독립협회를 결성하고 《독립신문》을 발행하고 있었다. 그리고 서구의 외교관들과 조선의 개화파 지도자들이 정동구락부를 만들어 함께 미래를 모색했으며 고종 임금은 정동에서 대한제국 선포를 통한 자주독립의 의지를 다짐하고 있었다. 이 모든 것이 활명수가 탄생한 민병호의 집 반경 500미터 안에서 벌어진 일이다.

그렇다면 활명수를 만든 노천 민병호는 한국 근대화의 상징이자 자신의 집 주변인 정동을 오가며 무엇을 보고 누구를 만나며 어떤 생각을 했을까? 아마도 변화하는 시대, 밀물처럼 다가온 근대 문물과 새로운 학문, 기독교 신앙에 대한 호기심과 더불어 이에 대한 주체적 수용에 대해 고민하고 있었을지 모른다.

활명수의 아버지
민병호의 호기심

活
命
水
1897

신식 문물

1887년 3월 6일 저녁, 조선의 정궁인 경복궁 건청궁. 작은 불빛이 깜빡거리는가 싶더니 이내 눈부신 빛이 밤하늘을 밝혔다. 갑자기 주위가 환해지자 사람들의 탄성이 이어졌다. 생전 처음 보는 불빛의 엄청난 밝기에 놀라 이리저리 숨는 구경꾼도 있었다. 우리나라에 최초로 전기가 들어와 전구에 점등된 순간이었다. 1879년 미국의 발명왕 에디슨이 백열전구를 개발한 지 8년 만의 일이다. 백열전구는 사람들의 삶을 획기적으로 변화시켰다. 백열전구는 자주 꺼지고 비용이 많이 들어가는 게 꼭 건달 같다고 해서 '건달불乾達火'로 불리기도 했다.[20] 칠흑 같은 어둠을 밝혀 생활의 혁명을 일으킨 백열전구는 당시로써는 최첨단 제품이었다. 그리고 경복궁의 전등은 중국, 일본보다 2년이나 앞선, 동양에서 가장 훌륭한 시설이었다.

경복궁 건청궁을 밝힌 불빛을 바라본 사람들 중에 훗날 활명수를 만든 민병호가 있었다. 아마도 그 역시 한밤을 환하게 밝힌 전구를 보며 탄성을 질렀을 것이다. 과거시험을 준비하면서 빈번하게 들었을 사자성어로 '가난을 이겨내며 밤중에 반딧불과 눈빛으로 글을 읽어가며 고생 속에서 공부하여 뜻을 이룬다'는 형설지공螢雪之功이 있었을 텐데, 전기와 전구의 도입은 '형설지공'에서 눈과 반딧불의 의미가 사라지는 시대의 변화를 상징했다. 민병호는 궁궐에 드나드는 여러 서양인을 만나고 그들이 한양에 세운 병원, 학교, 교회 등의 시설을 다녀 보며 다양한 신식 문물을 보고 들었을 것이다. 어쩌면 각종 물건을 직접 사용해보면서 강한 호기심을 보였을지도 모른다. 궁중 무관이었던 그에게 벽안의 외국인들은 다른 조선 사람들보다 깊은 호의를 베풀었을 수도 있다. 어쩌면 그는 아관파천 당시 서양에서 들어온 탕국이라 하여 '양탕국' 혹은 음차한 발음으로 '가배咖啡'라고 부르는 커피를 즐긴 고종보다도 먼저 커피 맛을 알았을지도 모른다. 탕약의 색을 띤 커피를 한약에 대한 지식이 풍부하고 호기심으로 가득했던 그가 지나쳤을 리 없다.

조선에서 실로 다양한 서양 문물을 접한 이는 바로 고종 임금이다. 1897년 자주적 국가를 지향하며 대한제국大韓帝國을 선포함으로써 제국의 황제가 된 고종은 서양의 문물을 적극적으로 받아들이는 근대국가 건설을 국정의 우선순위로 삼았다. 이에 따라 광무개혁이라는 근대국가 만들기 프로젝트를 추진한다. 광무개혁은 1897년 성립된 대한제국이 자주적 독립권을 지켜나가기 위해 러일전쟁이 일어난 1904년까지 열강의 세력 균형기에 자주적으로 단행한 내정 개혁이었다. 고종은 최초의 헌법인 대한국제大韓國制를 반포하고 외국 자본에 대항하고자 상공업 진흥 정책에도 힘을 쏟았다.[21]

고종은 개혁 정책의 하나로 한양의 도로와 교통 시설을 정비한다. 미국 워싱턴 D.C.의 거미줄형 도로를 본떠 경운궁(덕수궁)을 중심으로 북쪽으로는 현재의 태평로에서 세종로로 이어지는 길, 동쪽으로는 을지로에 해당하는 구리개길, 동남쪽으로 현재의 소공로, 남쪽으로는 남대문으로 이어지는 길을 새롭게 정비했다. 이렇게 만들어진 경운궁(덕수궁), 대한문 앞 방사형 도로, 시청 광장, 환구단 (현재 웨스틴조선호텔 자리)으로 이어지는 벨트는 대한제국을 상징하는 중심 공간이었다. 사실 방사상의 도로는 우리보다 20년 먼저 개항한 일본 도쿄도 하지 못한 일이었다.[22]

1899년에는 한양에 전차電車가 다니기 시작했다. 동대문에서 흥화문(경희궁의 정문)까지 시범 운행을 시작한 전차는 큰 관심을 끌었다. 전차의 시범 노선은 현재 서울 지하철 1호선 종로 구간에 해당한다. 한양의 전차 역시 일본 도쿄보다 3년 앞선 것이었다. 방사상으로 펼쳐진 도로를 전차가 질주하는 서울의 모습은 서양인들이 보기에도 놀라운 경관이었다.[23] 덕수궁 앞 방사상 도로, 흥화문 전차 종점은 동화약방과 700미터 거리에 있었다. 동대문 밖에 살던 사람들이 전차를 타고 흥화문에서 내려 정동길을 따라 동화약방에 들르는 일도 생겼을 것이다. 활명수의 아버지 민병호는 이러한 근대의 문물을 보며 다양한 생각을 했을 것이다. 변화하는 시대적 상황 속에서 그에게 놓인 과제는 사업을 통해 민중과 함께하고 나라에 보답하는 일이었다.

제중원과 서양의학

1884년 12월 4일 저녁, 서울 도심 한복판에서 우정국(현재 조계사 근처) 개국 축하 연회가 열렸다. 연회가 끝나갈 무렵 명성황후의 조카인 금위대장 민영익(1860~1914)이 자객의 칼에 찔려 큰 부상을 입었다. 이른바 '갑신정변'이다. 미국 북장로회 선교사 겸 의사인 알렌Horace Allen(1858~1932)은 서양의술로 민영익을 정성껏 치료했다. 이 일로 알렌은 고종의 신임을 얻게 되었고, 조선 정부에 서양식 국립병원 설립을 제안해 승낙을 얻어냈다. 조선 정부 역시 이 무렵 서양식 의료 근대화에 주목하고 있었다. 이로써 1885년 최초의 서양식 국립병원인 '제중원濟衆院'이 설립되었다. 제중원은 신분과 지위의 높고 낮음에 상관없이 모든 백성이 동등한 의료 진료를 받게 되는 근대 의료의 출발을 의미했다.

당시 제중원에서 치료한 환자는 얼마나 될까? 1886년 알렌과 헤론이 작성한 〈조선정부병원 제1차년도 보고서〉에 따르면, 제중원은 개원 이래 첫 1년 동안 1만 460명의 환자를 진료했다. 일반 백성을 중심으로 아래로는 걸인, 나병 환자로부터 위로는 궁중의 귀인

까지 조선의 전 계층이 망라되어 있었다. 여성 환자도 800명이 넘었다. 양반층은 주로 왕진을 요청했으며, 지방에서 진료를 받으러 오는 환자도 적지 않았다. 제중원에서 첫 1년 동안 치료했던 환자들의 주요 질환을 살펴보면, 말라리아가 가장 흔했다. 소화불량, 각종 피부병, 성병(매독) 등도 많은 편이었다. 그 밖에도 결핵, 나병, 기생충병, 각기병 등이 있었다.[24]

활명수의 아버지 민병호는 고종의 어의이자 제중원 의사였던 알렌과의 인연으로 서양의학을 접할 수 있었다. 그리고 제중원에서 새롭게 알게 된 서양의학과 자신이 기존에 알고 있던 궁중 비법과 한의학 지식을 융합하여 '활명수'를 만들어냈다. 최초의 국립병원 제중원의 이야기가 2010년 SBS 드라마 〈제중원〉으로 제작된 적이 있는데, '활명수'의 탄생 이야기가 비중 있는 에피소드로 다뤄진다. 드라마 29회에서는 '박하맛 나는 소화 물약'이 등장한다. 내용인즉 아관파천으로 러시아공사관에 머물던 고종 임금(최종환 분)이 한성병원에서 외부대신이 수술을 받았다는 소식에 놀라 급체하여 소화불량에 걸렸다는 이야기를 나눈다. 이때 궁중 선전관이 극 중 주인공 황정(박용우 분)과 유석란(한혜진 분)을 만나 자신이 제조 중인 소화 물약을 시음하기를 청한다. 궁중 선전관은 이들에게 소화 물약에 관해 이렇게 설명한다.

"(이 소화 물약은) 에비슨 원장의 도움을 받고 제중원에서 본 가락으로 꾸며본 거요. 현호색, 창출, 진피, 후박 등을 일정한 분량으로 넣어 다린 물에 아선약 같은 수입 약재를 탄 약물이요. 약재의 비율은 전에 눈대중으로 할 때는 맛이 들쑥날쑥했는데 지금은 아주 맛이 일정하오. 성인들은 반 홉 아이들은 반에 반 홉으로 용량도 정했소."[25]

소화 물약의 맛을 본 여주인공 유석란은 "박하향이 난다. 한약과 양약의 장점을 취했다"고 말했다. 이에 황정 및 제중원 식구 모두 맛있다고 평했다. 이리하여 이 소화 물약은 고종에게 진상되었는데 약을 먹기 전 고종이 "이것이 과인이 즐겨 먹던 소화 물약이란 말인가?"라고 하며 약 자체가 궁중 비법에서 나왔음을 암시한다. 맛을 본 고종은 아주 흡족해했다. 이 에피소드가 바로 활명수의 탄생과 연관된 이야기다. 실제 활명수 탄생 이야기를 드라마의 배경에 맞춰 각색한 것이지만, 활명수가 어떻게 어떤 방법으로 세상에 나오게 되었는지에 관해서는 비교적 충실하게 다루었다. 드라마의 주요한 내용으로 다뤄질 정도로 의미 있었던 최초의 서양식 국립 의료기관 제중원은 조선 사람과 서양의학이 만나는 주요한 역할을 했다. 그런 만남과 관계 속에서 태어난 활명수는 한방과 양방이 절묘하게 결합하여 낳은 옥동자와 같았다.

기독교

1885년 4월 5일 부활절. 미국 장로교 소속 호러스 언더우드 선교사와 감리교 소속 헨리 아펜젤러 선교사가 한국 선교의 첫발을 내디뎠다. 한국 개신교의 공식적인 역사는 이들로부터 시작된다. 당시 아펜젤러의 나이는 27세, 언더우드는 26세에 불과했다. 두 사람은 조선 땅에 개신교의 씨앗을 뿌렸고, 교육과 의료 사업을 통해 근대화에 기여했다. 이들은 1882년 조선과 미국이 외교 관계를 맺은 이후 처음으로 조선 정부의 공식적인 허락을 받고 입국한 목회자였다. 하지만 이들이 입국하기 이전부터 국내에는 중국과 일본 등지의 서양 선교사를 통해 기독교 신앙을 받아들이고 정부의 눈을 피해 비공식적으로 모이는 신앙 공동체가 있었다. 또한 외국에서 한글로 번역된 성경전서가 비밀리에 보급되고 있었다. 아펜젤러와 언더우드가 조선에 입국할 때 이들의 손에는 한글로 번역된 신약성경의 복음서가 쥐여져 있었고 이들을 기다리고 있는 기독교 신자들이 있었다.[26]

두 선교사의 입국과 함께 조선에서의 개신교 선교는 새로운 전기를 마련하게 된다. 서양식 신식 학교와 병원, 교회가 잇따라 설립되었다. 배재학당과 정동교회(아펜젤러 설립), 연희전문학교와 새문안교회(언더우드 설립) 등 한국 근대화를 대표하는 학교와 교회가 생겼다. 많은 지식인과 젊은이가 학교와 교회로 몰려들었다. 선교의 힘은 바로 이곳에서 나왔다. 교회와 신식 학교에서는 수천년간 이어져왔던 양반, 상놈의 구분이 없었다. '어떻게 양반인 내가 중인, 상놈들 그중에서도 천하디 천한 백정들과 같이 예배를 볼 수 있나?'라는 양반 출신들의 불만 섞인 목소리도 종종 있었지만, 선교사들

은 신분의 차별을 허용하지 않았다. 그들의 신앙 양심상 그랬다.[27]

조선 관료 출신 중에서도 기독교 신앙을 받아들이는 이들이 생겼다. 주미공사관 1등 서기관, 학무국장 등을 역임한 월남 이상재(1850~1927)는 청장년 시절을 엘리트 관료로 보냈다. 그는 정부의 개혁을 요구하다 반역죄로 옥에 갇혔는데, 그곳에서 기독교 신앙을 접한 뒤 YMCA, 신간회 등에 참여하며 기독교 사회운동가로서 삶을 살아간다.[28] 한서 남궁억(1863~1939)은 칠곡군수, 경성부 토목국장 등을 거친 행정관료 출신으로 아관파천 후 관직을 사임하고 독립협회에 참여하기도 했다. 1910년 한일병탄으로 시름에 빠져 있던 남궁억은 기독교 신앙을 접한 이후 선조의 고향인 강원도 홍천으로 내려가 교육운동과 무궁화 보급 운동에 헌신하게 된다.[29]

활명수의 아버지인 궁중 무관 출신 노천 민병호도 궁궐에 드나들던 서양 선교사들을 만나며 기독교 신앙을 받아들였다. 그와 가깝게 지낸 선교사는 궁중 전의이자 제중원 의사인 알렌, 같은 제중원 의사이던 에비슨, 그리고 민병호가 출석하던 새문안교회 목회자 언더우드 등이었다. 공교롭게도 세 선교사가 미국 북장로교회 선교부 소속이었다. 현재 연세대학교에는 이들의 이름을 딴 건물과 단과대학 및 연구소가 있다. 언더우드관(신촌캠퍼스 본관), 인천 송도캠퍼스의 언더우드기념도서관, 언더우드 국제대학, 에비슨의생명연구센터(의과대학), 알렌관(교직원 복지시설)이 그것이다.

언더우드는 연세대의 전신인 연희전문학교를 설립했다. 에비슨과 알렌은 연세대 의과대학의 전신인 제중원 의사이기도 했다. 어떻게 보면 활명수는 연세대 설립자들의 지식과 기술을 적극적으로 수용한 민병호의 작품이라고 할 수 있다. 훗날 활명수 모기업 동화약품의 경영자로서 오늘날 활명수의 명성을 만든 5대 사장 윤창식과 윤광열 명예회장은 부자지간으로 보성전문학교(고려대의 전신)와 고려대 출신이다. 이렇게 보면 활명수는 전통의 궁중 한방 비법에 연세대 설립자들의 서양 지식과 기술에 대한 인사이트 그리고 고려대 동문의 경영 능력이 융합되어 이루어진 걸작이라 할 수 있다.

민병호는 새문안교회 신도들에게 활명수 시음을 권하며 제품 테스트를 하기도 했고, 교인들의 인맥을 활용하여 사업을 전국적으로 확대했다.[30] 그는 자신의 집에 약방을 차려 운영했을 뿐 아니라 평안도 평양에서도 사업을 키웠다. 민병호는 충청도 출신이어서 평양과는 인연이 없다. 그런데 왜 평양이었을까? 당시 평양은 한반도 북부의 최대 도시였을 뿐 아니라 상공업이 발달한 지역이었다. 또한 평양은 미국 북장로교회가 선교를 위해 가장 많은 공을 들인 지역이기도 했다. 한양 못지않게 평양을 중심으로 하는 평안도에 서양 선교사들이 몰려들었다. 이들이 개척한 교회는 다른 지역 교회들보다 빠른 성장세를 보였다. 활명수가 탄생한 1897년은 평양에 미국 북장로교에 의해 '숭실학당'(현재 숭실대학교)이 설립된 해이기도 하다. 민병호는 평양에서 사업을 일으키며 이 지역의 선교사들과 나름의 관계를 형성했을 것이다. 또한 그곳에서 만난 교인들과도 인맥을 형성하며 사업망을 확장해나갔을 것이다.

무엇보다 민병호는 기독교에 입문하면서 사랑의 실천에 대해 진지하게 고민했을 것이다. 좋은 여건을 포기하고 동양의 외딴 나라로 온 선교사들을 보며 '도대체 저들이 왜 여기에 와 있지?'라는 의문을 품었을 것이다. 새문안교회 담임 목회자였던 언더우드 선교사 집안은 미국에서 당시로써는 최첨단 기계였던 타자기 사업을 성공시켜 큰 부를 축적하기도 했다.[31] 언더우드가 미국에 있었다면 높은 사회적 지위와 아울러 경제적으로 풍족한 삶을 누릴 수 있었다. 보장된 삶을 저버린 청년 언더우드가 사역하고 있던 교회에 출석하던 민병호는 신분의 벽을 뛰어넘어 다양한 계층의 사람들과 교류하며 그들의 생각과 삶을 이해하고 공감할 수 있었다. 궁중에서 보통 사람들과 구별된 삶을 살던 엘리트 무관은 기독교 신앙을 통해 더 넓고 깊은 세상에서 다양한 사람들을 만나 새로운 삶을 경험할 수 있었다. 그리고 '활명수'의 탄생으로 그 열매가 나타나게 된다.

아! 대한제국

'활명수'가 파리 만국박람회에 갔더라면

活命水
1897

20세기 초 유럽과 미국 사람들이 상상하던 미래는 어떤 모습이었을까? 결론부터 말하자면 정치는 안정되고, 경제는 발전되고, 사회는 한층 더 풍요로워지는 희망의 세상이었다. 미국과 유럽 모두 이런 평화와 안정이 영원하리라고 믿었다. 이때 열린 파리 만국박람회는 그야말로 새로운 세기의 희망을 상징했다. 1900년. 19세기의 놀라운 과학기술과 경제의 성과를 기념하고 새롭게 열리는 20세기의 발전을 기원하는 만국박람회(엑스포)가 프랑스 파리에서 열렸다. 박람회장에는 움직이는 도로가 있어서, 각 나라가 자신들의 산업기술을 경쟁적으로 자랑하는 전시관으로 사람들을 데려다주었다. 파리 만국박람회에서 오늘날 동영상인 '천연색의 활동사진'이 처음 선보였을 뿐 아니라 냉장고, 에스컬레이터 등도 최초로 공개되어 사람들의 관심을 끌었다.[32]

19세기를 마감하고 20세기를 여는 축제의 장이었던 파리 만국 박람회에 동양의 생소한 나라도 참가했다. The Greater Korean Empire, 곧 대한제국이었다. 대한제국 황제 고종은 근대화를 위해 한 세기를 마감하고 새로운 시대를 여는 이 대규모 국제 행사에 주목했다. 조선은 1889년 파리 만국박람회와 1893년 시카고 만국박람회에 간소한 전시대를 설치한 적은 있으나 전시관을 건설하고 대규모 대표단을 파견한 것은 1900년 파리 만국박람회가 사실상 처음이었다.[33] 조선 정부는 1899년 6월 3일자 《독립신문》에 파리 만국박람회에 전시품을 출품할 사람을 모집하는 광고를 내는 등 적극적으로 박람회를 준비했다. 파리 만국박람회에는 악기, 자개 공예품, 그림, 장롱, 도자기, 자수, 의복 등 조선의 물품이 전시되었다. 프랑스 언론들은 조선이란 나라의 자원과 산업에 대한 전반적인 이해에 큰 도움이 되었다고 기록했다.

활명수는 파리 만국박람회에 참가하지 못했다. 활명수가 세상에 나온 지 얼마 되지 않았을 뿐 아니라 몰려드는 서양의학과 서양 문화 속에서 동서양의 의학 기술이 융합하여 탄생한 활명수를 프랑스로 보낼 생각을 미처 하지 못했을 것이다. 마시는 생약 제품이다 보니 장거리 운송에 따른 보관 문제도 있었을 것이다.

하지만 한번 생각해보자. 만약 활명수가 파리 만국박람회에 출품되었다면 어땠을까? 아마도 동서양 의학 기술의 만남으로 탄생한 배경만으로도 나름 주목을 받았을 것이다. 충분히 그렇게 될 가능성이 있었다. 활명수는 아선약, 현호색, 진피, 고추틴크, 건강, 창출, 후박, 정향, 육두구, 육계 등이 들어 있는 생약 소화제다. 이들 재료 중 정향, 육두구, 육계, 고추 등은 약용 재료일 뿐 아니라 식용 재료로도 활용된다. 이를 가리켜 흔히 '향신료香辛料'라고 말한다. 이 중에 육두구는 16~18세기 유럽의 선박이 바다를 다니며 항로를 개척하고 무역하던 '대항해시대大航海時代'를 연 열매이기도 하다. 우리는 주로 약재로 쓰고 있지만, 서양에서는 고기나 생선 요리 또는 피클, 케첩 등에 많이 넣으며 카레 요리에도 육두구가 들어간다. 육계나 정향 같은 재료도 유럽에서 향신료로 유명세를 떨쳤다.[34] 만약 1900년에 활명수가 파리에 가서 유럽인에게 익숙한 재료인 육두구를 모티브로 한 홍보 전략을 펼쳤다면 어땠을까? '당신이 즐기는 향신료. 이제는 동양의 신비로운 나라, 조선에서 온 소화제로 만나보세요.' 하며 말이다.

아쉽게도 당시 우리는 그런 생각을 할 만큼 국제 무대에서 충분한 경험이 없었다. 무엇보다 그런 것을 상상할 만한 현실적인 여유가 없었다. 1900년 파리 만국박람회를 통해 대한제국은 나라의 정체성을 알리고 세계와 교류하고자 하는 꿈이 있었다. 하지만 대한제국의 이러한 장밋빛 전망은 파리 만국박람회가 마지막이었다. 20세기 들어 일본의 조선 병탄 전략이 본격화되었다. 1905년 을사늑약으로 대한제국의 외교권이 박탈되었다. 이 때문에 1907년 네덜란드 헤이그에서 열린 세계평화회의에 대표단을 파견했으나 외교권이 없다는 이유로 회의에 참석하지 못하는 수모를 당하기도 했다. 1910년 8월 29일, 일본은 형체만 남은 대한제국을 강제로 합병

하기에 이른다. 이로써 대한제국, 아니 1392년부터 이어져온 조선이 역사의 뒤안길로 사라지고 만다. 그리고 일본의 36년 식민통치가 시작되었다. 한반도의 조선 사람들은 일제 황국신민皇國臣民으로 살아야 했다. 일제의 수탈을 견디지 못한 많은 백성이 본토를 떠나 중국 만주로, 러시아 연해주로, 미주 대륙으로 이주하기도 했다. 갓 태어난 '활명수' 앞에는 나라 잃은 백성을 위로하고 그들의 삶과 동행해야 하는 시대적 과제가 놓여 있었다.

'괴악심장怪惡心臟'의 일본인

동화약방 첫 언론보도

活
命
水

1897

1894년 청일전쟁에서 승리한 일본은 조선 침략을 노골화하기 시작했다. 이때부터 한양에 거주하는 일본인들의 수가 급증하기 시작했다. 1884년 말 260호 848명에서 을미사변이 나던 해인 1895년 말에는 500호 1889명으로 두 배 이상 증가했다. 일제는 일본인 전용 종합병원을 신설해 무료 진료를 했고 일본 상품 전문 진열소까지 설치했다. 일본인 거주 지역은 청계천 남쪽에 있다 하여 남촌南村이라 불렸다. 서울에 거주하는 일본인의 수는 지속적으로 증가해 1906년에 1만 명을 넘어섰다. 한국이 일본에 강제로 합병되던 1910년, 서울 인구 28만 명 중 일본인이 차지하는 비율은 14퍼센트 정도인 4만 명 수준에 달했고, 이들은 대부분 남촌에 살았다. 남촌은 한마디로 식민지 특권층의 거주 공간이었다.[35]

남촌은 지금의 충무로에서 명동으로 그 세가 확장되었다. 일본인들은 충무로 1~3가의 진고개를 '으뜸이 되는 지역'이라는 의미인 본정本町, 즉 '혼마치'로 불렀다. 일제강점기 시절에 활동한 협객 김두한의 이야기를 다룬 드라마 등에서 김두한이 일본 사람들을 이야기할 때 혼마치를 자주 언급하는 것도 그곳이 조선 거주 일본인들의 거점이었기 때문이다. 지금의 충무로 1~2가에는 당시 일본인들이 경영하던 귀금속, 잡화류, 화장품, 서적, 문구, 식료품, 화장품 등을 취급하는 점포가 늘어서 있었다. 지역의 명칭도 메이지마치明治町로 바뀌었다. 혼마치와 메이지마치는 조선에 거주하는 일본인을 대표하는 공간이자 최고의 번화가였다.

혼마치와 메이지마치에 단순히 시장만 있었던 건 아니었다. 1910년 한일병탄 이후로 충무로와 명동 일대에 식민지 조선을 통치하기 위한 기관이 우후죽순으로 들어섰다. 조선은행(현재 한국은행 건물), 동양척식주식회사(현재 외환은행 자리), 조선식산은행(현재 롯데호텔 신관 자리)이 이때를 기점으로 들어섰다. 이후 남대문로에 동일은행, 천일은행, 조선상업은행, 조선신탁회사, 삼화은행 등이 들어서면서 이 일대가 금융 거리로 변모했다. 현재 한국 금융의 심장 역할을 하는 한국은행 자리에 조선은행이 있었고, 현재 한국 유통업의 대명사 중 한 곳인 신세계백화점 본점 자리에 일본계 미츠코시백화점 경성점이 있었다는 사실만 봐도 일본이 우리 땅의 핵심 지역에 얼마나 뿌리를 깊이 내렸는지를 알 수 있다.

남촌을 중심으로 서울 곳곳에 일본인들이 들어오게 되자 조선 사람들과 충돌도 잦아졌다. 조선 땅에서 일본인들은 점령군이자

1등 시민이었다. 조선인은 제 땅에 살면서도 2등 시민이자 차별과 모욕의 대상이었다. 관공서와 학교 등에서 조선인에 대한 차별이 노골화하기 시작했다. 우월의식 속에 주인 행세를 하려는 일본인들과 의협심에 불타는 조선인들 사이에 물리적 충돌이 빈번하게 발생하기 시작했다. 하지만 수많은 조선 백성은 일본인의 오만한 행동에 속절없이 당할 수밖에 없었다.

한일병탄 1년 전인 1909년 6월 30일자 《대한매일신보》에 이러한 기사가 났다.

"괴악심장. 잔다리(마포구 서교동의 옛 지명)에 사는 고덕렬 씨가 같은 동네에 사는 일본인 집 앞을 지나는데 그 집주인의 개가 고 씨를 물었다. 고 씨는 개 주인인 일본인에게 개의 털을 베어 약으로 상처에 붙이고 싶다고 청했으나 오히려 그 일본인은 고 씨를 구타하였

동화약방이 처음으로 언론에 등장한 기사

《대한매일신보》 1909년 6월 30일자

고 개에게 고 씨의 전신을 물게 했다고 한다. 고 씨는 지금 서소문 밖 '동화약방'에서 치료 중이다."[36]

《대한매일신보》는 개 주인인 일본인의 이러한 행실을 '괴악심장怪惡心臟'이라 표현했다. 괴이하고 흉악한 마음이라는 뜻이다. 어쩌면 이것은 한 일본인이 조선인 한 사람을 다치게 한 사건을 넘어 당시 조선에 대한 일본의 간악한 마음을 비판하는 기사였는지도 모른다. '괴악심장' 기사에서 개에게 전신을 물리고 개 주인인 일본인에게 구타당한 조선인 고덕렬 씨의 마음은 어땠을까? 치료받기 위해 잔다리에서 5킬로미터 이상 떨어진 서소문 밖 동화약방으로 가는 동안 육체적 고통과 함께 분하고 답답한 마음이 가득했을 것이다. 이는 당시 조선 백성의 마음이기도 했다. 동화약방에서 치료를 받는 동안 주변 사람들은 그를 위로했을 것이며, 신문 기자도 찾아와 자초지종을 들으며 고 씨의 억울한 사연을 기사로 내기로 마음먹었을 것이다.

공교롭게도 이 기사는 활명수의 모기업인 동화약방이 언론에 처음으로 등장하는 계기가 된다. 이후 동화약방(현재 동화약품), 활명수에 대한 수만 건 이상의 관련 기사가 나오지만, 시작은 바로 이 기사였다. 한일병탄을 1년여 앞두고 조선에 대한 탄압이 점점 심해지는 가운데 동화약방이 등장하는 이 '괴악심장'의 이야기가 그나마 신문에 실릴 수 있었던 까닭은 다른 신문이 아닌 《대한매일신보》이기 때문이었다. 《대한매일신보》는 영국인 어니스트 베델

E. Bethell(한국명: 배설, 1872~1909)이 양기탁 등 민족진영 인사들의 도움을 받아 1904년 7월 18일에 창간했다. 발행인이자 소유주가 치외법권治外法權의 대상인 영국인이었기에 대한제국의 법률로는 처벌할 수 없었으며, 대한제국의 실권을 장악하고 있던 일본도 그를 추방하거나 신문의 발행을 금지할 수 없었다. 법의 빈틈을 이용한, 한국을 사랑한 영국인과 항일 민족진영 사이의 기막힌 동거였다. 표현에 다소나마 숨통을 튼 《대한매일신보》는 항일무장 의병투쟁을 국내외에 널리 알리고, 나라 빚을 갚는 운동인 국채보상운동을 지원할 수 있었다. 또한 《대한매일신보》는 항일 비밀결사 단체인 신민회新民會[37]의 본거지가 되었다.[38]

《대한매일신보》의 논설위원은 민족진영 인사인 양기탁, 박은식, 신채호 등이었다. 이들은 신문을 통해 강력한 항일 논조를 펼쳤다. 이에 따라 발행인 베델이 금고형을 받고 주필 양기탁이 체포되는 수난을 겪기도 했다. 이러한 인사들의 지혜와 노력이 맞물려 조선인의 억울한 사연들을 신문 지면에 올릴 수 있었다. 하지만 씁쓸하게도 1910년 한일병탄 이후 《대한매일신보》는 조선총독부 기관지인 《매일신보》로 바뀌어버린다. 일본의 강압 통치가 점점 심해지던 시절 《대한매일신보》는 우리 민족의 갈증을 달래주는 시원한 생수와도 같았다. 활명수의 모기업 동화약방은 광고 등으로 이를 후원하며 《대한매일신보》가 청량감을 더하는 데 힘을 보탰다.

동화약방의
첫 신문광고

'舊學問(구학문) 新發明(신발명)이…'

活
命
水

1897

1876년 개항 이후 수많은 외국 문물이 조선으로 들어왔다. 상인들은 외국 상품을 조선 사람들에게 알릴 매체가 필요했다. 이들이 택한 홍보 매체는 신문이었다. 신문을 통한 상품 광고는 1896년경부터 이뤄지기 시작했다. 1896년 퀴닌을 비롯한 의약품을 수입하던 독일계 무역상 세창양행은 《한성주보》 2월 22일자에 우리나라 최초로 광고를 실었다. 광고의 제목과 내용은 모두 한문으로 되어 있다. 광고 제목은 '덕상세창양행고백德商世昌洋行告白'이라고 되어 있다.[39] 여기서 '덕상德商'은 독일의 상사라는 뜻이고, '고백告白'은 광고라는 뜻이다. 한국 최초의 광고는 소비자를 향한 일종의 사랑의 '세레나데'였던 셈이다.

본격적인 신문광고는 1896년 배재학당의 선생 서재필을 중심으로 만들어진 독립협회가 주도하여 창간한 《독립신문》이 광고를 실으면서 시작되었다. 《독립신문》 창간 첫해의 지면은 1면 머리에 논설, 2면 국내외 기사, 3면 광고로 구성되었다. 《독립신문》에는 주로 서양인과 일본인 광고주의 광고가 실렸다. 한국 광고주는 극히 적었는데 무엇보다 한국인들의 광고에 대한 인식이 그리 높지 않았다.[40] 신문에 대한 이해가 부족했기에 신문기사와 광고의 차이를 모르는 경우가 허다했다. 활명수의 모기업 동화약방도 창업 이후 첫 광고를 일반 신문에 내기까지 12년의 세월이 필요했다. 사람들의 큰 관심을 끈 독립신문사 건물과 동화약방의 물리적 거리가 고작 200미터였는데도 말이다.

동화약방의 첫 신문광고는 1909년 7월 22일자 《대한매일신보》에 등장한다. 동화약방을 연 지 12년, 어느 정도 사업이 안정된 뒤다. 광고의 내용은 구체적으로 제품을 소개하는 것도 아니고 그렇다고 감성적인 메시지를 전달하는 것도 아니다. 광고에는 조목조목 논리적이면서도 결의와 다짐이 들어가 있고 마지막에 제품의 구매를 유도한다. 오늘날의 광고와는 그 콘셉트가 사뭇 다르다. 이 광고는 당시 51세였던 활명수의 아버지이자 동화약방의 창업주 민병호가 쓴 듯하다. 한학에 조예가 깊고 기독교 신자이기도 했던 민병호의 경륜이 광고 내용에 담겨 있는 듯하다. 이 광고는 민병호의 이름이 등장하는 처음이자 마지막 광고이기도 하다.

아래 글은 《대한매일신보》에 실린 활명수 모기업 동화약방의 한자 위주 광고를 한글로 해석한 것이다.

동화약방의 첫 광고

《대한매일신보》 1909년 7월 22일자

'세상의 이치는 그 근본이 하나理壹本'이고 '모든 기운氣運은 각기 다르오氣萬殊.' 그러므로 '거룩하신 하나님의 진리聖神眞理'는 '모든 곳에서 일치萬邦壹致'하는 것이 당연하지만 '오대기후五帶氣候'[41], '여섯 대륙의 풍토六洲風土' 그리고 '토산물의 성향物産性味'과 '오장육부의 질병臟腑疾病'은 '동서양이 같지 아니하오東西不同.'

이러한 이유로 '치료방법治療方法'의 '단점을 버리고 장점을 취하여棄短取長' '우리의 약재本國藥材'를 '바탕으로爲躰' '서양의 신식제조법洋製新法'을 이용하였고 '확실한 효과가 있었소確有實效.' 이로써 '전통적인 동양의 지식舊學問'과 '서양의 새로운 발명新發明'이 '서로 합하여 하나가 되었소相合爲壹.'

(우리가 보유하고 있는) 330여 종의 약품 '가운데 현재 요긴하게 사용하는 처방就中現行緊方'을 임시로 광고하오니稱爲臨時廣告. 십수 년 내로 '실제경험實地經驗'을 통해 '여러 사람의 입으로 증명萬口証明하게' 할 것이오. '요컨대 만일 간질 기운의 어린아이가 있다면如以小兒癎氣言之' '백번이라도 시험할 것百試百驗'이오. '이러한 종류의 사례는此類'는 '매우 많소甚多'

'지아비의 생명이 하늘에 달려 있고夫命在天' '병은 사람에게 있는 이유病在人故'로 '죽은 목숨死命'에는 '의술과 약이 따로 없고無醫藥' '치료가 되는 병死病'에는 '의술과 약이 필요有醫藥'하오. '병이 중하여 그 생명이 다하였는데命盡病重' 사망의 이유를 '약의 사용으로用藥' 돌릴 수도 있는바 '특별 진찰을 통하여特以察色' '사망 원인을 가릴 것이오辨決死生' 그리하여 '이 약을 처음 구매하는 사람初手賣藥者'이 제품을 '의심하지 않게無疑' 할 것이오.

(우리는) '이 시대 제약업계此時代營業界'에서 '우리의 정신本國精神'으로 '공익公益'을 위해 일을 하고 있소. '이름 있는 서양약이라 할지라도名雖洋藥' '실제로는 우리 약實是韓藥'이오. '중국 약재唐草材'와 '건조된 서양약재洋藥乾材'도 '저렴하게 판매廉價放賣'하고 있소. 구매를 '간절히 바라는 사람窃願 僉位'은 '우편소포郵便小包'로 '보내 달라고 청구請購發行' 하시오.

경성京 서소문 밖西小門外 차동車洞 민궁본포閔宮本鋪

민병호閔幷浩 이신우李信友 민강閔橿 白

활명수 모기업 동화약방의 첫 신문광고는 기업의 철학과 시대상을 반영하고 있다. 광고의 첫 단락은 이理와 기氣의 원리를 통해 자연·인간·사회의 존재와 운동을 설명하는 성리학의 이론 체계인 이기론理氣論과 기독교 신앙을 접목하며 조화를 추구하면서 동서양의 다름을 잘 설명하고 있다. 이기론과 기독교 신앙의 접목은 조선 후기 천주교 신앙을 받아들인 실학자들의 고민이기도 했다. 대표적으로 다산 정약용(1762~1836)이 그렇다.

또한 첫 단락에서 대륙의 풍토가 다르니 사람의 몸도 같지 않다는 표현을 적절히 잘 구사했다. 한자로 된 광고 문구의 '성신진리聖神眞理'란 표현은 개신교에서 주로 사용하는 '거룩하신 하나님의 진리'란 표현으로 번역했다. 동화약방의 기업주인 민병호와 민강은 기독교인이었을 뿐 아니라 당시 민병호가 출석하던 새문안교회의 담임목사였던 언더우드 선교사는 '상제上帝' '참신' '하늘님' 등으로 해석된 기독교의 '신神'에 대한 명칭을 1903년경부터 '하나님'이란 단일 명칭으로 사용하기 시작했다. 이후 이 개념이 한국 개신교에서 신에 대한 명칭으로 정착된다.[42] 아마 민병호도 언더우드 선교사의 생각에 공감하며 '신神'을 그러한 개념으로 받아들였을 것이다. 초창기 동화약방은 경영에 기독교 정신을 중요시했다. 서기연도 앞에 예수의 탄생을 의미하는 '救主誕生(구주탄생)'을 붙여 광고에 내보내기도 했고,[43] 활명수를 기독교 선교 목적으로 가난한 사람들에게 무료로 배포하기도 했다.[44]

신문광고의 둘째 단락은 동서양의 융합에 관해 이야기한다. "'전통적인 동양의 지식舊學問'과 '서양의 새로운 발명新發明'이 '서로 합하여 하나가 되었소相合爲壹'"라는 부분은 이 광고의 백미다. 이는 동양의 도덕, 윤리, 질서를 그대로 유지한 채 발달된 서양의 기술, 기계를 받아들여 부국강병을 이룩한다는 사상인 동도서기東道西器'를 다른 형식으로 표현한 것이다. 동화약방 최고의 히트작이자 장자 격인 활명수가 바로 이런 정신으로부터 태어났다. 이후 동화약방은 다른 광고에서도 동서양의 융합을 나타내는 문구를 통해 정체성을 표현하기도 했다.

셋째와 넷째 단락은 사업에 대한 의지로 약업에 대한 철학을 논리적으로 표현하고 있다. 다섯째 단락은 사업에 대한 결연한 의지와 자사의 약품을 구매하는 방법을 소개하고 있다. "'우리의 정신本國精神'으로 '공익公益'을 위해"라는 표현은 오늘날까지 이어오고 있는 동화의 기업철학이기도 하다. 광고에 명시된 동화약방의 주소를 보면 '경성京 서소문 밖西小門外 차동車洞 민궁본포閔宮本舖'로 되어 있다. 차동에 있는 민씨 집이 동화약방의 본점이란 의미다. 당시에는 지금과 같은 지번地番 개념이 없었기 때문에 '어느 동네 누구네 집' 자체가 주소였다. 동화약방은 처음에는 '민궁본포閔宮本舖'란 표현을 썼

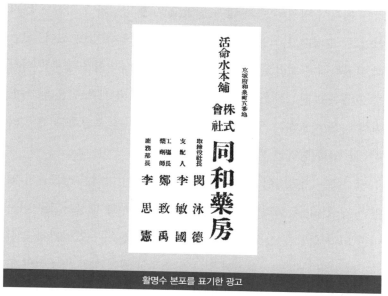

활명수 본포를 표기한 광고

고 이후 '동화약방본포'로 표현을 고쳤으나 지번 개념이 정착되고 활명수가 인기를 끌자 '활명수본포'라고 광고의 표현을 바꾸기도 했다.

동화약방 첫 신문광고의 마지막 줄에는 '민병호閔幷浩 이신우李信友 민강閔橿 白'이라는 표현이 나온다. 민병호는 동화약방의 창업주이고 민강은 그의 아들이며 2대 사장이다. 그렇다면 가운데 놓인 '이신우'란 누구일까? 1대 사장과 2대 사장 사이에 이름이 들어가 있는 것을 보면 동화약방 내에서 꽤 비중 있는 사람이라고 짐작할 수 있다. 그는 의사였다. 전통 한의가 아니라 당시로써는 드물게 서양의학을 배운 의사였다. 당시 서양의학을 배운 이들은 지금과는 달리 좋은 일자리를 얻기 어려웠다. 의료 시스템이 제대로 구축되지 않은 때여서 병원의 수가 많지 않았고 기존 병원의 일자리도 많지 않았다. 그렇다고 처음부터 개업하기에는 위험 부담이 컸다. 그런데 사람들에게 제법 알려진 대형 약방들은 서양의학을 공부한 의사를 고용하고 진료실을 따로 두었다. 의사에게 진료를 받은 뒤 약방에서 약을 처방하는 방식으로 약방 내 진료실을 운영했다. 일종의 원스톱 의약 협업인 셈이다.

당시에는 의료법이 제대로 정비되지 않아서 이러한 시도들이 있었던 것 같다. 동화약방 역시 의사였던 이신우와 더불어 잠시나마 이런 의약 협업을 시도한 것으로 보인다. 이신우가 있었기에 앞선 기사의 내용처럼 서교동에서 일본인 소유의 개에게 물린 조선인 고덕렬을 치료할 수 있었을 것이다. 하지만 의사 이신우의 재직 시기는 그리 길지 않았던 것 같다. 1909년 7월 광고의 내용처럼 이신우는 분명 동화약방에 있었지만, 1910년이 되면서 자리를 옮겨 소의문 신제약방 진료의사로 일하게 된다.[45]

활명수 모기업 동화약방의 첫 광고가 실린 지면에는 지석영이 지은 《언문言文》이란 책의 광고도 함께 실렸다. 지석영은 종두법을 보급했을 뿐 아니라 한글 연구에도 조예가 깊어 1909년 국내 최초의 한글사전 격인 《언문》을 출간했다. 국내 첫 제약업체의 광고와 국내 첫 한글사전의 광고가 같은 날 같은 신문의 지면에 실린 셈이니 뜻깊은 일이 아닐 수 없다.

1909년 7월 22일 《대한매일신보》에는 동화약방과 경쟁관계였던 제생당약방과 화평당약방의 광고도 함께 실렸다. 당시 제생당약방과 화평당약방은 대대적인 물량공세와 신문광고로 사람들의 이목을 끌고 있었다. 이날 신문은 두 약방 사이의 일종의 전략적 제휴를 기념하여 판촉행사 광고를 실었다. 신문 지면에 나온 세 개의 약방(동화약방, 제생당약방, 화평당약방)은 한때 조선 제약업계를 선도했으나 지금까지 약업을 이어가고 있는 곳은 동화약방(동화약품)이 유일하다. 활명수 모기업 동화약방이 지금까지 유지될 수 있었던 것은 첫 광고에서 언급한 설립정신과 기업철학을 지켰기 때문일 것이다.

활명수 상표권 도용

"본인本人의 비행非行이 검거檢擧되었는바"

活
命
水

1897

자본주의 사회에서 상표는 다른 제품이나 서비스와 구별되게 하고 경제적 가치를 극대화하는 상징물이다. 개인이나 기업은 대중에게 친숙하게 접근하면서 구매력을 자극할 수 있는 상표를 만들기 위해 고민한다. 자본주의의 총아인 상표가 우리나라에서 처음 법적으로 효력을 발휘하게 된 것은 대한제국이 일본에 병탄되기 직전인 1908년 8월 12일부터다. 당시 일본의 조선통감부는 부칙 4개조로 구성된 일본 칙령 198호인 '한국상표법'을 제정했다. 말이 한국상표법이지 일본의 상표 관련 법령을 그대로 이 땅에 적용시킨 것이었다. 상표법이 제정되었으나 당시 우리의 산업 수준이 낮아 상표의 개념조차 희미했다. 그래서 조선인이 등록한 소수의 제품을 제외하고는 대부분 일본인이 상표 출원을 했다.[46]

조선인이 등록한 상표 중에는 우리나라 최초의 등록상표이자 가장 오래된 상표인 활명수도 있었다. 1910년에 등록된 활명수는 곧 우리 상표의 역사이기도 하다. 활명수는 1910년 12월 16일 특허국에 등록(등록번호 제43895호)된 국내에서 가장 오래된 등록상품이다. 또한 1910년 8월 15일 특허국에 등록된 부채표(등록번호 514)는 가장 오래된 등록상표다.[47] 일본이 조선을 강제로 병합한 때가 1910년 8월 29일이니까 부채표 활명수 상표 등록은 대한제국 통감부 특허국에, 상품 등록은 일본국 조선총독부 특허국에 한 셈이다.

상표는 상표권에 의해 그 권리를 보호받는다. 우리가 흔히 말하는 브랜드와 상표의 가장 큰 차이는 사용 용도에 있다. 브랜드가 마케팅 용어라면 상표는 법률 용어다. 흔히 브랜드를 특정 제품이나 서비스에 대한 경험과 이미지의 총합이라 표현한다. 유·무형으로 표현되는 브랜드를 특허청에 출원, 등록함으로써 그 사용에 대한 독점적인 배타권이 부여되고 각종 법적인 보호를 받을 수 있게 된다. 이때 특허청에 등록된 브랜드를 상표라 한다. 따라서 브랜드라 하여 모두 상표라 할 수 없다. 브랜드이지만 상표로 등록되지 못해 상표로서 법적 보호를 받을 수 없는 경우도 있다.[48] 활명수는 오랜 역사만큼 유사 제품이 계속 등장했고, 그에 따라 치열한 생존 경쟁을 벌여야 했다. 1910년대에 회생수回生水, 활명액活命液 등 60여 종의 유사 제품이 난립했으며, 1990년대까지도 활명수의 유명세를 등에 업고 유사품이 우후죽순 생겨났다. 활명수는 조선총독부 특허국에 등록된 상표권을 바탕으로 유사품에 적극적으로 대처했다.

1922년 6월 26일자 《동아일보》에 다음과 같은 공고문이 실렸다.

근고

본인이 제조판매하는 『신창활명수信昌活命水』라 하는 물약水藥은 귀사의 등록상표 제43895호, 제99526호 약품명 『활명액』의 상표 침해를 하였음. 이에 귀사의 고소告訴로 본인의 비행이 검거되었는바 더 이상 명칭을 사용하여 제품을 제조하지 아니할 것을 약속하였고 고소의 취소를 청원하였고 이에 귀사에서 호의를 베풀어 승낙을 하심에 감사하오며 후일을 위하여 광고를 넴.

대정大正[49] 11년(1922) 6월
보내는 이: 평양부 서문통 신창약방 김병필
받는 이: 경성부 화천정 5번지 동화약방 민강

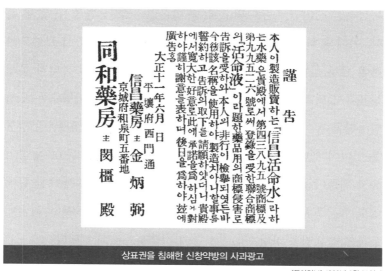

상표권을 침해한 신창약방의 사과광고

내용인즉 평양의 신창약방에서 '신창활명수'라는 제품을 제조하여 판매하고 있었는데 동화약방은 미리 등록해놓은 상표인 '활명수'와 '활명액'의 상표권이 침해된다고 판단하여 법원에 이를 고소했다. 평양의 신창약방 측은 잘못을 인정하면서 동화약방 측에 고소를 취하해주기를 원했다. "본인本人의 비행非行이 검거檢擧되었는 바…" 하고 말이다. 동화약방이 이를 받아들이자 신창약방은 일종의 사과광고를 《동아일보》에 게재했다. 근고 내용 중 '등록상표 제43895호'는 활명수의 상표등록번호다.

동화약방은 단순히 유사 상표를 찾아내는 수동적인 대응에 그치지 않고 광고를 통해 소비자에게 등록상표인 '부채표 활명수'를 적극적으로 알리기 시작했다. 1929년 6월부터 동화약방은 《동아일

활명수 방어용 활명액 상표등록증 제99526호

동화약품

보》《매일신보》 등에 등록상표인 부채를 강조하는 활명수 광고를
내기 시작했다. 광고를 보면 등록상표로 표기된 부채표의 마크를
굵은 화살표로 강조하고 있음을 알 수 있다. 그리고 광고의 양쪽 테
두리에 '이 약을 사실 때 반드시 부채 상표를 주의하시오'라는 문구
를 넣었다. 활명수의 유사품이 많이 있으니 관련 상품을 구매할 시
반드시 부채표인지 확인해보라는 의미다. 이러한 부채표 활명수만
의 차별화 전략은 이후에도 지속되었다. 1990년대에는 '부채표가
없는 것은 활명수가 아닙니다'라는 부채표 캠페인으로 브랜드 차별

부채표 상표를 강조한 광고

《동아일보》 1929년 6월 4일자

화에 나서며 소화제의 대표 브랜드로 입지를 확고히 다져 한국에 활명수를 모르는 사람이 없을 정도가 되었다.

일제강점기에 소수의 기업과 사람들만이 이용했던 상표와 상표법은 1945년 해방 이후 새로운 상표법이 제정되고 경제발전이 진행되면서 새로운 전기를 맞이하게 된다. 가장 오래된 상표인 부채표 활명수를 비롯해 백설표 설탕, 말표와 기차표 신발, 곰표 밀가루, 샘표 간장, 번개표 전구 등 상표를 뜻하는 '표標'라는 개념이 일상화하며 발전하기 시작했다. 이후 디자인 개념이 상표에 적극적으로 도입되고 정보기술의 발달과 더불어 글로벌 경쟁시대가 도래하면서 상표의 기능과 역할은 더욱 커졌다. 이제는 상표 없이 산다는 게 거의 불가능에 가까운 시대가 되었다.

지금 이 시간에도 헤아릴 수 없이 많은 상표가 나오고 있다. 새로운 가치를 창조하지 않고 변화하지 않으면 아무리 좋은 디자인으로 포장된 상표라도 도태될 수밖에 없다. 끝없이 변화하는 시대이지만, 그래도 불변하는 것이 있다. 사람과 상표 그리고 사람과 사람을 연결해주는 '공감'의 가치다. 공감의 가치에는 과거와 오늘, 그리고 내일의 구분이 없다. 여기서 공감이란 사람들의 필요를 파악해 그것을 채워주며 소통하는 것을 말한다. 1897년 이후 한국 상표의 초석을 닦고 120년 동안 이어온 활명수처럼 말이다. 우리나라에서 가장 오래된 상표인 부채표 활명수의 역사는 곧 우리나라 상표의 역사다. 또한 상표 도용을 방지하고 상표권을 보호하고자 했던 부채표 활명수의 노력은 한국 저작권 역사의 한 부분이기도 하다.

한국형
공유가치창출CSV의 원조

活
命
水
1897

기업인들은 사업과 연계된 이해관계자들과 좋은 관계를 맺는 데 관심이 있다. 특히 기업을 둘러싸고 있는 사회와의 관계 설정은 기업으로서는 늘 고민거리이기도 하다. 과거 기업과 사회는 일종의 긴장 관계를 형성했으나 2000년대 이후부터는 협력과 상생을 통한 새로운 가치의 창출 쪽으로 무게중심이 옮겨가고 있다. 2011년 이후 한국 경제는 사회적책임경영CSR, Corporate Social Responsibility을 넘어 공유가치창출CSV, Creating Shared Value이 기업 경영의 새로운 흐름으로 자리 잡고 있다. 미국 하버드 대학교의 마이클 포터 교수는 2010년 《하버드 비즈니스 리뷰HBR》에 실린 〈자본주의를 어떻게 치유할 것인가How to Fix Capitalism〉라는 논문에서 사회적책임경영보다 한 단계 진일보한 개념으로, 기업과 사회가 함께 가치를 창출하는 'CSV' 전략의 중요성을 강조했다.

이 논문에서 포터 교수는 현대 기업 자본주의가 지닌 근본적인 문제점을 개선하려면 기업이 공유가치를 창조하는 노력이 중요하다고 주장했다. 사회는 보건의료, 주택, 영양 개선, 복지시설 확충, 재정적 안정 강화, 환경오염 완화 등을 필요로 한다. 하지만 기업은 이러한 사회적 요구에 대한 수요를 놓치는 경우가 빈번하다. 기업이 갖춘 자원과 자본을 활용하여 사회문제를 해결하고 기업의 경제적 가치도 함께 창출하려는 노력을 통해 기업과 사회가 공유하는 가치를 더 키울 수 있다는 논리다. 기업이 공유가치의 개념을 활용해 사업에 적용하는 방법에는 세 가지가 있다.

- 제품과 시장의 재정의: 제품이 어떤 사회적 요구를 담고 있는지 파악, 시장에서 충족되지 못한 사회적 욕구 인식
- 가치사슬 재정의: 운송과 유통 단계 혁신, 생산과정에서 환경, 인권 등 사회적 요소 고려
- 지역 클러스터 개발: 지역 내 인프라 활용, 주체들의 역량 결집을 통한 생산성 향상

스위스의 다국적기업 네슬레가 아프리카에서 원료를 채취하는 데 그치지 않고 지역사회 개발 사업을 하거나 프랑스의 식품회사 다농이 방글라데시에서 그라민그룹과 손잡고 세운 그라민-다농을 통해 현지인들의 구매력을 고려하여 저가 요구르트를 만들어 판매하고 있는 것이 대표적인 CSV 사례다. 그런데 이러한 사례는 대부

분 '아프리카 혹은 아시아의 저개발 국가＋글로벌 기업'의 조합이다. 왜 그럴까? 대부분 CSV 혁신 사례의 대상이 되는 지역은 원료가 비교적 풍부하고 식민 지배를 겪은 아프리카와 아시아의 저개발 국가들이다. 사회 인프라가 낙후되어 있고 교육 수준도 높지 못하다. 많은 것이 부족하기에 조금만 투자해도 선진국 대비 놀라운 파급효과를 가져온다. 글로벌 기업 입장에서는 향상된 원료 채취 환경을 조성할 수 있고 새로운 시장을 개척할 수 있어 '일석다조의 효과'를 누리게 된다. 이 때문에 아프리카에서 글로벌 기업들의 CSV가 활발하게 이뤄지고 있다. 자원과 원료가 풍부하고 개발이 덜 되어 있으며 오랜 기간 정치적 불안정을 겪은 대부분의 나라가 이런 경우에 해당한다. 선진국은 나름의 CSV 모델이 있지만, 저개발 국가의 그것에 비해 파급효과는 크지 않다.[50]

우리나라에도 CSV 사례는 예전부터 있어왔다. 1920년대 조선 민중의 80퍼센트가 글을 읽지 못하는 문맹文盲이었다. 일제의 강요로 일본어가 일상생활에까지 파고들던 시절이었다. 일제강점기 엘리트 계층의 문자는 한자漢字였고 일본어가 새로운 공용어로 자리 잡았다. 누구나 쉽게 소통할 수 있는 수단인 우리 겨레의 한글은 뒤로 밀려나 있었다. 그당시 《조선일보》와 《동아일보》는 전국적으로 한글보급운동을 펼쳤다. 조선과 동아의 대표적인 계몽운동은 1920년대 후반에 진행된 브나로드운동이라 불린 문맹퇴치운동이다. 본래 브나로드는 '민중 속으로'라는 의미의 러시아 말로 러시아 말기에 지식인들이 이상사회를 건설하려면 민중을 깨우쳐야 한다는 취지로 만든 구호였다. 1929년 조선일보사가 귀향 남녀학생 문자보급운동을 전개했다. 1931년부터 1934년까지 동아일보사가 전개한 브나로드운동은 청년학생으로 조직된 '학생강연대' '학생기자대'를 주축으로 행해졌다. 이들은 야학을 열고 음악과 연극, 위생생활을 가르치면서 계몽운동과 문화운동을 병행해나갔다.[51] 1935년 심훈이 《동아일보》에 발표한 소설 〈상록수常綠樹〉는 시대를 깨우기 위해 농촌계몽 활동에 나선 당시 젊은이들의 모습을 잘 담아내고 있다. 《조선일보》와 《동아일보》를 주축으로 이루어진 계몽 활동은 신문의 영향력 증대와 시장 확장에 기여했다. 글을 배우면 활자 매체인 신문을 읽으며 다양한 정보를 얻게 되고, 신문을 찾는 사람이 많아지면 자연스럽게 신문 시장이 커지고 그 영향력도 확대된다. 이처럼 양대 신문사의 한글보급운동은 사회적 과제였던 문맹퇴치와 신문 산업이 공유된 가치를 만들며 성장을 이룬 경우다.

1920년대 《조선일보》와 《동아일보》의 문맹퇴치 사업 이전에는 활명수 모기업 동화약방과 당시 조선의 제약업계가 전반적으로 그런 역할을 했다고 볼 수 있다. 제약업은 사람의 건강과 밀접한 관련이 있는 산업이기에 다른 어떤 분야보다 기업과 사회가 함께 가치를 창출할 여지가 많다. 사람이 태어나서 죽을 때까지 모든 과정이 건강과 밀접한 관련이 있고 사회 공동체 역시 사회 보건을 어떻게 하느냐에 따라 흥할 수도 있고 망할 수도 있다. 이때 사람들의 건강 관리에 사용되는 가장 중요한 물질이 질병을 치료하거나 예방하는 약이다. 1897년 활명수의 등장과 함께 다려 먹는 탕약에만 의존하던 조선 약업계에 변화가 생긴다.

19세기 후반에 이뤄진 조선의 개항은 근대사회를 향한 시발점이었다. 개항과 함께 조선에 들어온 서양의 약품과 의술은 이목을 끌었다. 조선 사람들이 접한 서양 약품 중 가장 인상적이었던 제품은 말라리아 치료제인 '퀴닌quinine'으로 한자어로 표현하면 금계랍金鷄蠟이었다. 퀴닌은 진통제나 해열제로도 쓰였다. 최초의 서양식 병원인 제중원에서 가장 인기 있는 약도 퀴닌이었다.[52] 서양의학이 좋은 반응을 얻으며 조선 사회에 진입했지만 그렇다고 전통의학의 지위가 흔들리지는 않았다. 조선인들은 기본적으로 전통의학에 대한 신뢰가 있었다. 이 때문에 최초의 국산 신약인 활명수처럼 전통의학 지식에 서양의학을 가미하는 방식으로 변화해갔다. 활명수는 서양식 제조약에 대한 수요가 높아지던 사회적 욕구를 파악하고, 기존 시장에서 충족되지 못한 사회적 욕구가 무엇인지 인식했다. 그래서 과감히 전통 궁중 비방에 서양식 제조 기술을 가미했다. 제품과 시장을 새롭게 정의한 결과였다.

당시 약업계의 주목되는 변화는 약 자체보다 유통구조의 혁신이었다. 특정 약품들을 판매하는 대형 약방이 생겨나기 시작했고, 이들은 점차 전국적인 유통망을 구축했다. 활명수로 유명한 동화약방(1897), 소화제인 청심보명단으로 유명한 제생당약방(1899), 부인병 치료제인 태양조경환으로 유명한 화평당약방(1904), 종기 치료제인 조고약으로 유명한 천일약방(1913) 등에서 이전과 다른 방식의 판매와 생산이 이뤄졌으며, 이곳을 중심으로 전국의 약종상을 연결하는 네트워크가 형성되었다. 이는 한국 제약회사의 원조일 뿐 아니라 근대적 유통의 시발점이라 할 수 있다. 유통구조가 근대식으로 변하면서 대형 약방에서는 약 이외의 물품을 제조하거나 판매하기도 했다. 활명수 모기업 동화약방은 20세기 초반 화장품인 '도화분'과 '이화분'을 만들어 판매했다.[53] 당시 조선인이 만든 최고의 화장품은 박승직상점(오늘날 두산그룹의 모체)에서 만든 박가분이었다. 어떻게 보면 동화약방은 자체 생산과 유통망을 바탕으로 박가분에 도전장을 내민 셈이다. 동화약방이 잠시나마 화장품 사업에 참여할 수 있었던 데에는 화장품 시장의 성장 잠재성도 있었겠지만, 무엇보다 그간 동화약방이 다져놓은 유통망을 근간으로 한 새로운 사업 진출의 가능성 때문이었을 것이다.

대형 약방의 출현은 생산과 판매의 혁신을 일으켰다. 서구의 양약기술을 받아들인 약방들은 대량으로 약을 만들기 시작했으며 생산된 약을 팔기 위해 다양한 판촉 활동을 병행했다. 그 대표 격이 광고였다. 당시 신문과 잡지에서 약 광고가 차지하는 비율은 절대적이었다. 오늘날 핸드폰, TV, 자동차, 식품 광고 이상으로 제약 광고 비중이 높았다. 또한 당시 갓 도입된 우편제도 덕분에 전국적인 약 배달이 가능해졌다. 서울의 약방에서 제품을 생산해 지방 약방에 우편으로 보내거나 혹은 지방의 구매 희망자들이 우편으로 구매 의사를 전하면 배달해주었다. 활명수 모기업 동화약방의 첫 광고에서도 '우편 구매' 방법을 상세하게 소개하고 있다. 이러한 구매 형태는 사실상 한국 홈쇼핑의 시작이라고 할 수 있다. 활명수 역시 당시 유통구조의 혁신을 타고 전국적으로 보급되기 시작했다.

유통구조의 변화와 더불어 조선 사람들이 약에 그렇게 호응한 까닭은 19세기 후반과 20세 초반의 건강관리가 지금처럼 체계적이지 않아 사람들의 체질이 허약했고 질병이 많아 약이 더욱 필요했기 때문이었다. 면역력이 약한 2~3세 이하 영아들의 높은 사망률은 말할 것도 없고 20세 양반 남성들의 기대 수명이 대략 30~40년 수준이었다.[54] 건강한 남성들도 60세까지 살기가 어려웠던 것이 19세기 후반 조선의 상황이었다. 자연스럽게 사람들은 건강을 지키기 위해 약에 의지했다. 이런 잠재적인 욕구는 서양식 기술이 도입되고 유통 시스템이 변하면서 약 생산과 판매에 혁신이 일어나는 밑거름이 되었다.

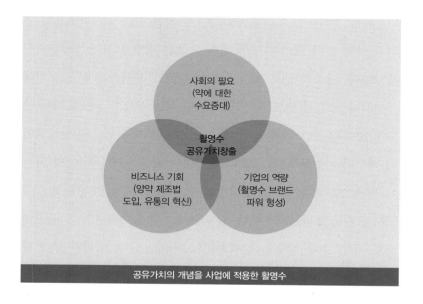

공유가치의 개념을 사업에 적용한 활명수

동화약방은 지역사회에 관심을 두고 소임을 게을리하지 않았다. 지역 교육기관인 '소의학교昭義學校'를 설립하여 운영한 사례가 대표적이다. 소의학교는 1907년 인재양성을 통한 국권회복을 목적으로 동화약방 민강 사장을 비롯한 서소문 주변 지역 유지들이 뜻을 모아 조개골(현재 지하철 충정로역 3번 출구 부근)에 설립한 초등학교였다. 설립 당시 수업연한은 4년이었고 학생층은 7~8세에서 20세 이하까지 다양했다. 초대 학교장은 대한제국 외부대신이었던 이하영이 맡았다.[55] 학교명의 '소의昭義'는 동화약방이 있는 '서소문西小門'의 정식 명칭인 '소의문昭義門' 지역을 의미한다. 실제로 소의학교와 동화약방 사이의 거리는 500미터에 지나지 않았다. 가까운 거리만큼이나 동화약방-소의학교-서소문 지역사회의 관계는 밀착되어 있었다.

1915년 8월 20일자 《매일신보》에는 〈소의학교 곤경〉이란 기사가 실렸다. 내용인즉 동화약방 민강 사장과 지역 유지들의 도움으로 관리되어 오던 소의학교가 재정상의 어려움으로 폐교 위기에 처해 있으니 150여 명의 재학생을 가엾게 생각해달라는 내용이다. 동화약방은 소의학교를 살리기 위해 백방으로 노력했다. 《매일신보》에 기사가 실린 다음 달인 9월에 열린 '조선물산공진회'에 참가하여 그곳에서 활명수를 비롯한 여러 약품의 판매 수익금을 소의학교 수익금으로 기부하여 폐교 직전에 있던 소의학교를 기사회생시켰다. 이외에도 동화약방과 민강 사장은 역량을 최대화하여 같은 지역사회의 구성원인 소의학교를 도왔다. 소의학교는 이후 보통학교

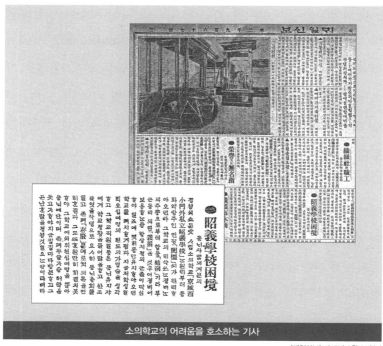

소의학교의 어려움을 호소하는 기사

《매일신보》 1915년 8월 20일자

에서 상업학교로 개편되었고 1920년대에 이르러 천주교 재단이 학교 운영에 참여하면서 안정적으로 운영될 수 있었다. 현재 서울 혜화동에 있는 동성중고등학교가 바로 소의학교의 후신이다.

활명수 모기업 동화약방은 찾아오는 고객들을 신분과 지위를 막론하고 성심성의껏 돌보는 데에도 신경을 썼다. 1909년 12월 17일자 《대한매일신보》는 동화약방에서 치료받은 사람이 고마움을 표하며 소 한 마리를 기부했다는 기사를 실었다. 평안남도 영덕군의 김원식이란 사람이 황달로 3년을 고생했는데, 동화약방에서 제조

동화약방에 소 한 마리를 기부한 사람의 일화를 소개한 기사

《대한매일신보》 1909년 12월 17일자

하는 '퇴황환'을 먹고 불과 몇 달 만에 완치되어 이에 감사를 표하는 마음으로 소 한 마리를 기부하게 되었다고 한다. 김원식에게 동화약방의 탕황환은 단순한 약이 아니라 자신의 역경을 이기게 해준 생명의 물질과도 같았다. 단순히 봐도 약의 효능만을 생각하고 소 한 마리를 기부하지는 않았을 것이다. 약의 효능에 더해 사람에게 최선을 다하는 동화약방의 마음 씀씀이에 감동했을 것이다. 그래서 당시 최고의 살림 밑천이요 자산이기도 한 소 한 마리를 과감히 내놓게 되었을 것이다. 이러한 사례를 통해 당시 동화약방이 고객과 진정으로 소통하는 방법을 잘 알고 있었음을 알 수 있다.

19세기 후반과 20세기 초반 활명수 모기업 동화약방의 CSV를 다음과 같이 표현해볼 수 있다.

- 제품과 시장의 재정의: 활명수(궁중 비법과 서양식 제약기술의 융합), 건강에 대한 사회적 욕구
- 가치사슬 재정의: 서양식 생산 시스템, 지역 출장소 및 우편 판매제도, 신문광고
- 지역 클러스터 개발: 동화약방이 있는 서소문 지역에 보통학교인 '소의학교' 설립 및 운영

CSV는 미국 하버드 대학교 마이클 포터 교수에 의해 2011년에 이론화되었지만, 19세기 말과 20세기 초 조선의 한양 서소문 밖에 있던 활명수 모기업 동화약방은 이미 이를 실현하고 있었다. 사실 CSV의 내용을 보면 특별히 새로울 것이 없다. 동서고금을 막론하고 비즈니스가 이뤄지는 곳에서 이를 둘러싼 사회와의 소통은 큰 이슈 중 하나였다. 19세기 말 개항 이후 새로운 물결이 들어오면서 조선의 경제도 성장했다. 점차 대형화된 기업들이 나오기 시작했다. 우리나라 기업들의 사회공헌과 사회적책임의 역사도 바로 이때부터 시작되었다. 당시 기업과 상공인들이 사회와 어떻게 소통하려 했는가를 살피면 우리만의 CSV 역사와 흐름을 알 수 있다. 활명수와 동화약방은 한국 브랜드와 기업의 역사를 대표한다. 아울러 한국의 CSV 역사에서도 그렇다. 특히 제약업이라는 특성상 더욱 공유가치를 창출하는 일에 충실할 수밖에 없었다.

1897
대한민국,
활명수에 살다

③

민족의
답답한 마음을
달래다

활명수를 머금고 자란
'대한독립'의 나무

活
命
水
1897

1920년 5월 26일자 《동아일보》에 조선청년연합회 설립에 관해 장덕수 논설위원이 쓴 사설이 실렸다. 각 지방의 민족주의 청년 단체들을 대동단결시켜 민족운동의 저력으로 육성하자는 사설의 취지는 큰 호응을 얻었다. 그리고 1920년 7월 12일자 《동아일보》 1면에는 조선청년연합회를 지지하는 함경북도 북청의 사회운동가 조우의 〈조선청년연합회 조직에 대하야〉란 기고문이 실렸다.

"만고에 미증유하던 세계적 대풍운이 종식되자, 평화의 서광이 만천하에 두루 비치고, 자유의 새벽종이 전 세계에 크게 울려, 바야흐로 세계는 영원한 평화의 일대 낙원으로 개조하려고 진력하며, 인류가 신성한 자유의 행복민이 되려고 고심함은 현하 전 세계의 대세이며 전 인류의 소망이라… 신발명 활명수에 신효를 득하야 지

조선연합회를 지지하는 조우의 기고문

《동아일보》 1920년 7월 12일자

금은 살수기에 청수를 주관하여 들고 무궁화에 살수하기를 주소분

망하는 상태이다…"

기고문의 내용을 보면 "신발명 활명수에 신효를 득하야 지금은

살수기에 청수를 주관하여 들고 무궁화에 살수하기를 주소분망(밤

낮으로 바쁜)하는 상태이다"라는 은유적인 표현이 나온다. 여기서 활

명수는 동서양의 지식이 어우러진 소화제 활명수를 말하는 듯싶다.

활명수의 신기한 효험을 근간으로 살수기에 맑은 물을 넣고 밤낮으

로 무궁화에 뿌리자는 이야기다. 더 자세히 말하자면 활명수처럼

외부의 지식과 기술을 받아들여 좋은 제품이나 제도를 만들고 청년

의 열정을 모아 나라와 겨레에 그것을 알리고 보급하자는 뜻인 듯

하다.

그런데 함경북도 북청의 조우는 왜 청년 민족운동에 관한 글을

쓰며 활명수를 언급했을까? 아마도 당시 활명수란 제품이 서양의

지식과 기술을 주체적으로 습득한 결과물이라 생각했을 것이고, 활명수 모기업 동화약방 사장인 민강이 독립운동에 참여하고 있음을 익히 알고 있었기에, 사회운동의 역할 모델로 활명수를 선택했을 가능성이 크다. 조우가 그토록 열망하던 '조선청년연합회'의 설립 배경에는 이 글을 쓰기 1년 4개월 전인 1919년에 민족적으로 일어난 3.1 만세운동이 자리 잡고 있다. 1910년 한일병탄 이후 일본은 헌병경찰 제도를 시행해 수많은 항일운동가를 잡아들였을 뿐 아니라 기본적인 정치적 권리와 자유를 누리지 못하게 하는 식으로 민족지사들의 활동을 탄압했다. 또한 농업과 상공업 등에서 민족 산업의 발전을 억압하고 사회 모든 분야에서 폭력적인 억압과 수탈을 자행했다. 일본의 식민지배에 대한 조선인의 분노는 나날이 커져 나라를 되찾고자 하는 움직임이 일어났다. 1918년부터 중국과 미국 등 해외에 항일 세력이 결성되어 움직임을 시작했고 국내의 기독교, 천도교 등 민족진영 인사들이 독립운동을 도모하기 시작했다.

1919년 1월 21일 고종이 붕어하자 전국적인 애도 분위기 속에 3월 초 고종의 장례식을 앞두고 민족지사들이 전국적인 만세운동을 계획한다. 이윽고 1919년 3월 1일, 계획했던 대로 국내의 독립운동 세력이 서울과 평양, 평안북도의 의주, 선천, 안주 그리고 함경남도 원산, 평안남도 진남포 등 6개 도시에서 동시에 독립만세운동을 벌였다. 이후 만세 시위는 전국으로 확산되었으나 일본의 무자비한 진압으로 실패하고 만다. 만세운동은 겉으로 보기에는 다소 수그러들었으나 조선인들은 체계적인 항일 투쟁을 위해 대내외적 결사체인 '임시정부' 수립을 위해 힘을 모으기 시작한다.

3.1 만세운동 직후인 1919년 4월 13일, 중국 상해에서 국내외 독립운동 세력이 모여 대한민국 임시정부를 수립했다. 그리고 4월 23일 국내에서 독립을 열망하는 전국의 대표들이 모여 한성임시정부를 세웠다. 중국 상해임시정부, 국내 한성임시정부를 포함하여 국내외에 7개의 임시정부가 세워진다. 임시정부를 자처하는 조직이 난립하자 독립운동의 역량을 한곳으로 모아야 한다는 여론이 일었다. 국내에서의 활동이 사실상 어려웠기 때문에 한성정부를 비롯한 여러 임시정부 조직이 같은 해 9월 개헌 형식으로 상해임시정부와 통합을 이룬다.[56] 상해임시정부와 통합한 한성임시정부의 주요 인사 중에는 동화약방 대표 민강도 있었다. 그는 삼일운동 당시 자금 담당이었을 뿐 아니라 동화약방을 모임 장소로 제공하기도 했다.[57]

한편 대한민국 임시정부는 적극적인 독립운동을 위해 국내 독립운동 세력과 연대하고 군자금을 마련하기 위해 비밀행정조직을 마련하게 된다. 경성(서울)에 대한민국임시정부의 비밀행정 조직인 서울연통부를 설치하려는 움직임은 상해에서 파견된 이종욱이 1919년 10월 서울에서 청년외교단의 송세호, 대동단의 나창헌, 애국단의 신현구, 연동교회 조사 전필순, 세브란스의전 학생 윤종석 등과 수차례 회합하며 구체화되었다. 이들은 경성에 임시정부 연통부를 설치하기로 하고, 동화약방 주인 민강에게 부탁해 그의 집을 연락 거점으로 사용하기로 했다. 서울연통부는 국내와 상해임시정부를 잇는 다리 역할을 하는 등 2년 동안 나름의 성과를 보였으나

대동단사건으로 어려움에 처한 민강 사장의 상황을 알 수 있는 보도

《동아일보》 1921년 4월 29일자, 1922년 1월 29일자

일본이 임시정부에 보낸 밀정(간첩)에게 발각되어 사라지게 된다. 동화약방 사장 민강은 임시정부 서울연통부와 항일 비밀결사인 대동단사건[58]에 연루되어 일본 경찰에 잡히게 되어 그와 동화약방은 고난의 길을 걷게 된다.

조선의 양반들은 과거를 치르고 급제하여 나랏일을 하는 관리가 되어, 임금에 충성하고 백성을 섬기는 일을 최고의 영예로 생각했다. 이 때문에 많은 선비가 과거에 몰두했다. 당대에 그것을 이루지 못하면 후대에라도 입신양명立身揚名하기를 바랐다. 활명수의 아버지 민병호는 20대 초반에 무과에 급제해 관료의 삶으로 들어서게 된다. 하지만 그의 아들 민강이 관료가 되었다는 기록은 없다. 14살이던 1897년에 아버지 민병호와 같이 활명수를 만들며 동화약방을 창업했다는 자료만 전해 내려온다. 국운이 기운 시절이라 과거 응시를 포기했을 수도 있고, 무관으로 지내며 '임오군란' '을미사변' '청

일전쟁' 등을 직간접적으로 경험한 민병호가 관료의 길보다는 당시 한창 성장하던 약종상藥種商의 길을 가라고 권유했을 수도 있다.

동화약방의 순조로운 성장으로 당시로써는 많은 부를 이뤘지만, 아버지로부터 물려받은 역사관과 국가관 때문에 민강이 평범하게 사업에만 전념하기는 어려웠을 것이다. 민강은 젊어서부터 뚜렷한 항일의식을 갖추고 독립운동 조직에 주도적으로 참여한다. 사춘기도 아니고 장년의 나이도 아닌 가장 혈기 왕성한 청년의 나이였다. 껍데기만 남은 대한제국의 모습은 청년 민강을 일개 약방 안 약종상으로 놔두지 않았다.

민강은 약업으로 이룬 집안의 부를 사회를 위해 사용했다. 접근성이 좋은 경성부 내의 동화약방 점포는 독립운동을 위한 모임과 연락 장소로 제공했다. 또한 그 자신이 한성정부, 대한민국임시정부 등에 참여하며 중요한 역할을 맡았다. 지금은 그의 행동이 기업의 자랑이 되었지만, 일제치하의 상황에서는 자신의 목숨은 물론 사업과 집안의 몰락을 불사한 용단이었다. 현실의 벽이 청년 민강의 열정을 막을 수는 없었다. 그는 대의명분을 위해 과감히 결단하고 실천했다. 하지만 독립운동에 참여한 그의 행동으로 말미암아 회사는 여러모로 어려움을 겪었다. 사장이 현장을 지키지 못하고 투옥되어 있거나 해외로 나가 있으니 사업이 제대로 될 리가 없었다. 활명수뿐 아니라 동화약방의 전망에 빨간불이 켜졌다.

활명수 모기업 동화약방에 큰 위기가 닥친 1920년대는 눈에 보이는 유형의 자산 가치만 놓고 보자면 분명 마이너스였다. 하지만 아이러니하게도 그때를 기점으로 동화약방은 무형의 자산을 차근 차근 쌓아가고 있었다. 동화약방의 사장이 독립운동에 참여한다는 사실을 알게 된 사람들은 이왕이면 동화약방의 약을 사라고 주변에 권하거나, 주위에서 체한 사람을 보면 '활명수'를 사먹고 동화약방 의 매출을 올려주자고 권했을 것이다. 독립을 위해 동화약방이 힘 쓰는 노력이 알려지자 해외 동포가 거주하는 중국 만주, 미국 하와 이에서 활명수를 찾는 이가 늘었다는 자료도 있다. 오늘날 활명수 브랜드에 깃든 무형의 자산 가치는 어떻게 보면 그때 그 시절 의미 있는 이야기들이 차곡차곡 쌓인 결과라 할 수 있을 것이다.

민족경제의
씨앗이 되어

'조선산직장려계'와 '물산장려운동'

活
命
水
1897

1910년 강제로 조선을 합병한 일본은 경복궁을 비롯한 조선 궁궐의 용도를 마음대로 변경하기 시작했다. 창경궁 내에 동물원과 식물원을 만들어 이름을 창경원으로 바꾼 것은 이미 잘 알려진 이야기다. 경복궁도 우여곡절을 겪었다. 1915년 9월 일본은 경복궁의 일부 건물을 허물고 상업 박람회인 '조선물산공진회'를 개최한다.[59] 오늘날로 치면 일종의 산업 박람회였다. 조선에서 벌인 첫 박람회였던 만큼 일본은 나름의 방식으로 경제를 활성화시키기 위해 모색했다. 조선물산공진회 참가를 두고 조선인 사업가들은 고민이 컸다. 일본은 밉지만 사업의 홍보와 판촉을 위해서는 외면하기 아쉬운 자리이기도 했다. 어쩌면 일제의 식민 통치하에서 조선 기업인들의 공진회 참석은 일종의 필요악이기도 했다. 동화약방도 이 공진회에 함께했다. 동화약방은 공진회에서 경품 행사를 개최하고 여기서 마련된 수익금을 민강 사장이 설립한 소의학교에 기부했다.[60] 동화약방으로서는 조선물산공진회를 나름의 방법으로 이용한 셈이다.

경복궁에서 개최된 조선물산공진회 이후 크고 작은 박람회가 조선 전역에서 생겨났다. 해가 갈수록 조선과 조선인들의 일본에 대한 경제 의존도 또한 높아만 갔다. 이를 두고 젊은 학생들을 중심으로 민족경제의 미래에 대한 고민과 자각이 일어났다. 청년 지식층을 중심으로 일어난 '경제자립운동'이 대표적이다. 경제자립운동은 재일 유학생들의 친목 단체인 '조선유학생학우회' 회원들을 통해 많이 논의되었다. 당시 일본은 아시아에서 산업화가 가장 진전된 나라였으며, 일본 유학생들은 조선 최고의 엘리트 그룹이었다. 일본은 미웠지만 일본에서 본 세상은 분명 조선과 달랐고 배워야 할 점도 많았다. 유학생들은 자발적으로 모임을 조직하고 자신이 배우고 생각하는 바를 글로 표현했다. 이때 만들어진 잡지가 '조선유학생학우회'의 기관지인 《학지광學之光》이다. '배움의 빛'이라는 의미를 지닌 기관지 《학지광》에는 조선의 경제자립론이 자주 논의되었다. 이는 19세기 후반 개화파 세력이 주창하던 내용이기도 했다. 《학지광》은 1914년부터 16년간 총29호가 발간됐는데 훗날 민족운동과 정치가로 이름을 떨친 장덕수, 신익희, 현상윤 등이 발행인을 역임하기도 했다.[61]

일본에서 조선의 독립과 경제자립에 대해 자각한 조선 유학생들은 1919년 삼일운동이 벌어지기 약 한 달 전인 2월 8일 동경에서

〈2.8 독립선언문〉을 발표하며 국내외에 조선 독립의 당위성을 알렸다. 삼일운동 때에는 일본 유학생 김마리아 등이 조선에 몰래 들어와 국내 독립운동을 적극적으로 지원하기도 했다.[62] 일본 유학생뿐 아니라 국내에서도 민족경제의 자립을 고민한 이들이 있었다. 1914년 민족경제의 자립을 꿈꾸던 조선의 청년들은 일본에 탈취당한 경제권을 되찾기 위해서는 각종 사업을 전개하여 민족의 실력을 양성해야 한다고 보았다. 이를 위해 최남선, 최규익, 윤창식, 이강현 등은 민족경제 진흥단체인 '조선산직장려계朝鮮産織獎勵稧'를 조직했다. 한자를 풀면 '조선에서 생산되거나 조선에서 만들어진 물건을 장려하는 모임'이라는 뜻이다. 조선산직장려계는 전국 각지에서 학생과 교사를 포섭하여 회원이 130여 명에 이르렀다. 계는 1주당 20원인 주식제도로 운영되었는데, 계원 한 사람이 10명의 주주를 모집하는 것으로 했다. 이런 주주제도는 당시 다른 단체에는 없었던 것으로 계원들의 책임감과 경제의식을 강화하는 방편으로 보인다. 장려계 조직의 대표 격인 계장은 중앙학교 교사인 최규익이, 실무를 총괄하는 총무는 윤창식이 맡았다.[63] 윤창식은 20여 년 뒤인 1937년에 쇠퇴해가던 동화약방을 인수해 민족기업으로 다시 서게 하는 기틀을 마련한다.

조선산직장려계의 이상은 무엇보다 조선의 경제적 자립에 초점을 맞추었다. 장려계 회원이자 일본 동경고등공업학교(현재 동경공업대학) 방직과 학생이었던 이강현은 1915년 7월 발행된 《학지광》 6호의 논설을 통해 "조선의 원료로 조선에서 조선인이 방직하고 조선인이 제작하여 조선인이 착용하고자 함"이라고 주장했다. 그리고 독일의 자국물산장려운동이 독일을 부강케 한 것이므로 우리도 우리가 착용하는 의복, 모자를 우리 손으로 제조하여 사용함으로써 경제를 진흥시키고, 더 나아가 세계 경제로 진출할 것을 이상으로 삼자고 했다. 이 글을 쓴 이강현은 유학을 마치고 귀국하여 인촌 김성수가 운영하던 민족기업 경성방직에서 이사 겸 기술 지배인으로 일했으며 국산 1호 광목이자 일제시대 조선인이 만든 대표적인 제품 중 하나인 '태극성' 광목 탄생의 산파 역할을 하게 된다.[64]

장려계는 훗날 동화약방의 윤창식과 태극성 광목 개발자 이강현과 같은 민족경제인을 배출하지만, 조직은 오랜 활동을 하지 못하고 경찰에 발각되어 해체되고 만다. 그러나 장려계가 추구한 민족경제 자립에 대한 의지는 1920년대에 이르러 물산장려운동으로 다시 구현된다. 조선물산장려운동은 1920년 7월 조만식을 중심으로 한 평양의 유지들이 근검절약과 토산품 애용을 장려하면서 시작되었다.[65] 이 운동의 목적은 '조선 물산을 장려하여 조선인의 산업 진흥을 도모하며, 조선인으로 하여금 경제상 자립을 얻게 함'이었다. 이는 20세기 초 벵골 지역을 분할통치하려는 영국에 반발해 인도인들이 영국 제품의 불매운동과 인도 제품 장려운동을 펼친 '스와데시 운동'의 한국판이었다. 1923년 1월 23일 서울에서 물산장려운동을 전국적으로 지도할 조선물산장려회가 출범했다. 그해 설날(2월 16일)을 기해 전국에서 일대 가두 행진을 기획하며 물산장려운동이 시작되었다.

朝鮮物品生産者各位에게

本會調査部에서 朝鮮人藥品을 調査하야 그것의 消費使用을 宣傳하며 廣告하야 朝鮮人藥品의 基本調査의 材料를 作하랴하오니 朝鮮物品生産者各位는 純全한 朝鮮物産, 加工品(原料는 外地것을 使用한것) 特産品의 品目, 産地、數量、價格等을 明記하야 左記處所에 送投하야주심을切望

京城府堅志洞八〇番地
朝鮮物産奬勵會調査部

조선물산장려회 조사부가 낸 광고

《동아일보》1923년 2월 7일자

물산장려운동이 성공하기 위해서는 대중에 대한 선전뿐 아니라 상공업자들과의 연계도 중요했다. 경제의 흐름은 생산-유통-소비의 과정을 거치므로 조선인이 만든 제품을 장려하기 위해서는 이에 대한 현황을 파악하는 일이 급선무였다. 1923년 2월 7일자《동아일보》에 조선물산장려회 조사부가 낸 광고를 보면, 조선인 생산자들에게 순전한 조선물산, 가공품, 특산품의 품목, 산지, 수량, 가격, 생산자의 주소, 물품의 상표 등을 명기하여 물산장려회로 보내달라고 요청한 사실을 알 수 있다. 조선물산장려회는 접수된 물품들을 심사해 순조선물산, 준조선물산, 가공조선물산으로 나누었다. 그리고 상품화된 것을 일부 변조 또는 첨가하여 조선인 상호만 붙인 자동차, 재봉침, 만년필, 시계 등은 비조선물산으로 규정했다.

순조선물산 중 우리에게 익숙한 제품은 개성 인삼, 강화 화문석, 태극선 부채, 창호지 등이다. 원료가 국산이고 조선인이 직접 만든 제품들로 수십에서 수백 년 이상 이어온 전통 제품이 대부분이다. 준조선물산에는 고무신 제품이 많다. 단일 품목으로는 가장 많은 제품이다. 고무신이 우리 땅에 처음 수입된 시점은 1908년경이다. 해외에서 원료를 가져다가 직접 고무신을 생산하기 시작한 시점은

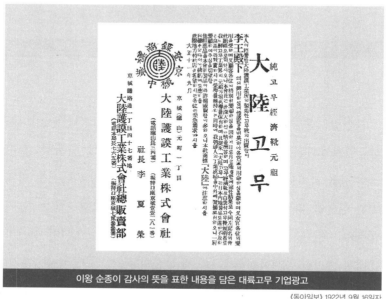

이왕 순종이 감사의 뜻을 표한 내용을 담은 대륙고무 기업광고

《동아일보》 1922년 9월 16일자

1922년경이다. 대한제국 시절 외부대신을 지낸 이하영이 설립한 대륙고무가 국내 첫 고무신 생산업체였는데 초창기 고객 중 한 명은 이왕 순종이었다. 1922년 9월 16일자 《동아일보》에 실린 대륙고무 광고를 보면 이왕 순종이 대륙고무신을 사용함에 감사를 표하고 있다.

구분	개요	품목
순조선 물산	조선인의 자본과 노동으로 조선에서 산출된 원료에 조선인의 자본과 노동으로 제조된 물품	영변주, 숙소, 관사, 한산저, 안동포, 철원주, 안주갑사, 덕천항라, 성천생주, 희천주, 강진합주, 공주선라 · 춘포, 경주백목, 양덕마포, 길주북포, 무장곱생초, 평양수목, 영흥주, 선숙, 문선숙, 선사, 강릉선숙, 모목단, 선문초, 법단, 국사, 숙고사, 문관사, 화사, 화순인, 문진주사, 화생소, 안성유기, 개성인삼, 의주고군주, 강화화문석, 삼척포, 해주묵 · 한림풍월 · 벽성향연 · 백세청풍, 부용당 · 수양매월, 대삿갓, 죽필통, 죽피석, 나주미선, 전주합죽선, 태극선 · 완산지 · 죽청지소후지 · 각장지 · 창호지, 황모대필청황모무심, 유심소필, 장액대필 · 양호수필, 백지 · 책지, 라세칠기 · 목기장롱, 야거리 · 이층장 · 삼층장 · 유고리 · 유룡 등과 각종 금 · 은 세공품 각종
준조선 물산	순원료를 수입하여 조선인의 자본과 노동으로 제조된 물품. 단순원료는 원료에 하등가공을 가하지 않고 원산물原産物에 운반노동만 가한 것을 말함	거북선고무신 · 연표고무신 · 대륙고무신 · 별표고무신 · 지구표고무신 · 대동고무신 · 서경고무신 · 세창고무신 · 평안고무신 · 정창고무신 · 활표고무신, 덕창초자 · 약병 · 식기 · 잉크병 · 파리통 · 어항 · 모조진주, 의자, 책상, 문방구 약간
가공 조선 물산	순원료에 약간 가공하여 다시 상품제조의 재료가 된 것. 우리 실생활에 필요한 상품의 원료에 한해서만 우리가 원료를 제조할 때까지 임시로 인정	광목, 태극성 · 산삼포 · 농구표 · 삼신산 · 불로초 · 천도, 해동목 · 해동단 · 덕창저, 세찰목 · 세창단 · 세창저, 와사목 · 와사단 · 송고직 · 송고양말, 강화저 · 심도저 · 강화마포, 금강산포, 단성갈포 · 화문포(방석감), 도양저 · 동양단 · 동양목, 동아잉크, 고려잉크 · 분말잉크, 영신환, 천일영신환 · 삼성영신환, 청심보명단, 삼용보익수, 조고약, 대력환, **활명수**, 불망고, 태양조경환, 사향청심환, 우황포룡환 · 소합환, **백응고**, 억간산, **지해로**, 박가분, 앵분, 삼호향수, 미안수, 빨래비누부표 월성, 미화소 등

〈조선물산소개〉, 《조선물산장려회보》 1~10, 1926

고무신은 전통 신발인 짚신과 달리 금방 닳지 않고, 비가 와도 젖지 않고, 바닥이 평평하기 때문에 걷는데 불편함이 없어 출시되자마자 큰 인기를 끌었다.[66] 한마디로 고무신은 걷기 혁명을 이뤄 냈다. 대륙고무가 국산 고무신을 만든 이후 고무신 생산업체가 난립하게 되었다. 물산장려운동이 활발하게 진행되던 시점의 일이다. 그러므로 신생 고무신 업체로서는 홍보 차원에서 물산장려운동에 참여했다고 볼 수 있다.

'활명수'는 모기업 동화약방의 '지해로' '백응고'와 함께 가공조선물산에 이름을 올렸다. 활명수는 육두구와 정향 같은 수입산 재료가 들어가는데, 이를 가공하여 제품을 만들었기에 심사 결과 가공조선물산으로 등재된 것이다. 가공물산에는 다양한 의약품, 화장품, 잉크 등이 있었는데, 대부분 19세기 후반 개항 이후 외국에서 기술을 전수받아 생산하기 시작한 제품이었다.

조선물산장려회의 노력과 조선 민중의 호응으로 물산장려운동은 전국에 들불처럼 번졌다. 이러한 흐름은 일제가 조선물산장려회를 강제로 해체하는 1940년까지 이어졌다. 조선인의 단결로 국산품을 소비함으로써 경제 자립을 통해 조선의 공동체 의식을 고취하고자 했던 정신은 해방 이후 '국산품 애용 운동'으로, 1997년 IMF 외환위기 이후에는 '금 모으기 운동'과 모닝글로리, 한글과컴퓨터 같은 '토종기업 살리기 운동'으로 이어졌다. 돌이켜보면 이러한 흐름은 한 시대 속에서 시대정신을 만들고 꾸준히 그 길을 가고자 하는 이들이 있었기에 가능한 일이었다.

1925년 을축년
대홍수

活
命
水

1897

'묻지 마라 갑자생甲子生'이란 말이 있다. 20세기 전반 한반도에서 팔자가 세기로 유명한 세대를 뜻하는 표현이다. 갑자생은 1924년생을 말한다. 제2차 세계대전 시기 20대 초반의 나이로 일본군에 강제 징집되어 죽을 고생을 했고, 해방되어 귀국하자 5년 만에 6.25 전란에 휩싸였으며 이후 개발 경제 시기 자식 교육과 가족 부양에 온갖 질곡을 겪어야 했다.[67] '묻지 마라 갑자생'은 이들이 얼마나 고생했는지 물어볼 필요도 없다는 뜻이니, 참으로 슬픈 말이다. 갑자생들이 세상에 태어나서 처음으로 겪은 고생은 만 1살 때 일어난 1925년 '을축년 대홍수'였다. 대홍수가 일어난 1925년이 을축년乙丑年이어서 이렇게 불린다. 우리 역사상 가장 큰 인명 피해를 입힌 자연재해로 사람들은 주저 없이 1959년에 한반도를 강타한 태풍 '사라'를 꼽는다. 태풍 사라는 전국에서 800여 명의 목숨을 앗아갔다. 그런데 1925년 을축년 대홍수가 태풍 사라 못지않은 자연재해였다.

1925년에 모두 네 차례의 큰 홍수가 일어난다. 7월 7일에 시작된 1차 홍수는 황해도 이남 지방에 내린 호우로 인해 한강, 금강, 만경강, 낙동강 등이 범람했다. 1차 홍수의 여파가 채 가시기 전인 7월 14일에 태풍이 발생하여 경기도 임진강과 한강 유역에 집중호우가 쏟아졌다. 5일 이상 계속 내린 비로 강수량이 650밀리미터에 이르렀다. 이로 말미암아 임진강과 한강이 범람했다. 게다가 영등포, 용산의 제방이 넘쳐 지금의 동부이촌동, 뚝섬, 송파, 잠실리, 신천리, 풍납리 등이 대부분 물에 잠겼다. 현재 서울의 대표적인 부촌인 한강변 동부이촌동과 강남 지역은 당시에는 비가 조금만 내려도 물난리가 빈번한 지역이었다.

3차 홍수는 8월에 발생했다. 현재 북한 지역인 관서 지방에 내린 호우로 대동강, 청천강, 압록강이 범람해 큰 피해가 발생했다. 4차 홍수는 9월 6일 시작되었는데 남부 지방에 많은 비가 내려서 낙동강, 영산강, 섬진강이 범람했다. 네 번에 걸친 홍수는 한반도 전역에 피해를 냈다. 공식 집계된 사망자는 647명이었고 주택 7만 호가 침수되거나 유실되었으며 농사에 막대한 지장이 생겼다.[68] 당시 경제적 피해액은 1925년도 조선총독부 1년 예산의 58퍼센트에 해당하는 1억 300만 엔에 달했다.[69] 당시 물적, 심적 피해가 얼마나 컸던지, '을축년 대홍수'는 한동안 모든 자연재해의 기준이 되었다. 예를 들어 토목공사를 할 때 설계과정에서 마을 사람들을 불러놓고 을축년 대홍수 당시 비가 얼마만큼 왔고, 해당 지역에 물이 어디까지 차올랐는지 묻는 것이 주요 참고 사항이었다.

　대홍수와 같은 자연재해가 일어나면 관공서의 힘만으로는 피해를 복구하기 어렵다. 사회 전 영역이 힘을 모아 복구에 나서야 한다. 우리 전통 향약 규범 중 하나인 '환난상휼患難相恤'은 근심되고 어려울 때 서로 돕는다는 뜻으로 인류애를 나누는 마음이다. 흔히 우리나라 사람을 두고 '한恨이 많은 민족'이라고 한다. 역사상 수많은 외침과 천재지변, 내란 등으로 마음 한구석에 응어리진 무언가가 남아 있기 때문이다. 그래서 우리 민족은 남의 딱하고 어려운 사정을 보듬어주는 인정人情이라는 좋은 심성이 있다. 1925년 을축년 대홍수가 났을 때에도 예외 없이 피해 지역과 피해자를 향한 도움의 손길이 이어졌다. 이때 도움을 주고자 하는 사람과 도움을 받고자 하는 사람을 적극적으로 연결하는 역할을 《조선일보》와 《동아일보》 같은 언론사가 맡았다. 언론은 전국의 피해 상황을 상세히 보도함은 물론 전국의 지사를 통해 수해연금과 물자를 접수하여 피해 지역에 전달했다. 1925년 7월 12일자 《동아일보》에 대홍수 구제품 접수 소식이 실렸다. '제생당약방 환 200포, 동화약방 인소환 200포, 천일약방 영신환 200포'. 7월 19일자 《동아일보》에는 동화약방 대표인 민강이 개인적으로 5원을 수재의연금으로 냈다는 내용도 있다. 이외에도 활명수 모기업 동화약방은 1929년 기근에 시달리는 경북 지역에 기근구제금을 기부했고(《동아일보》 1929년 6월 5일자), 1933년, 1935년에는 수해 지역에 약품을 보냈고(《동아일보》 1933년 7월 3일자, 1935년 7월 24일자), 1939년에는 갑작스런 추위로 피해를 입은 지역에 한재의연금을 보냈다(《동아일보》1939년 12월 10일자).

어려움에 처한 이웃을 돕는 나눔의 정신은 동화약방의 설립 정신이기도 하다. 동화약방이란 이름은 '二人同心 其利斷金(이인동심 기리단금)'에서 '동同' 자를 취하고, '時和年豊 國泰民安(시화연풍 국태민안)'에서 '화和' 자를 취해 만들어졌다. 이는 《주역周易》에서 비롯된 글로, "두 사람이 마음을 합하면 그 예리함이 쇠金도 자를 수 있다. 나라가 화평하고 해마다 풍년이 들면 나라가 부강해지고 국민이 평안해진다"는 뜻이다.[70] 나눔의 정신으로 이웃을 돕는 것은 동화약방으로서는 자연스러운 일이었다.

태풍, 홍수와 같은 자연재해는 때때로 역사의 물줄기를 바꾸기도 하고 생각지 못한 대발견의 계기가 되기도 한다. 1274년과 1281년 몽고와 고려의 연합군이 일본을 정복하기 위해 대한해협을 건너다가 갑자기 불어 닥친 풍랑으로 인해 10만의 군사가 수장되었다. 일본은 풍랑을 일으킨 바람을 가르켜 신풍神風, 일본어 발음으로 '가미카제'라고 부른다. 제2차 세계대전 당시 미군을 위협했던 특공대의 이름이 여기에서 나왔다. 1588년 스페인-영국 해전 당시 스페인 함대는 폭풍우에 휘말려 패배하고 만다. 승전한 영국은 바다를 평정하고 전 세계로 영역을 넓혀나갔다. 예상치 못한 역사의 변곡점처럼 1925년 을축년 대홍수도 훗날 한국 고고학계를 흔들 두 가지 흔적을 세상에 남겼다. 하나는 현재 서울 송파구에 자리한 백제왕궁 풍납토성이고, 다른 하나는 현재 강동구에 자리한 암사동 선사유적지다. 한강의 범람으로 암사동 선사유적지에서 빗살무늬토기

조각과 석기들이 모습을 드러냈다. 풍납토성에서는 청동초두, 금귀걸이, 유리옥 등 백제의 유물이 대거 발견되었다. 풍납토성은 을축년 대홍수로 모습을 드러냈고, 70여 년이 지난 1990년대 후반에 이르러 연구자들에 의해 그곳이 한때 백제의 도읍 한성이었다는 사실이 밝혀진다.[71] 기록적인 피해를 입힌 을축년 대홍수가 한국 역사학계에 뜻밖의 선물을 남긴 셈이다.

　한반도를 강타한 네 번의 대홍수로 전국이 물바다가 되었고 피해 또한 컸다. 그럼에도 서로 도우며 역경을 극복하고자 하는 노력이 줄을 이었고, 예상치 못한 역사의 발견도 뒤따랐다. 1924년 을축년 대홍수 당시 만 1살이었던 '묻지 마라 갑자생'들은 제2차 세계대전, 한국전쟁 등 역사의 굴곡을 겪었기 때문인지 개척정신으로 살아온 이가 많다. 훗날 대통령이 되는 김대중, '두꺼비'로 유명한 시사만화가 안의섭, 성악가 오현명, 연극인 장민호, 정치인 이후락, 한국화가 천경자, 영화배우 허장강, 전 육군참모총장 허종철, 전 국무총리 남덕우, 전 민한당 총재 유치송 등이 갑자생이다. 기업인으로는 배상면주가로 유명한 배상면, 관정이종환교육재단을 만든 이종환 삼영화학 회장, 훗날 동화약품의 회장이 되고 사재를 출연하여 부채표가송재단을 만든 윤광열 등도 1924년 갑자생이다. 태어나서 일어서기도 전에 겪은 물난리로 이들은 부모의 등에 업혀 피난을 가기도 하고 먹을 것이 없어 배를 곯는 날도 많았을 것이다. 하지만 '묻지 마라 갑자생'이 겪어야 했던 을축년 대홍수, 그것은 앞으로 이들이 겪을 여러 고난의 시작일 뿐이었다.

냉면 한 그릇
그리고 활명수

活
命
水

1897

여름철이면 누구나 시원한 얼음이 들어간 냉면冷麵 한 그릇을 먹고
싶어 한다. 한자로 찰 냉冷 자를 쓰는 냉면은 본래 여름이 아닌 겨울
음식이었다. 냉면의 본고장인 평안도나 황해도 사람들은 겨울에 냉
면을 즐겼다. 《동국세시기》를 쓴 홍석모(1781∼1857)는 "메밀국수에
무절임과 배추절임, 그리고 돼지고기를 넣은 음식을 냉면이라고 부
른다. 또 잡채雜菜와 배·밤, 채 썬 쇠고기와 돼지고기, 그리고 참기
름과 간장을 모두 국수에 섞은 것을 골동면骨董麵이라고 부른다. 관
서關西의 면이 가장 맛있다"[72]면서 겨울철 냉면을 소개한다.

1920년대에 이르러 사람들은 겨울철 별미 냉면을 여름에도 먹기
시작했다. 냉면의 시원한 국물은 얼음이 있어야 제 맛을 낼 수 있는
데, 일제강점기 이전까지만 해도 우리나라엔 얼음을 만드는 제대로
된 제빙기가 없었다. 겨울에 얼린 얼음을 얼음 창고인 '빙고'에 보

관하여 여름에 비싼 가격에 팔았으니 웬만한 사람은 여름에 얼음 구경하기조차 어려웠다. 그런데 1875년에 유럽과 미국에서 압축식 냉동기가 개발되어 점차 세계 곳곳에서 여름에도 얼음을 즐길 수 있게 되었다. 1910년부터 우리나라에도 얼음공장이 들어서기 시작했다. 제빙기술이 냉면과 만나면서 여름냉면이 인기를 끌기 시작했다.

더구나 오늘날 미원의 원조 격인 인공조미료 아지노모도가 보급되면서 주로 겨울에 마련했던 동치미나 백김치 혹은 나박김치를 여름에도 만들 수 있게 되어 육수 수급에 어려움이 사라졌다. 1910년 일본의 식민지배와 함께 조선에 상륙한 아지노모도는 조선간장과 잘 숙성된 된장, 곰삭은 김치에 길들여져 있던 조선인의 입맛을 사로잡았다. 처음에는 일본인들이 출입하는 고급식당에서만 사용되었기 때문에 조선인들이 아지노모도의 맛을 접할 기회가 많지 않았지만, 1920년대 이후부터 그 맛을 찾는 사람이 늘어나기 시작했다.

1926년 아지노모도는 조선에서 신문 매체 등을 활용해 10년간 광고 캠페인을 벌인다. 이 캠페인은 한국 최초의 광고 캠페인으로 기록되고 있다. 그 이전의 광고는 대부분 단순 '공고公告'에 불과했다. 반면 아지노모도는 소비자가 제품을 인지하도록 광고를 내보냈다. '조미료'라는 개념이 생소한 국민에게 '육류 요리가 좋다' '국수 국물에 좋다'는 광고를 통해 자연스럽게 아지노모도의 용도를 알려 구매욕을 불러일으켰다. 아지노모도는 조미료 홍보의 일환으로 대대적인 '냉면 마케팅'을 벌이기도 했다. 냉면의 원조인 평양과 함흥지역의 냉면집과 국숫집을 상대로 육수와 국물에 조미료를 쓰도록 집중 권유하는 한편 협찬도 아끼지 않았다.[73] 1931년 12월 17일자 《동아일보》에 실린 광고는 냉면요리와 음식점을 타깃으로 아지노 모도의 효과를 홍보하고 있다. 냉면에 아지노모도를 넣으면 '아름 다운 맛'이 나서 손님이 많아진다고 말이다. 오늘날 시중에서 판매 되는 감칠맛 나는 냉면의 맛은 사실상 1930년대 이후 아지노모도 에 의해 포장되어 이어진 맛이다.

제빙기술과 아지노모도 덕에 전국의 냉면집은 날로 그 수가 늘 어났다. 또한 1932년 함경남도 함주군의 철공소 주인 김규홍이 쇠 로 만든 냉면기계를 개발하면서 기존 재래식 방법에 비해 세 배 이 상 빨리 국수를 뽑을 수 있게 되었다. 냉면기계, 제빙기술, 아지노

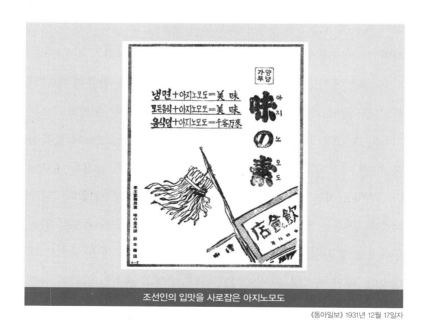

조선인의 입맛을 사로잡은 아지노모도

《동아일보》 1931년 12월 17일자

모도. 이 세 가지 요인이 조화를 이루면서 사람들은 사계절 언제든지 냉면을 먹을 수 있게 되었다. 그런데 이렇게 냉면이 인기를 얻기 시작하자 다양한 문제도 뒤따랐다. 배달하는 냉면 육수에 독을 타서 사람이 죽는 사건이 일어나기도 했다. 냉면이 대중음식으로 변하자 먹을 수 없는 화학물질로 냉면을 만들어 원가를 줄이려는 주인도 생겨났다. 가을 메밀이 냉면의 수요를 맞추지 못하자, 아예 메밀가루를 넣지 않고 전분으로 질긴 국수를 만든 다음에 메밀국수처럼 색만 들인 냉면을 판매하기도 했다. 무엇보다 여름이면 하루가 멀다 하고 냉면을 먹고 발생하는 식중독이 문제가 되었는데, 고기나 육수에 생긴 대장균이 주범이었다.

구토설사 증세에 치료약으로 쓰인 활명수

《동아일보》 1934년 8월 24일자

1934년 8월 20일, 황해도 사리원의 음식점 '황주면옥'에서 국수를 먹은 100여 명이 구토설사 증세를 보였다. 상태가 심한 30여 명은 병원으로 후송되었고, 경미한 70여 명은 간단한 약으로 치료했는데, 이때 쓰인 약이 바로 '활명수'였다고 한다. 경찰에서는 100여 명이나 구토설사를 일으킨 원인에 대해 여름철 부패한 음식물을 섭취한 결과로 봤다고 한다.[74] 여름 더위가 꺾일 무렵 냉면으로 더위를 달래려고 음식점을 찾은 적지 않은 사람이 식중독으로 고생을 한 것이다. 이처럼 옛날 여름철이면 식중독은 곳곳에서 반복되었다. 그때마다 사람들의 대응은 비슷했다. 심하면 병원을 찾고 증세가 경미하면 답답한 속을 뚫기 위해 활명수를 복용한 것이다. 1934년 여름 황해도 사리원에서 냉면을 먹고 복통을 호소하던 사람들 역시 그랬다.

조선여자정구대회

活命水
1897

우리나라에서 단일 종목으로 가장 오래된 스포츠 대회는 무엇일
까? 축구일까? 아니면 야구일까? 아니다. 정구庭球다. 소프트 테니
스로 불리는 정구는 1883년 일본에서 테니스 용품을 구하기 어려
워 고무공과 가벼운 라켓으로 경기한 데서 유래한 종목이다.《동아
일보》는 장차 조선의 어머니가 될 여성들의 건강을 장려하는 방침
으로 1923년부터 여학생을 대상으로 조선여자정구대회朝鮮女子庭球大會
를 주최했다.

"모성의 권위를 역창力唱하야 남자의 반성을 촉구하는 것과 직업
의 기회균등을 주장하야 전 세계의 유발有髮 남자와 당당히 맞서는
일반 부인운동의 대세는 물론이라. … 조선 장래의 신여성계에 중
대한 임무를 갖고 있는 일반 여학생들이 모든 방면의 활동기초가

될 체육의 수양에 심각한 유의를 촉(促)하노라."

《동아일보》 1923년 6월 30일자 사설)

　조선여자정구대회는 단순한 스포츠를 넘어 유교적 전통이 굳어져 있던 사회에서 여성의 지위를 향상하고 '남자의 반성을 촉구하고 직업의 기회균등을 주장'한다는 취지로 시작되었다. 여성들의 체육활동은 1890년대부터 시도되었다. 1892년 이화학당에서 선교사들이 학생들에게 체조를 가르치기 시작한 것이다. 당시 조선에는 콜레라 같은 전염병이 쉽게 퍼졌고 면역력과 체력이 약한 학생들이 병 때문에 학업을 그만두는 사례가 빈번했다. 이 때문에 페인Paine 선생은 체조가 질병 예방에 도움이 될 것으로 생각했다. 하지만 당시 유교 문화의 영향으로 보폭까지 제한받던 여성들에게 '체조'를 가르치자 사회적 반발이 일었다. 서울 시내에 '이화학당 여학생들이 뜀을 뛰는 해괴한 것을 배운다'는 소문이 돌면서 부모들이 학생들을 빼내가는 일이 생긴 것이다. 하지만 시간이 흐르면서 1910년대에는 여학생들이 체육 활동을 하는 것에 대한 사회적 인식이 바뀌었다. 이화여고의 교사 자네트 월터는 운동하는 학생들의 한복 치마가 흘러내리지 않도록 어깨끈을 고안했다.[75] 이것이 오늘날 여성 한복 치마에서 볼 수 있는 어깨끈의 시초가 된다. 이처럼 여성의 체육 활동은 사회의 정서를 조금씩 바꿔가며 어렵사리 정착되기 시작했다.

　1923년 6월 30일 제1회 전국여자연식정구대회가 열린 서울 경성제1여고(현재 경기여고) 운동장에 많은 인파가 몰려들었다. 하지만 관객은 모두 여자였다. 신식 제도와 문물을 받아들여 사회는 조금씩 변해갔지만, 여전히 남녀가 유별하고 여자들의 대외 활동이 자유롭지 못한 시절이라 남자들 앞에서 체육복을 입은 여성들이 정구 경기장을 누비는 모습은 사회적 통념상 공감을 얻기 어려웠다. 여성정구대회에 대한 반대 여론이 커지자 주최 측은 남성 관객의 입장 불허를 내걸고 대회를 개최해야 했다. 결국 경기장은 여성 관객으로 가득했고, 운동장 담벼락 밖에는 여성들만의 잔치를 보기 위해 발 디딜 틈 없이 남자들이 몰려들었다. 이 때문에 당시 7월 1일자 《동아일보》에는 '학교 운동장의 담벼락이 무너지고 배추밭이 잘못되기도 했다'는 기사가 실리기도 했다.

장안의 화제가 된 조선여자정구대회는 해를 거듭할수록 참가 선수단과 관중이 늘어나며 큰 인기를 누렸다. 기업들은 이 대회를 제품을 홍보하고 판촉하는 계기로 삼는 데 마다치 않았다. 1932년 제10회 조선여자정구대회 때는 사람들의 흥미를 자극하는 광고 이벤트가 진행되기도 했다. 일종의 우승팀 알아맞히기 행사였다. 1932년 9월 19일자 《동아일보》에 조선여자정구대회 출전 학교의 이름과 대회를 후원하는 상품점과 상품명이 같이 게재된 광고가 실렸다. 이벤트 방식은 이렇다. 우승이 예상되는 학교의 이름과 학교명이 표시되어 있는 상품과 상품점의 이름을 엽서에 적어 동아일보사로 보내는 것이다. 응모는 1인당 엽서 1장만 가능하며 대회가 열리기 전날 소인이 찍힌 응모 엽서까지만 인정해주었다.[76]

활명수도 조선여자정구대회를 제품을 홍보하고 판촉하는 계기로 활용했다.

《동아일보》 1932년 9월 9일자

이화여고는 서울 종로 우미관 앞에 있던 동양사진관이 응모 파트너였고, 숙명여고는 삼호크리무, 경성여고는 경성방직의 태극성 광목이었다. 개성 호수돈여고의 응모 파트너는 동화약방이었다.

우승팀을 응모했다가 자신이 예상한 팀이 우승하면 경품까지 타게 되는 광고 이벤트는 당시로써는 아주 기발한 발상이어서 사람들의 적극적인 관심을 끌었다. 과연 최종 경기 결과는 어땠을까? 개성의 호수돈여고가 평양여고를 꺾고 우승했다. 개성 호수돈여고와 동화약방의 활명수를 적어 엽서를 보낸 이들은 쾌재를 불렀을 것이다. 이벤트 응모자 15만 3000명 중 '호수돈여고-동화약방 활명수'

를 적은 사람은 1만 2000명이었다고 한다.[77] 정답을 맞힌 이들 중 추첨으로 당첨자를 선정했는데, 손목금시계가 상품으로 걸린 1등 당첨자는 경성 가회동에 사는 12살 유병순이었다. 상품 중에는 동화약방 이용권도 있었다.[78]

조선여자정구대회는 1939년 17회 대회까지 계속되었다. 일제의 탄압과 태평양전쟁 등의 이유로 폐지되었다가 해방 이후 전국여자 정구대회라는 이름으로 화려하게 부활하게 된다. 현재 전국정구대회는 여자부, 남자부 경기가 함께 열려 수많은 스포츠 인재의 등용문 역할을 하고 있다. 사회적 편견을 극복해가며 시작된 한국 여성 체육과 80여 년 전 시행된 조선여성정구대회는 여성의 권리 신장에 큰 몫을 담당했다. 이를 후원한 활명수는 이 과정에서 일종의 윤활유와 같은 역할을 했다.

《신가정》 잡지와
'습률대회 拾栗大會'

活
命
水
1897

1920년대에 중등교육을 받는 여성이 늘어나고 여성 지식인들이 활동하기 시작하면서 '신여성新女性'이란 용어가 등장했다. 사회 곳곳에서 신여성이 각성해 해방운동을 펼쳐야 한다고 촉구하는 담론이 쏟아졌다. 시대의 흐름을 반영해 《동아일보》는 1926년 10월 11일부터 〈자기 해방을 망각하는 조선의 신여성〉이란 기획기사를 5회 연재했다. 이 기사는 "남녀평등자유, 즉 여자의 생존권 확립은 생각으로만 되는 것이 아니라 실제로 그를 위하여 투쟁 또는 활약하지 안을 수 업다. 다시 말하면 여자들 자신이 계급을 위하여 분투 노력하는 가운데 어시호於是乎 동일한 지위에 권위 잇는 생을 향享(누릴)하여 인간성을 발휘할 것이다"라고 지적했다. 신여성 개념의 등장은 전통 가치와 근대 가치를 동시에 겪은 조선 사람들에게도 충격적인 일이었다. 비록 양반, 상놈을 나누던 신분제가 폐지되고 여성의 지위가 향상되었다고는 해도, 당시는 유교적 봉건질서가 강하게 남아 있던 시점이었다. 하지만 조선 500년간 잠재되었던 여성의 역량이 새로운 역사의 무대로 등장하는 도도한 변화를 막을 방법은 없었다. 신여성 담론이 확장되면서 신여성을 가정생활과 연결한 '신가정新家庭'이라는 개념도 등장했다.

1920~1930년대에 새로운 여성상을 내세운 잡지가 쏟아지기 시작했다. 사회와 문화, 경제와 정치에 이르기까지 여성에 관련된 다양한 담론이 잡지 지면을 통해 전달되었다. 1933년 《동아일보》가 창간한 《신가정》은 여성들의 교양과 지식을 고양하는 계몽 잡지를 지향했다. A5판 크기로 200면 내외 분량으로 발간되던 《신가정》 잡지는 당시로써는 드물게 한글로만 편집되었다. 한문보다 한글에 익숙한 여성 독자를 위한 배려였다. 《신가정》의 가격은 20전이었다. 당시 설렁탕 한 그릇과 활명수 1병이 각각 30전이었으니 구독하는 데 부담 없는 가격이었다.

《신가정》은 잡지 발행 이외에도 수시로 요리, 편물, 염색 등의 강습회와 '부인습률대회婦人拾栗大會' 등의 행사를 열어 여성들이 교양을 쌓을 수 있도록 하는 노력을 병행했다.[79] '부인습률대회'는 과연 무엇이었을까? '습률拾栗'이란 한자어의 의미를 알지 못하면 낯선 용어다. '습률'에 쓰인 한자는 습득할 '습拾'과 밤 '률栗' 자다. 밤을 습득한다는 의미다. 그러므로 '습률대회'란 오늘날 표현으로 말하자면 '밤 줍기 대회'를 말한다. 과거 시골 들녘에는 여물어 떨어진 밤으로 가득한 동네가 많았다. 이 때문에 떨어진 밤을 줍고 유쾌

함을 자아내는 경기를 하면서 여흥을 즐기는 행사들이 개최되곤 했
다. 일종의 야유회인 셈이다. 《신가정》 잡지는 부인들에게 쉼과 나
들이 기회를 제공하기 위해 1933년 경기도 안양에서 첫 습률대회
를 개최했다. 그 당시 언론 보도를 보면 일상에서 벗어난 부인들이
한껏 신이 나 있음을 엿볼 수 있다.

"계속해서 보배찾기 종치는 경기 추첨경주 수건쓰기 경주 릴레
이. '아이구 이게 늘그막에 웬일이오?' 하면서 머리가 하얀 할머니
도 달음박질을 했다. 얌전만 피우던 부인네들이 아무것도 돌아볼
여유없이 손뼉을 치고 소리지르면서 응원했다. 상탄 것을 펼쳐보
며 야단들이었다. 냄비 주걱 비누 수건 주전자 모두 살림살이 기구

습률대회를 소개한 기사

《동아일보》 1935년 9월 27일자

인 까닭에 유난히 기쁜 모양이다. … 그 얌전만 피우던 부인네들이 아무것도 돌아볼 여유도 없이 손벽을 치고 소리를 지르면서 응원하는 것을 보면 어쩐지 가슴이 탁 터지는 소리를 지르면서 응원하는 것을 보면 저렇게 자유롭고 저렇게 구속없는 중에서도 열광적이기를 바랬다."(K생, 〈본사 주최 제1회 습률대회기〉,《신가정》1933년 11월호, 107~112쪽)

1, 2회 습률대회는 경기도 안양에서 열렸고, 3회 대회는 장소를 바꿔 1935년 9월 29일 경기도 의정부에서 200여 명의 부인이 모인 가운데 개최되었다. 습률대회 참가비는 50전이었는데, 당시 설렁탕 한 그릇과 활명수 한 병이 각각 30전, 경원선 기차의 청량리-의정부 왕복 요금이 60전이었다. 당일 행사는 밤 줍기, 운동회를 비롯해 유명 만담꾼 윤백담의 야담도 있었다. 나들이 나온 부인들은 야담을 들으며 한바탕 웃고 울었을 것이다. 하지만 부인들이 행사에서 고대한 것은 다름 아닌 상품이었다. 이날 협찬된 상품은 다음과 같다.

삼영 카라메루(캐러멜) 200개
삼영 추링껌(껌) 880개
화왕석염본포 샴프 250개
미택만정당 아트만년필 참본
저옥호 레트크림 일상
동화약방 활명수 200병[80]

당시로써는 흔치 않은 캐러멜, 껌, 고급 만년필이 제공되었는데, 대부분 학부형이었을 부인을 대상으로 한 협찬이기 때문이었을 것이다. 동화약방은 활명수 200병을 협찬했다. 급체했을 때 먹는 가정상비약으로 자리매김하고 있던 활명수로서는 이날 행사가 살림꾼들에게 더욱 친근히 다가가는 순간이었을 것이다. 이날 행사를 마치고 '청량리 정거장(청량리역)'에 내린 부인들의 한 손에는 주운 밤이 가득했을 것이고, 다른 한 손에는 활명수를 비롯해 선물 받은 상품이 가득했을 것이다. 이렇게 활명수는 신가정의 부인들에게 작게나마 기쁨을 주었다.

한편 1935년 9월 27일자 《동아일보》는 습률대회를 안내하는 기사에 오타를 냈다. '同和藥房(동화약방)'의 한자를 '同知藥房(동지약방)'으로 낸 것이다. 당시 신문을 인쇄하는 과정에서 활자 조판을 담당하는 식자공들이 이런 실수를 하곤 했다. 업무량이 많고 마감에 쫓기다 보니 본의 아닌 실수를 범한 것이다. 이처럼 작은 실수 하나가 사람과 회사의 이름 혹은 지명을 바꿔놓기도 했다.

집에만 머물러 있던 여인들에게 가을 소풍을 통해 바깥공기를 느끼게 해주는 습률대회는 매번 큰 호응을 얻었다. 하지만 1936년 8월 《동아일보》가 마라톤 선수인 손기정의 일장기 말소사건으로 무기정간 처분을 당하게 되면서 습률대회를 개최하던 여성 잡지 《신가정》은 자매지 《신동아》와 더불어 1936년 9월 1일 폐간되고 만다. 이후 《신가정》은 해방과 한국전쟁을 거친 뒤 1967년에 이르러 《여성동아》라는 이름으로 복간되었다.

조선 남아
손기정과 남승룡

活
命
水

1897

1936년 8월 9일 밤, 잠을 이루지 못한 인파가 라디오 중계를 듣기 위해 광화문 대로변으로 몰려들었다. 이 시각 올림픽이 열리고 있던 독일 베를린은 한낮이었다. 일본 대표팀 선수로 올림픽에 나간 조선의 젊은이 손기정과 남승룡이 출전한 마라톤 경기가 시작되었다. 《동아일보》 사옥에 설치된 조선 유일의 라디오 방송국인 경성방송국JODK의 확성기를 통해 이국땅의 경기가 중계되었다. 우리 땅에서 처음으로 시도된 올림픽 중계방송이었다. 새벽 2시경 손기정 선수의 우승과 남승룡 선수의 3위 입상 소식이 전해졌다.[81] 온 조선이 환호했다. 그날 아침, 라디오방송과 호외로 나온 각종 신문은 온통 베를린에서 조선 민족의 기개를 떨친 두 젊은이에 관한 이야기뿐이었다.

사실 손기정, 남승룡에게 최대의 적은 외국 선수들이 아니었다.

조선을 지배한 일본과 힘없는 약소민족을 억압하는 군국주의였다. 일본 육상계는 베를린 올림픽을 앞두고 마라톤에서 비공인 세계기록을 보유하고 있던 조선의 유망주 손기정과 남승룡 대신 일본 선수들이 선발되기를 내심 바랐다. 그러나 대표팀 선발전에서 1위에 남승룡, 2위에 손기정이 올랐다. 비록 일본팀의 일원으로 일장기를 달고 손기정이란 이름 대신 '기테이 손'으로, 남승룡이란 이름 대신 '쇼류 난'이라는 일본식 이름으로 출전해야 했지만, 이들은 조선의 건아였다.

1936년 8월 13일자 《동아일보》에 베를린 올림픽 관련 특집 사진

조선 민족의 기개를 떨친 손기정과 남승룡 선수

〈동아일보〉 1936년 8월 13일자

이 실렸다. 1번은 마라톤에서 우승한 손기정, 3위로 입상한 남승룡의 마라톤 시상식 장면이다. 3번은 손기정이 결승선에 골인하는 장면이다. 2번은 개회식에서 성화를 봉송하는 모습인데, 배경에 나치의 하켄크로이츠(철십자) 깃발이 보인다. 4번은 올림픽을 참관하는 히틀러 독일 총통의 모습이다. 우리는 1936년 베를린 올림픽을 손기정 선수의 우승이라는 영광으로만 기억한다. 하지만 당시 세계 정세는 그렇게 낭만적이지 않았다. 유럽에서는 이탈리아의 무솔리니, 독일의 히틀러가 강력한 철권통치를 바탕으로 군국주의의 길을 가고 있었고, 아시아에서는 일본이 '대동아공영'을 꿈꾸며 중국과 동남아시아 침략을 준비하고 있었다. 1917년 제1차 세계대전 종전 이후 안정적으로 유지되던 세계는 점점 파국으로 향했다.

1936년 베를린 올림픽을 주최한 독일은 '아리아인의 우월성'을 알리는 계기로 삼고자 했다. 이 때문에 올림픽 개막부터 폐막까지 '나치의, 나치에 의한, 나치를 위한' 시나리오로 진행되었다. 잘 짜인 나치의 각본에 의해 행사가 진행되었지만 올림픽의 꽃 마라톤에 참가한 일본의 식민지 조선에서 온 깡마른 체구의 24살 청년 손기정은 그렇지 않았다. 그는 군국주의의 길을 가고 있는 'Japanese'가 아닌 식민 지배를 받고 있는 'Korean'으로 표현하는 것을 주저하지 않았고, '기테이 손' 아닌 '손기정'이란 이름으로 자신을 소개했다. 우승 후 작성한 방명록에도 '손긔정 KOREAN'이라고 써서 떳떳한 조선 남아임을 드러냈다. 이는 힘으로 약소민족을 짓밟고 있던 군국주의에 대한 그만의 저항이기도 했다.

마라톤 우승을 모티브로 삼은 모리나가 밀크 캐러멜 광고

《동아일보》 1936년 8월 19일자

　　손기정이 마라톤으로 세계를 제패한 이후 여러 기업에서 이를 모티브로 광고를 했다. 그중에 1936년 8월 19일자 《동아일보》에 게재된 '모리나가 미르크(밀크) 캬라메루(캐러멜)' 광고가 눈길을 끈다. "오림픽(올림픽) 전사 손남孫南, 양군兩君의 세계제패를 축하합시다!!"라는 광고 문안과 함께 결승선을 끊고 들어오는 선수의 모습을 간명하게 제시했다. 세부 문안은 다음과 같다.

　　"조선이 나흔(낳은) 마라손(마라톤)왕 손기정, 남승룡 두 선수를 본받어(본받아) 우리도 세게(세계)에 일홈(이름)을 날리기 위하야 모리나가 미르크·캬라메루(밀크캐러멜)를 먹고 어서어서 장성합시다."

모리나가 밀크캐러멜을 먹고 성장해 스포츠 스타처럼 이름을 날리자는 내용이다. 활명수도 우승 다음 날인 8월 11일자 《조선일보》에 손기정, 남승룡 선수의 세계제패 축하광고를 게재했다.

> 반도남아의 의기충천
> 손기정, 남승룡 양 선수 우승축하
>
> 건강한 체력, 견인불발하는 내구력에 근원은
> 오직 건전한 위장에서 배태된다.
> 건강한 조선을 목표하고
> 다 같이 위장을 건전케 하기 위하여
> 활명수를 복용합시다.

활명수 광고는 우승을 축하하는 메시지를 담고 있으면서도, 건강한 체력의 근원은 위장이고 위장을 건강하게 하기 위해 활명수를 복용하자는 기업 이미지 광고이기도 했다. 동화약방은 민강 사장이 사망한 이후 경영상의 어려움을 겪고 있었으나 민족적 대경사 앞에 과감히 축하 광고를 실었다.

당시 올림픽 마라톤 우승은 오늘날 월드컵 축구 4강 진출이나

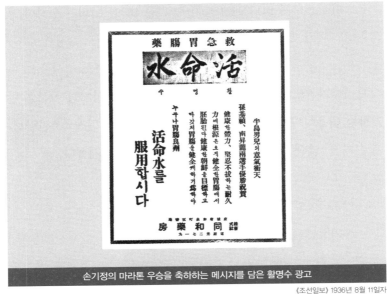

救急胃腸藥

活命水

すいめいわ

牛島男兒의意氣衝天

孫基禎、南昇龍兩選手優勝戰實

力에根源으로健全한胃腸에서

胚胎된다健康한朝鮮을目標하고

다갓치胃腸을健全케하기爲하야

아무나胃腸良劑

活命水를
服用합시다

京城府和泉町 同和藥房 株式會社

손기정의 마라톤 우승을 축하하는 메시지를 담은 활명수 광고

《조선일보》 1936년 8월 11일자

김연아 선수의 올림픽 금메달 획득 이상의 민족적 경사였다. 식민지 시절 조선 선수의 세계 제패는 민족의 아픔을 위로하고 막힌 속을 뚫어주는 청량제와 같았다. 《조선일보》에 손기정 올림픽 제패를 기념하는 활명수 광고가 나가고 이틀 뒤 《동아일보》 《조선중앙일보》 등은 1936년 8월 13일자에 고의로 손기정 선수 가슴에 새겨진 일장기를 지운 사진을 싣기도 했다. 이를 빌미로 무기정간의 수모를 겪기도 했다. 조선인의 기쁨은 잠시였고 일본은 군국주의를 노골화하며 조선을 수탈하고 자주적인 목소리를 탄압했다. 베를린 올림픽을 통해 세를 과시하던 히틀러는 3년 뒤인 1939년에 제2차 세계대전을 일으키며 세계를 다시 한 번 참혹한 전쟁의 구덩이로 밀

어 넣었다.

역사는 파국으로 향하고 있었지만, 1936년 8월 9일은 모든 조선인의 마음이 뜨거워지는 시간이었고, 식민통치의 상황에서 타는 목마름을 조금이나마 풀어주는 순간이었다. 한여름 시원한 냉수와도 같은 손기정과 남승룡의 쾌거가 있었기 때문이었다. 손기정의 영광은 정확히 56년 뒤인 1992년 8월 9일, 스페인 바르셀로나 올림픽에서 태극 마크를 가슴에 달고 달린 황영조 선수의 마라톤 우승으로 다시 한 번 재현된다. 1936년 그해 여름 광화문 광장에 모여 손기정과 남승룡을 응원하던 사람들의 손자, 손녀들이 66년 뒤인 2002년 여름 광화문 광장에 모여 대한민국의 월드컵 출전을 응원하며 "대한민국~"을 외쳤다. 1936년 손기정의 세계 제패를 기념하던 활명수의 광고 문구인 '건강한 체력'과 '건강한 조선'의 꿈은 그렇게 실현되었다.

활명수 리모델링의
디자이너

보당 윤창식

活
命
水
1897

"대정 8년 기미운동사건을 전후하여 해내 해외로 동분서주하며
여러 방면에서 활동하던 동화약방 주인 민강 씨가 4일 오후 11시
반에 48세를 일기로 자택인 부내 화천정 5번지에서 급성 뇌염으로
별세하였다."(《동아일보》 1931년 11월 6일. 동화약방 민강 사장 부음 기사)

1931년 동화약방 사장이자 독립운동가인 민강 선생이 세상을 떠
났다. 향년 48세. 이른 나이였다. 그는 독립운동과 교육운동 등에
헌신하느라 동화약방의 사업에 크게 신경을 쓰지 못했다. 대동단사
건 등에 연루되어 고문을 당하고 수감 생활을 하기도 하고 중국 상
해로 망명해 해외 독립운동에 참여하기도 했다. 조선 독립에 대한
열정이 가득했지만, 도저히 자신의 몸은 성할 수가 없었다. 민강과
함께 대동단사건으로 옥살이를 한 세브란스의학전문학교(연세대 의

과대학의 전신) 학생 윤종석은 민강보다 4년 이른 1927년 31살의 나이에 요절하기도 했다.[82] 민강 사장의 죽음으로 동화약방의 사세가 급격히 기울었다. 무엇보다 그를 대신할 만한 이가 없었다. 민강 사장의 부인, 17살 난 아들, 부인의 친정 조카 등 가족이 경영 일선에 나섰지만, 다들 사업에 문외한인지라 제대로 꾸려나갈 수 없었다.

1936년 동화약방의 총매출액은 4만 3000원 수준이었다. 반면 식산은행에 진 빚만 해도 8만 원이 넘었다. 연간 활명수 판매량은 30만 병 수준이었다.[83] 1897년 설립된 동화약방은 창업 40년 만에 폐업의 위기에 처했다.

당시 동화약방의 사장이던 민인복은 회사를 인수할 만한 인물을 모색하기 시작했다. 주변 인사들의 조언 등을 바탕으로 존경받는 기업인이요 민족주의자이기도 한 보당 윤창식을 택했다. 1890년생인 그는 보성고보를 거쳐 1914년 보성전문학교(현재 고려대학교) 상과를 졸업했다. 당시 보성전문학교에는 상과와 법과가 있었는데,

(왼쪽부터) 민강 초대 사장, 윤창식 5대 사장

동화약품

그는 장차 사업을 하기 위해 상과를 택한다. 1915년 윤창식은 25살의 나이에 중앙학교 교사인 최규익, 3.1 독립선언서의 초안을 잡은 시인 최남선과 더불어 국산품 애용운동 단체인 '조선산직장려계'를 조직한다. 보당 윤창식과 육당 최남선은 1890년생 동갑내기이기도 하다. 1917년 일본 경찰에 의해 조선산직장려계가 강제해산된 이후 윤창식은 사업가로서 길을 걷게 된다.

그가 처음 손댄 사업은 정미精米업이었다. 일제강점기에 정미업은 호황이었다. 20세기 초반 개항지인 인천, 군산 등지의 항구로 전국 각지에서 보내온 이삭이 모이면 기계식 도정기로 벼를 정미해 해외로 내보냈다. 우리나라 기계식 정미소가 이때 시작되었다. 이후 도정기가 보급되면서 일제강점기 내내 조선 전역에 정미소 설립 붐이 일었다. 이전의 연자방아나 디딜방아는 기계식 정미소의 경쟁 대상이 되지 못했다. 이 때문에 정미소 사업으로 부를 축적하는 이가 하나둘 나타나기 시작했다. 윤창식은 첫 사업인 정미업으로 부를 쌓았고, 삼성의 창업주 이병철(1910~1987) 역시 첫 사업이 경남 마산의 정미소였다. 그리고 현대의 창업주 정주영(1915~2001)은 정미소에서 도정된 쌀을 사고파는 쌀가게의 점원으로 시작해 사업 기반을 닦았다.

정미업으로 자본을 축적한 윤창식은 인천 주안의 염전에서 제염업을 시작한다. 원래 우리나라의 제염업은 수공업 방식이어서 생산 규모가 작았다. 일제강점기에 소금 확보를 용이하게 하기 위해 대단위의 염전이 조성되었는데, 제염기술과 자본을 일본인들이 독점

하다시피 했다. 윤창식은 이에 굴하지 않고 소규모 제염업을 규모 있게 운영했다. 정미업과 제염업으로 경제적인 부를 쌓고 있던 윤창식은 조선산직장려계 활동 당시 품은 마음을 다양한 활동으로 표출하기 시작했다. 원래 그는 백범 김구와 상해로 같이 가서 독립운동을 하려 했다. 하지만 집안의 장손이자 많은 가족을 거느려야 하는 가장의 신분상 열정 하나로만 움직일 수는 없었다. 그래서 선택한 길이 민족자본의 육성이요, 이를 통한 독립운동의 후원과 사회적 약자에 대한 지원이었다.[84]

보당 윤창식은 사회복지 단체인 보린회에도 참여한다. 사업가 김주용, 우리나라 국기인 태극기를 만든 박영효 등이 만든 보린회는 1919년 삼일운동 이후 극심한 빈곤에 시달리던 사람들을 돕기 위해 시작되었다. 무주택 영세민을 위한 주택 보급사업, 무료 진료, 교육 사업 등을 통해 사회적 약자를 도왔다. 윤창식은 1920년부터 1959년까지 40년 가까이 보린회를 후원했다. 또한 그는 1927년 결성된 신간회에 대한 후원을 아끼지 않았다. 신간회는 '민족 유일당 민족협동전선'이라는 표어 아래 민족주의를 표방하고 민족주의 진영과 사회주의 진영이 제휴하여 창립한 민족운동단체로 이상재, 조만식 등이 주축이 되어 설립되었다. 신간회는 일본의 예속에서 탈피, 표현의 자유 쟁취, 사회적 약자 지원, 경제적 종속을 가속하는 동양척식회사 반대, 근검절약운동 전개 등을 활동 목표로 삼아 전국으로 세력을 확산시켰다.[85] 사실상 신간회는 보당 윤창식이 1915년에 참여한 '조선산직장려계'의 성숙된 사회문화적 확장판이기도 했다. 윤창식은 신간회 조직에 이름을 올리고 적극적으로 활동하기보다는 물밑에서 재정적인 후원을 맡았다. 민족기업인이 되어 사회운동을 후원하는 그를 지켜본 이들은 재정난에 시달리는 활명수 모기업 동화약방의 새로운 주인으로 보당 윤창식을 추천하게 된다.

쓰러져가는 동화약방의 인수를 제의받은 윤창식은 장고를 거듭한다. 인수할 재력은 있었지만, 쉽사리 결정할 사항이 아니었다. 하지만 보당의 마음속에는 세 가지 생각이 꿈틀거렸을 것이다. 첫째로 자신이 걸어왔고 또 앞으로 걸어갈 길에 대한 대의명분이다. 대의大義란 사람으로서 마땅히 행하여야 할 큰 도리를 말한다. 간단한 법규 준수에서부터 기본적인 권리를 누리지 못하는 사람에 대한 배려, 나라와 공동체가 위기에 처했을 때 희생을 감수하더라도 적극적으로 행동하는 것을 말한다. 대의명분은 개인이나 공동체가 속한 시대적 상황에 맞게 발현된다. 1890년에 태어난 윤창식은 사춘기였던 1905년 을사늑약 소식을 들었다. 이후 곳곳에서 벌어지는 일본인들의 횡포를 보았다. 20세 때인 1910년에는 한일병탄으로 나라가 없어지는 아픔을 맛보아야 했다. 사춘기와 청년기 시절의 이런 암울한 사회환경은 윤창식을 민족주의자로 단련하는 촉매가 되었다. 자신의 사업을 하면서도 꾸준히 민족운동과 사회운동에 참여해온 윤창식에게 민족기업 동화약방 인수 제의는 단순한 투자 이상의 의미가 있었다. 그에게 동화약방 인수는 자신의 대의명분, 곧 민족을 위한 공익의 실천이기도 했다.

윤창식이 갖고 있던 또 하나의 생각은 활명수 모기업 동화약방에 내재한 유무형의 가치였을 것이다. 그는 기업가다. 기업가는 경제적 이윤에 본능적으로 반응한다. 동화약방 인수를 제안받았을 때 공익적 대의와 더불어 기업의 가치 또한 생각했을 것이다. 윤창식은 보성전문학교 상과에서 경제를 배우고 조선산직장려계 활동을 하며 경제에 관한 현장 지식을 쌓았다. 아울러 정미업과 제염업으로 현장에서 실물경제를 익혔다. 이론적으로나 경험적으로나 가장 잘 준비된 기업인 중 하나였다. 아마도 그는 동화약방이 우수한 잠재적 자원을 갖추고 있음에도 이를 효율적으로 운영하지 못했기에 쇠락하고 있다고 판단했을 것이다. 실제로 동화약방은 서울의 중심 지역인 서소문에 자리하고 있었고, 40여 년간 이어온 약업의 명성, 그리고 무엇보다 활명수, 인소환, 백응고, 지해로 같은 히트 상품을 보유하고 있었다. 특히 활명수는 당시 조선 약업계에서 최고 히트 상품 중 하나였다. 이외에도 전국의 약종상, 약방들과의 네트워크, 그리고 중국과 일본, 미국 하와이에 거주하는 조선인들까지 활명수 제품을 인지하고 있었다. 비록 동화약품의 재정은 파산 지경에 이르렀지만, 동화약방이 보유한 무형의 자산과 인적 자원을 잘 활용하여 합리적으로 경영하면 회복할 수 있다고 판단했을 것이다.

보당 윤창식이 가진 마지막 생각은 바로 지속적인 제약업의 성장 가능성이었을 것이다. 그는 젊은 시절 학업과 대외활동 등을 통해 다양한 지식과 정보를 습득했다. 신문은 당시 최첨단 정보 매체였는데, 신문 광고계의 큰손이 바로 약방과 제약회사들이었다. 그만큼 약이 필요한 이가 많았고 약을 만들어 팔고자 하는 이도 많았

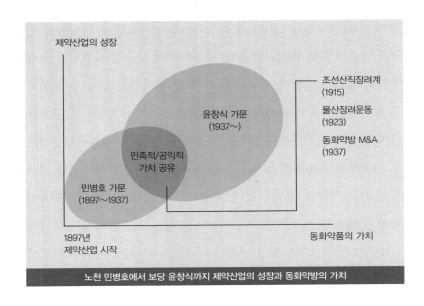

제약산업의 성장

조선산직장려계
(1915)

물산장려운동
(1923)

윤창식 가문
(1937~)

동화약방 M&A
(1937)

민족적/공익적
가치 공유

민병호 가문
(1897~1937)

1897년
제약산업 시작

동화약품의 가치

노천 민병호에서 보당 윤창식까지 제약산업의 성장과 동화약방의 가치

다. 서양의학이 자리를 잡아가며 서양식 약 처방이 일상화되었고 약에 대한 수요도 점점 증가하게 되었다. 또한 이전에 없던 새로운 질병이 발병하고 이에 대한 치료 약품이 새롭게 출시되면서 약품 시장은 한층 다양화되면서 성장했다.

대표적인 예가 1918년 전 세계적으로 유행한 '스페인독감'이다. 1918년 3월 미국 시카고에서 창궐하여 확산된 스페인독감은 5000만여 명의 목숨을 앗아갔다. 이는 제1차 세계대전의 사망자보다 세 배나 많은 수치다. 스페인이 바이러스의 발원지는 아니었지만, 스페인 언론이 이 사태를 깊이 있게 다루면서 이름이 붙었다. 우리나라에서는 스페인독감을 무오년에 발병했다 하여 '무오년독감戊午年毒感'이라고 불렀는데, 740만여 명이 감염되어 14만여 명이 목숨을 잃었다.[86] 무오년 독감은 사실상 오늘날의 사스, 신종플루, 메르스와 같은 유행성 질병의 원조라고 볼 수 있다. 1918년 무오년독감이 유행할 때 신문에는 독감 치료에 좋다는 약 광고가 자주 실렸다. 이처럼 새로운 질병이 나오고 건강관리에 관심이 높아지면서 약에 대한 수요는 점점 증가했다.

당시 사업을 하는 이들에게 제약업은 새로운 기회이기도 했다. 스페인독감이 창궐할 당시 윤창식은 28세의 청년 기업인이었다. 사회문제와 외부에서 들려오는 소식에 관심이 많던 그에게 각종 질병과 그에 따라 발생되는 문제들이 단순한 정보로 그치지는 않았을 것이다. 이러한 정보는 훗날 제약업을 운영하는 배경지식과 지혜로 작용했을 것이다. 무엇보다 약은 사람의 병을 치료하고 건강하게

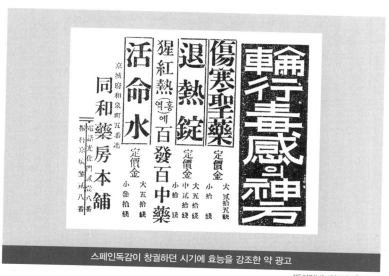

스페인독감이 창궐하던 시기에 효능을 강조한 약 광고

《동아일보》 1925년 3월 2일자

해주기에 공익적인 성격이 강했다. 민족기업인 윤창식으로서는 거부할 수 없는 운명이었다.

1937년 새로운 길에 대한 고민 끝에 보당 윤창식은 동화약방을 인수하게 된다.《활명수 100년 성장의 비밀》의 저자인 한양대학교 예종석 교수는 이를 두고 한국 최초의 기업인수합병M&A으로 표현하기도 했다. 윤창식의 동화약방 인수는 쇠퇴해가는 민족기업을 신흥 민족기업인이 되살리고 민족자본을 육성한다는 대의적 명분 아래 시도한 M&A였다. 좀 더 구체적으로 말하지만 민족적, 공익적 가치 지향 M&A라고 할 수 있다. 활명수 모기업 동화약방의 새 주인이 된 윤창식 앞에 놓인 과제는 기업 전체에 다시금 생명의 물이 흐르게 하는 것이었다. 이때부터 윤창식은 동화약방과 활명수의 리모델링을 위한 디자이너로서 역할을 하게 된다.

1897
대한민국,
활명수에 살다

4

격동의 시대,
마르지 않는
샘

철도를 따라
대륙으로

活
命
水

1897

경기도 파주 임진각과 강원도 철원 월정리역에는 오래된 증기기관
차가 서 있다. 기관차 주변에는 큼지막한 글씨로 "철마는 달리고
싶다"라고 쓰여 있다. 현재 우리는 기차를 타고 휴전선을 넘어 북
한으로 갈 수 없다. 임진각 앞을 지나 개성, 평양, 신의주로 이어지
는 경의선과 월정리역을 지나 북한 평강, 원산으로 이어지는 경원
선은 1945년 남북 분단 이후 운행을 멈췄다. 경성(서울)과 신의주
사이의 경의선은 1906년 운행을 시작했고 1911년에는 중국 안동
(현재 단동)-신의주 간 압록강철교가 개통되면서 부산에서 출발한
기차가 경성과 신의주를 거쳐 러시아 시베리아까지 갈 수 있게 되
었다. 그리고 1913년에는 영국 런던행 기차표가 발매되었다. 지금
과는 달리 경성에서 기차를 타고 시베리아를 거쳐 프랑스 파리와
영국 런던까지 가는 일이 가능했다.[87]

하지만 한반도에 놓인 철도는 우리가 계획해 개설한 것이 아니었다. 일제는 철도 부설을 통해 일본 열도와 한반도 그리고 중국을 연결하는 전략을 세웠다. 미국이 처음 획득한 경인선 부설권을 사들이고, 이어서 경부선, 경의선, 경원선의 부설권을 차지했다. 일본으로 편하게 물자를 실어나를 수 있도록 항구까지 철도를 연결했다. 호남 지역에서 생산된 쌀을 반출하기 위한 창구인 전라북도 군산이 대표적인 도시였다. 한반도에서 주요 철도 노선을 부설하기 이전에 일제는 이미 일명 '만철滿鐵'이라 부르는 '남만주철도' 부설권을 확보하고 있었다. 만철은 러일전쟁 이후부터 약 40년간 일본이 중국 동북 지방인 만주 침략을 목적으로 경영한 철도였다. 원래는 1901년 러시아가 요동반도 조차조약에 의해 취득한 것을 1904년 일본이 러일전쟁에서 승리하면서 남만주철도주식회사로 간판을 바꿔버렸다. 만철의 광대한 철도와 그 부속지는 만주 침략의 전초기지로 활용되었다.[88]

일본의 강력한 영향력 아래 조선 철도와 만주의 철도가 자연스럽게 연결되었다. 철도를 통해 일본-조선-만주가 하나의 광역권이 되었다. 일제강점기 신문을 보면 일본·조선·만주를 가리켜 약어인 일·조·만으로 통칭하며 하나의 광역권임을 표현하고 있다.[89] 중국과 한반도를 연결하며 일·조·만 사이에 수많은 물자와 사람이 오고 갔다. 대표적으로 1936년 베를린 올림픽에서 금메달을 딴 손기정 선수도 일본대표 선수단의 일원으로 15일간 기차를 타고 경성을 출발하여 만주-시베리아를 거쳐 유럽의 독일로 갔다.[90] 일본은 자국의 경제발전과 조선을 식민통치하여 얻은 자신감을 바탕으로 1931년에 만주사변을 일으켰다. 만주 지역을 점령한 일본은 일제의 위성국가인 만주국을 세운다. 일제는 만주에 중화학, 군수공업 단지를 건설하여 산업개발 열풍을 일으켰다. 이에 힘입어 일본은 1930년대 초반 세계를 휩쓴 경제대공황을 빨리 벗어날 수 있었다. 1930년대 만주에는 한족, 만주족, 러시아인, 조선인, 일본인, 몽골인 외에 프랑스, 독일, 폴란드, 우크라이나, 타타르 등 50개 이상의 민족 3000만 명이 거주하고 있었다. 당시 만주의 조선인은 대략 200만 명 정도였다.

조선인의 만주 이주는 19세기 중반부터 본격화되는데 대부분이 오랜 기근에 지쳐 새로운 농토를 얻기 위해 국경을 넘었다. 19세기 후반 일본의 조선 침략이 노골화하자 독립운동과 민족지도자 양성을 위해 만주로 건너오는 이들도 생겼다. 이회영과 김약연이 대표적인 인사다. 1899년 함경도 회령 지역에 살던 김약연(1868~1942)을 비롯한 10여 가구가 북간도 화룡현으로 집단 이주를 했다. 이들은 마을 이름을 '명동촌'이라 하고 교육으로 독립운동가를 양성할 목적으로 '명동학교'를 세운다. 이곳에서 많은 인재가 배출된다. 훗날 한국인이 가장 사랑하는 시인이 되는 윤동주, 한국 민주화운동의 거목 문익환, 영화 〈아리랑〉을 제작한 나운규, 조선인 최초의 전투비행사 서왈보 등이 대표적인 명동학교 출신이다.[91] 우당 이회영(1857~1932)은 1910년 한일병탄이 되자 서울에서 모든 것을 정리하고 동생 이시영 등 5형제의 가족 50여 명과 함께 만주로 이주해 독

립운동에 적극 참여한다. 이처럼 만주는 독립운동의 전초기지 역할을 했다.[92]

만주국이 들어서자 일제는 적극적으로 조선인을 만주로 이주시키는 정책을 폈다. 이때 일종의 만주행 엑소더스가 조선 사회에서 새로운 유행으로 자리를 잡았다. 각양각색의 기회를 얻기 위해 만주를 찾는 이가 늘었다. 만주국에 거주하던 조선인 200만 명 중에는 농사꾼, 벌목공, 장사꾼, 독립운동가, 만주국 공무원, 아편장수 등이 섞여 있었다. 엘리트 관료와 군인이 되기 위해 만주건국대학, 대동학원, 만주군관학교에 진학하는 조선 청년들도 있었다. 훗날 이 조선 청년들은 대한민국의 정치, 관료, 군을 이끄는 커다란 축을 형성한다. 지식인과 예술인 사이에서도 만주행은 유행이었다. 자국 활동에 한계를 느낀 동아시아 문인들이 한데 모여 '만주문학'이란 독창적 장르를 낳기도 했다. 조선과 일본에서 만들어진 만주 소재 가요만 해도 500곡이 넘었다.

만주 열풍을 타고 적지 않은 조선의 기업인이 만주로 진출했다. 그중에 동화약방을 인수한 기업인 윤창식도 있었다. 그가 사장에 취임하던 1937년 동화약방의 내부 사정은 물론 사업을 위한 대외 여건이 점점 안 좋아지고 있었다. 만주사변을 일으키고 만주국을 만든 일본은 국가의 역량을 중국 침략과 동아시아 정복을 위한 전쟁 준비에 집중했다. 조선에서 생산된 쌀이 군량미로 비축되었고 군수물자 생산을 위해 각종 물자 통제가 이루어졌다. 외국과의 물자 교역도 제한을 받았다. 많은 상공인이 어려운 국내 상황을 이겨내고자 비교적 통제가 덜한 만주로 가기 시작했다. 동화약방 역시 만주로 이전했다. 정미업과 제염업을 하며 실물경제에 밝았던 동화약방 윤창식 사장이 보기에도 만주 진출은 사업의 새로운 돌파구였다.[93]

1937년 동화약방이 만주에 진출하기 이전부터 활명수 같은 제품은 현지 유통망을 통해 만주에 진출해 있었다. 민족주의 정서가 강했던 만주의 조선인들에게 약효가 좋고 독립운동을 지원하는 활명수는 믿고 찾을 수 있는 제품이었다. 만주 지점 개설과 분공장 건설을 결정한 동화약방은 만주국에 상표 등록부터 했다. '부채표 활명수'는 1937년 7월 27일 만주국 봉천(현재 심양) 중앙 특허사무소에

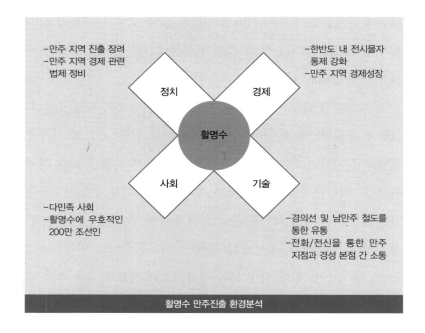

활명수 만주진출 환경분석

특허 출원을 했다. 30여 년 전인 1900년대 초반 '회생수' '활명액' 같은 유사 상표의 범람과 '신창활명수' 같은 이미테이션 상품을 경험한 바 있었기에, 활명수의 상표 등록을 통한 보호 및 방어는 당연한 조치였다.

동화약방은 만주 진출의 교두보로 1938년 12월 만주 안동(단동) 지점을 개설했다. 안동 지점 개설은 동화약방의 전략적 선택이었다. 안동은 평안북도 신의주를 마주하고 있는 국경도시다. 지리적으로는 만주에 속해 있지만, 강 하나를 두고 국내와 연결되어 있다 보니 여러모로 사업하는 데 유리했다. 경성에서 국제 열차를 타고 새벽에 출발하여 안동에서 업무를 보고 오후에 기차를 타고 돌아올 수 있는 거리였다. 또한 만주의 중심 도시인 봉천, 신경(현재 장춘)등과 기차로 이어져 있어 안동 지점은 경성 본점과 만주 영업의 가교 역할을 했다.

무엇보다 만주의 200만 동포는 활명수를 판매할 새로운 시장이자 활력소였다. 활명수는 만주에서도 인기가 좋았다. 일제강점기 말기 한반도 남부에서 올린 것보다 한반도 북부와 만주국에서 올린 활명수 매출이 더 많을 정도였다. 1940년대 초반 조선에 대략 2600만 명이 살고 있었는데, 이 중 3분의 2 가량에 해당하는 1700만 명 정도가 지금의 남한 지역에 거주하고 있었다.[94] 북한 지역 인구는 900만 명 수준이었고 북한 지역과 만주 지역을 합하면 대략 1100만 명이었다. 남한 인구가 북한과 만주 지역 거주 조선인을 합한 인구보다 월등히 많았으나 활명수 매출은 반대였으니 조국을 떠나 만주에 거주하던 조선인들의 활명수 사랑이 얼마나 넓고 깊었는지 가늠해볼 수 있다.

활명수 모기업 동화약방의 만주국 안동 지점은 지금의 중국 랴오닝성辽宁省 단동시丹东市 유안바오구元宝区 진탕가金汤街 주변에 있었다. 진탕가는 은행과 상점이 밀집된 단동 시내의 중심 거리 중 하나이며 진탕가와 단동 철도역 사이의 거리는 1킬로미터가 조금 넘는다.[95] 동화약방 안동 지점은 인접한 철도를 중심으로 조선의 본점과 만주 지역의 유통망을 연결하는 통로 역할을 했다. 세월이 흘렀지만 한반도와 중국을 잇는 국경도시 단동(옛 안동)은 여전히 활기가 넘친다. 하지만 단동에서 출발해 한반도로 가는 열차는 서울이나 부산이 아닌 북한의 평양까지만 운행된다. 한반도에서 단동 지역으로 넘어오는 사람은 주로 북한의 당이나 군, 기관의 무역일꾼이거나 북한 당국에 허가를 받은 보따리 상인들이다. 그들이 거래하는 상품 가운데 활명수는 없다. 현재 중국 동북3성 지역인 만주에서 70여 년 전에 큰 인기를 구가한 활명수는 공식적으로 그곳에 없다. 중국의 동북3성은 발전하고 있지만, 활명수의 역사에서 그곳은 공백으로 남아 있다.

언제쯤일까, 그 공백이 하나둘 채워지는 날이….

해방 공간에서

活命水
1897

"짐은 깊이 세계의 대세와 제국의 현상에 감하여 비상조치로써 시국을 수습하고자 여기 충량한 그대들 신민에게 고하노라. 짐은 제국정부로 하여금 미·영·소·중 4국에 대하여 그 공동선언을 수락할 뜻을 통고케 하였다…"

1945년 8월 15일. 라디오를 타고 일왕이 연합국에 항복을 선언했다. 하지만 일본의 침략으로 고통받았던 한국, 중국을 비롯한 아시아 국가들에 대해 사과하는 내용은 단 한 줄도 없었다. 연합국의 제의를 수락한다는 얼버무림뿐이었다. 일본의 항복과 함께 제2차 세계대전이 종식됐고 한국은 해방을 맞이했다. 하지만 해방된 그날부터 한반도는 극도의 혼란에 빠졌다. 8월 15일 당일부터 부산-중국 안동(단동) 간, 서울-청진 간 열차의 운행이 중단되는 사태가 발생했다. 일본이 항복하기 직전인 8월 12일 스탈린이 일본에 대해 선전포고를 하고 미군보다 먼저 한반도에 들어왔다. 소련이 파죽지세로 남하를 시작하자 미국은 이를 경계해 위도 38도선을 중심으로 군사적 분할 점령을 제안한다. 소련이 이를 수락하여 남북한의 분단이 시작되었다. 만일 이러한 분할 점령 제안이 없었다면 한반도는 동유럽 국가처럼 소련의 위성국가가 되었을지도 모른다.

북한에 진출한 소련군은 38선 부근에서 경의선과 경원선을 차단했다. 남북의 전화 및 통신도 1945년 9월 6일 소련군에 의해 완전히 차단되었다. 소련군은 사람과 물자의 이동을 금지하면서 우편물 교환도 금지했다.[96] 이로 말미암아 동화약방은 중국 안동 지점과 북한 지역 사업에 대한 고민에 빠질 수밖에 없었다. 만주 지역과 38선 이북 지역의 사업 매출이 38선 이남 지역보다 더 높았기 때문이다. 하지만 동화약방은 각종 설비와 물량 재고를 포기하며 중국 안동 지점과 38선 이북 지역에서 철수하게 된다. 이미 38선을 통과하는 공식 교통편이 소련군에 의해 중단된 상태여서 비공식적인 방법을 통해 갖은 고생을 하며 서울로 돌아와야 했다.[97] 미국과 소련의 편의에 의해 그어진 무형의 선 앞에서 대다수의 사람들은 발길을 되돌리거나 목숨을 걸고 넘어야 했다.

38선을 사이에 두고 긴장 관계에 놓인 미국과 소련은 제2차 세계대전이 끝나기 전까지만 해도 우호적인 관계에 있었다. 하지만 전쟁이 끝나면서 자연스럽게 그 관계도 막을 내렸다. 전쟁 중에는 독일-일본-이탈리아 삼국동맹이라는 공동의 적과 대치하고 있었지만, 전쟁이 끝난 후 미국과 소련 사이에 이 같은 목표가 없었다. 오히려 양국은 각기 추구하는 민주주의와 시장경제, 사회주의와 계획경제 사이에서 대립각만 세울 뿐 협력하기에는 넘어야 할 산이 너무나 많았다. 전쟁 이후 세계 질서의 재편 과정에서 미국을 중심으로 한 자유진영과 소련을 위시한 공산진영은 곳곳에서 파열음을 내기 시작했다.

1946년 3월 5일, 영국의 총리를 지낸 윈스턴 처칠은 미국 미주리 주 풀턴의 웨스트민스터 대학교로부터 학위를 받는 자리에서 〈평화의 원동력Sinews of Peace〉이라는 제목의 유명한 연설 중에 '철의 장막Iron curtain'으로 상징되는 미소 진영의 불협화음을 공개적으로 드러냈다. 시간이 흐를수록 불신의 벽은 높아만 갔고 원자폭탄 개발, 독일 점령 문제 등으로 갈등의 골은 더욱 깊어만 갔다. 이런 긴장 관계를 드러내는 단어가 바로 '냉전The Cold War'이다. 지금까지 애용되는 '냉전'이란 의미는 미국과 소련이 주축이 되어 두 진영으로 분열된 '힘의 양극화' '군사 블록화'를 뜻한다. 유럽에서 벌어진 냉전 상황은 직접적인 무력 충돌을 의미하는 '열전Hot War' 단계까지 가지는 않았다. 하지만 동아시아에 있는 한반도는 달랐다. 한반도는 제2차 세계대전의 종전과 함께 아무도 예측하지 못했던 새로운 '열전'을 향해 나아가고 있었다. 정작 한반도에 있는 사람들은 잘 알지도 바라지도 않았던 전쟁을 향해 말이다.

일제 식민치하에서 갓 해방된 우리는 '분단'에 대해 아무런 소식을 듣지 못했다. 준비는 더더욱 하지 못했다. 단지 일본이 패망하고 독립된 새로운 나라가 세워진다는 기대감에 부풀어 있었다. 좌익과 우익으로 나뉘는 것이 그토록 큰 문제가 되는 줄 몰랐고, 미국과 소련은 한민족이 주체가 된 새로운 정부가 수립되기 전, 잠시 이 땅에 주둔하며 일본의 잔재를 청산해주는 고마운 사람들 정도로만 생각했다.

하지만 미국과 소련의 이해관계는 엇갈렸다. 좌익과 우익, 친일파와 독립운동가들의 생각도 달랐다. 순진한 백성은 좌익이냐 우익이냐 노선을 확실히 할 것을 요구받았다. 이전에는 듣지도 보지도 못한 선동적인 정치 문구를 접하기 시작했다. 말로만 듣던 중국 상해임시정부 요인들이 귀국했지만, 그것은 임시정부 전체의 귀국이 아닌 개인 자격의 귀국이었다. 강대국의 한반도 신탁통치 소식이 전해지자 온 나라는 이를 반대하는 데모 분위기로 휩싸였다. 좌우익의 대립이 극심해지자 곳곳에서 테러와 파업, 동맹휴업, 군인들의 반란이 일어났다. 송진우, 장덕수, 여운형, 김구 같은 민족지도자들이 암살되는 일도 발생했다.

북한에서는 인민이 주인이 되는 '인민공화국'을 세운다는 명목으로 지주들의 땅과 재산을 몰수했다. 이 때문에 많은 기독교인이 신앙의 자유를 찾아 남쪽으로 내려왔다. 그 와중에 미국과 소련은 미소공동위원회를 통해 분단이 아닌 단독정부 수립을 위해 노력했으나 실패했다. 미소 강대국들에게는 힘의 균형을 위해 남북 분단의 현상 유지에 대한 의지만 있었을 뿐, 우리 민족이 그렇게 바라던 단독정부 수립을 통한 통일에 대한 의지는 없어보였다.

이때 남한에 있는 많은 민족진영의 사회단체가 독립된 새로운 나라의 정부 수립을 위해 활동하고 있었다. 그중 가장 영향력 있는 단체가 바로 이승만, 김구가 참여한 '대한독립촉성국민회'였다. 1946년 2월 출범한 이 단체는 신탁통치 반대운동을 공통분모로 이승만의 '독립촉성협의회'와 김구의 '신탁통치반대국민총동원중앙위원회'가 통합해 탄생했다. 이들은 완전한 자주독립, 당파의 초월, 남북과 좌우의 통합을 내세웠다. 발족 당시 이승만이 총재, 김구가 부총재를 맡았다. 미소공동위원회 반대, 반탁운동, 좌익세력 봉쇄 등의 광범위한 운동을 펼쳤다. 활명수 모기업 동화약방의 사장 보당 윤창식은 대한독립촉성국민회의 중앙상무위원으로 참여했다. 이때 그와 함께 상무위원으로 활동한 이는 독립운동가 오세창, 《조선일보》 사장 방응모, 언론인 장덕수, 훗날 대통령이 되는 윤보선, 4.19 혁명 직후 과도정부 수반을 지내게 되는 허정 등 62명이었다.[98]

민족진영의 적극적인 노력에도 불구하고 남북 단일정부가 성사되지 못한 채 남과 북은 각기 단독정부를 수립하는 절차에 들어간다. 1945년 10월, 북한에서는 '조선공산당 북조선분국'이 만들어져 김일성이 책임비서가 되어 소련 군정에 참여하게 된다. 나중에 이 조직을 바탕으로 북한 정부와 조선로동당이 만들어진다. 남한은 좌우익의 첨예한 대립 속에 1948년 5월 10일 제헌국회의원 선거를 통해 국회를 구성하고 '대한민국' 헌법을 제정하여 민주정부를 수립한다. 보당 윤창식이 참여한 대한독립촉성국민회는 제헌국회 총선에 가장 많은 후보를 내 전체 의석의 27.5퍼센트인 55석을 확보

한다. 무소속 다음으로 많은 당선자를 내는 성과를 거둔 것이다. 주변의 출마 권유에도 불구하고 윤창식은 제헌의회 선거에 입후보하지 않았다.[99] 만약 그가 출마했더라면 비교적 쉽게 당선될 수 있었을 것이다. 1948년 제헌의회 다음 선거인 1950년 제2대 국회의원 선거에서 당시 동화약방의 체취역(오늘날 기업 이사)이었던 오성환이 차점자에 비해 2배에 가까운 표를 얻으면서 서울 마포 지역에서 당선되었다.[100] 개인의 인품과 능력 덕분이겠지만, 그가 동화약방 출신이라는 사실이 유권자에게 적지 않는 영향을 미쳤을 것이다. 당시 보당 윤창식은 마포 지역에 거주하고 있었으니 동화약방 주변인 서울 중구, 서대문, 마포 지역에서 출마했더라도 당선은 크게 어렵지 않았을 것이다. 동화약방이 지역사회에 뿌리를 내리고 있었고 스타 브랜드 활명수의 명성, 그리고 보당의 민족주의 정신과 인품 등을 고려할 때 윤창식은 정치권에서 탐낼 만한 사람이었다.

그런데도 윤창식은 남들이 그렇게 하고 싶어 하는 국회의원이 될 마음이 없었다. 더구나 비교적 쉽게 당선될 수 있는 조건을 갖추고 있었음에도 그 길을 가지 않았다. 왜 그랬을까? 그는 나라가 독립하고 새로운 정부가 세워지면 기업인이 정치에 참여하는 것이 바람직하지 않다고 생각했다. 33년 전인 1915년 육당 최남선 등과 조선산직장려계를 만들 때 가졌던 나라의 경제적 자립과 민족자본 육성이 윤창식에게는 가장 큰 과제였다. 이념의 갈등 속에서 준비 없이 맞이한 해방 공간은 분열과 갈등, 상처와 고통의 연속이었지만, 보당 윤창식 선생처럼 민족의 공익에 대한 신념으로 자신에게 주어진 길을 꿋꿋이 가고자 한 이들 또한 적지 않았다. 그들은 자신의 삶의 현장에서 민족의 답답한 속을 확 뚫어주고 싶어 했다.

부산 국제시장과
활명수

1948년 남과 북에 각각 독자적인 정부가 수립된 이후 갈등의 골은 더욱 깊어만 갔다. 이때 북한의 김일성은 남침을 계획하고 소련과 중국에 군사적 도움을 요청했다. 김일성은 전쟁을 수행할 군대를 만들고 탱크와 같은 무기를 소련으로부터 지원받았다. 특히 중국으로부터는 중국 내전에 참전한 전투 경험이 많은 팔로군 출신 '조선족 병사'들을 지원받기도 했다. 북한 입장에서 보면 1950년은 남침전쟁을 일으키기에 유리한 환경이었다. 조만식과 같은 영향력 있는 민족주의자들을 정치에서 배제하며 공산주의 정권을 세운 북한의 다음 과제는 한반도 전역의 공산화였다. 남한에 정부가 세워지기는 했으나 기틀이 제대로 잡히지 않은 상태였고, 남한 곳곳에 공산주의에 동조하는 좌익 인사들이 비밀리에 사회 각 조직에 심겨져 있었다. 경상도와 전라도 지역의 지리산 등으로 숨어들어간 이현상을 중심으로 하는 좌익 빨치산 세력도 건재했다. 남한의 정치인들과 군 관계자들은 전쟁 가능성을 낮게 평가하는 미국발 보고서 등에 의존하여 북한의 남침에 대해 그리 심각하게 생각하지 않았다. 1949년 중국이 공산화되면서 북한의 의지는 더욱 확고해졌고, 미국은 한반도보다는 일본의 안보에 치중하는 듯한 태도를 보였다. 1950년 1월 미국 국무장관 애치슨이 기자회견 도중 제시한, 대만과 한국이 제외된 미국의 태평양 지역 방위선은 북한으로 하여금 미소를 짓게 만들었다. 그해 6월 북한은 남침을 강행한다.

한국전쟁이 발발한 1950년 6월 25일 일요일. 여느 초여름 휴일처럼 서울은 평온했다. 대부분의 시민이 소소한 일상의 삶을 살고 있었다. 당시 서울고 1학년 학생이었던 배우 이순재는 그날 동생과 함께 백화점에 가다가 전쟁 소식을 들었고 연희대(연세대학교의 전신) 영문과 학생이었던 김동길 박사는 종로 YMCA에서 열리는 함석헌 선생의 강의를 듣기 위해 시내로 나서다 전쟁이 났음을 알게되었다. 연희대 정외과 학생이었던 김운용(전 IOC 부위원장)은 열심히 외무고시를 준비하고 있었고, 경기도 포천에서 복무 중이던 육군대위 박태준(전 포스코 명예회장)은 6월 24일 토요일 모처럼 서울로 외박을 나와 늦도록 지인과 모임을 가졌다.[101] 이외에도 상쾌한 초여름의 휴일을 맞아 사람들은 평소와 다를 바 없이 집안일을 하거나 나들이를 하고 농번기를 맞은 농촌의 일손을 도왔다. 학생들은 친구들과 어울리거나 책을 펴고 부족한 공부를 보충했다. 북한의 남침 소식을 처음 접한 시민들은 이전에 종종 벌어진 38선 부근에서의 교전쯤으로 생각했다. 북한이 밀고 내려오면 점심은 '평양 대동강'에서, 저녁은 '신의주 압록강'에서 먹을 수 있다는 희망적 사고가 너무 강했다. 이것은 우리 정부 고위직에 있던 사람들의 안이한 생각이었으나 국민은 그것을 의심 없이 받아들였다. 실제로 우리 국민 대다수는 전쟁 초기 국군이 북한군을 잘 물리치고 있다고 생각했다. 라디오와 신문은 사실과 다른 국군의 승전 소식을 전했다. 하지만 북쪽에서 들려오는 포성이 점점 커지기 시작하고 경기 북부에서 후퇴하는 국군 장병과 피난 행렬이 늘어나면서 서울 시민은 언론에서 이야기하는 내용과 뭔가 다른 일이 벌어지고 있음을 피부로 느끼기 시작했다. 사람들은 살아남기 위해 본능적으로 움직이기 시작했다.

전쟁 초반 절대적인 열세에 놓인 국군은 고전을 면치 못하고 후퇴에 후퇴를 거듭했다. 북한군은 3일 만에 서울을 함락하고 3개월 만에 경상도 일부를 제외한 전 국토를 점령했다. 이런 상황에서 미국을 비롯한 국제사회의 군사적 지원은 전세를 역전할 수 있는 큰 원동력이었다. 미국은 유엔 안전보장이사회를 소집하여 북한의 남침을 침략 행위로 규정하고 이를 규탄하는 한편 유엔군 파병을 결정했다. 1950년 9월 유엔군과 한국군이 합동으로 수행한 인천상륙작전을 계기로 전세가 역전되었다. 국군과 유엔군이 서울을 탈환하고 북진을 계속하여 압록강까지 도달함으로써 민족의 숙원인 통일이 곧 달성될 것처럼 보였다. 그러나 10월 하순경부터 뜻하지 않은 중공군의 개입으로 전선은 다시 38선 부근으로 내려와 교착상태에 빠졌다. 전쟁이 소련이나 북한의 예상과 달리 장기전의 양상을 띠자 소련은 유엔을 통해 휴전을 제의하기에 이른다. 이에 따라 1951년 7월 개성에서 처음으로 휴전회담이 개최되었다. 2년이 지난 1953년 7월 27일 당시의 전선을 휴전선으로 하는 휴전이 성립된다.

한국전쟁으로 한반도 전체가 사회경제적 기반 시설을 상실했다. 정부의 발표에 따르면 남북 양측 군인의 사망, 부상, 행방불명 피해자는 121만 5000명, 유엔군 피해자는 15만 1500명이었다. 휴전 직후 집을 잃고 길거리에서 방황하는 전쟁 피해자의 수가 200만 명에 달했고, 굶주림을 겪는 인구가 전체 인구의 20~25퍼센트나 되었다. 1949년 한 해의 국민총생산에 맞먹는 재산상의 피해가 발생했고, 농업 생산은 27퍼센트나 감소했다. 약 900개의 공장이 파괴되고, 제재소, 제지공장 등 소규모의 생산 시설이 거의 파괴되었다.[102] 이러한 피해는 민초들의 험난한 삶에 고스란히 투영되었다. 그 당시 민초였던 우리의 할아버지, 아버지 세대는 폐허를 딛고 다시 일어나야만 했다.

2014년에 개봉한 윤제균 감독의 영화 〈국제시장〉은 덕수라는 인물을 통해 광복 이후 비범한 인생을 살아야 했던 보통 사람들의 현대사를 맛깔나게 그려냈다. 영화는 광복 이전에 태어난 세대인 덕수가 주인공으로 국제시장에서 손녀를 만나 지나온 시간을 회상하며 시작된다. 1951년 1.4 후퇴 때 흥남부두에서 미국 빅토리아 함대의 군함을 타고 철수하는 아비규환 속에서 덕수는 등에 업은 동생의 손을 놓치고 만다. 아들을 찾기 위해 덕수의 아버지는 배에서 내리면서 덕수에게 "아버지가 없으니 장남인 네가 가장이다. 부산에 있는 네 고모네 가게 꽃분이네서 만나자"라는 말을 남긴다. 아버지의 유언 아닌 유언은 이후 덕수의 삶을 결정한다. 덕수는 동생을 놓쳐버린 죄책감으로 평생 무거운 짐을 지고 살아간다. 1953년 휴전이 되고 검정고시로 학업을 계속하려던 덕수는 가난한 동생들의 뒷바라지를 위해 자신의 꿈을 포기하고 친구와 서독 파견 광부로 지원한다. 광복 후 1970년대 말까지 국내 인력의 해외 수출 1호인 파독 광부와 간호사의 수는 2만여 명에 달했다. 이들은 당시로써는 거금인 5000만 달러에 달하는 외화를 매년 고국으로 보내왔다. 이 돈은 우리나라 산업화의 마중물 역할을 했다. 덕수는 독일에서 파독 간호사로 근무하던 여성을 만나 결혼하게 되고, 1970년대 초반에는 전쟁이 벌어지고 있던 베트남에 근로자로 파견되어 다리에 부상을 입고 구사일생으로 살아나기도 한다. 이후 1983년 KBS '이산가족 찾기' 프로그램을 통해 미국으로 입양된 잃어버린 동생과 극적으로 상봉하게 된다.

〈국제시장〉은 한국전쟁 중에 벌어진 '흥남 철수'와 1960년대 '파독 광부, 간호사' 이야기와 1970년대 '월남전' 그리고 1980년대 '이산가족 찾기'까지 우리 현대사의 극적인 상황을 생생하게 재연했다. 격동의 시대를 견딘 가족의 이야기를 통해 세대를 아우르는 공감을 불러일으키기도 했다. 이 영화에서 윤제균 감독은 힘겹게 살아야 했던 주인공 덕수의 파란만장한 삶 사이에 정주영, 앙드레김,

남진 등 시대를 풍미한 사람들을 스치듯 등장시켜 재미와 감동을 더해주었다.

　여기서 한 가지 상상을 해본다. 만약 영화 〈국제시장〉에 '활명수'가 등장한다면 어떤 장면에 나올 수 있었을까? 피난 온 덕수가 며칠 간 굶다가 갑자기 쌀밥에 기름기 있는 음식을 먹고 복통을 일으켰을 때 국제시장의 약 노점상에서 활명수를 사다가 들이켜고 속을 진정시키는 장면을 예상할 수 있다. 〈국제시장〉의 덕수는 영화 속에 등장하는 가상의 인물이지만, 활명수는 한국전쟁 당시 국제시장에서 실제로 인기 있는 상품 중 하나였다. 〈국제시장〉의 배경이 된 부산 국제시장은 한국전쟁 피난민들의 한과 설움이 깃든 곳이다. 국제시장과 이어진 부평동시장은 일제강점기인 1910년 조선에 세워진 공설 시장이다. 해방 전 일제는 어느 정도 설치 조건을 갖춘 공설 시장을 만들어 일본인에게 운영권을 주었다. 부평동시장에선 조선에 거주하는 일본인을 위한 물품이 거래되었다. 현재 국제시장 자리는 제2차 세계대전 때 연합군의 공세에 대비하여 일제가 주택과 상가를 강제 철거한 공터였다. 일본에 강제 징용되었다가 해방 후 돌아온 동포, 한국전쟁의 피난민 등이 이곳으로 흘러들어오면서 국제시장이 형성되었다. 1945년 일본인들이 철수하면서 이들이 비축했던 전시 통제 물자와 미군 물자가 국제시장 일대로 흘러들어갔다. 미군 부대에서 나온 깡통 식품 등이 많다는 뜻에서 부평동시장은 '깡통시장', 물건 종류가 많고 규모가 큰 국제시장은 '도떼기시장'으로도 불렸다.[103] 사람이 많이 몰려 혼잡한 곳이나 모습을 표현할 때 흔히 쓰는 표현인 '도떼기시장'의 원조가 바로 부산의 국제시장이었다.

국제시장은 전쟁으로 모든 것을 잃은 사업가들이 새롭게 기반을 형성한 희망의 공간이기도 했다. 활명수 모기업 동화약방은 전쟁으로 회사를 정리할 틈도 없이 각종 시설과 재고 물량을 서울에 둔 채 급히 떠나야만 했다. 동화약방 윤창식 사장 일가는 부산으로 피난을 갔다가 서울이 수복되자 서울로 왔다가 1.4 후퇴 때 마산으로 내려간다. 동화약방은 마산에 임시 공장을 차리고 활명수를 다시 생산하며 재기를 모색한다. 경상도와 전라도 지역의 도매상과 주로 거래했다. 동화약방뿐 아니라 많은 제약업체가 전쟁 중에 무너진 사업을 복구하고 새로운 기회를 찾아 기지개를 펴기 시작했다. 육군본부가 대구에 임시로 터를 잡고 있던 터라 군납을 하기 원하는 많은 제약업체가 대구로 몰려들었다. 지상군 전투를 지휘하는 육군본부가 있던 대구는 군인과 각종 군납업자로 붐볐다.[104] 1950년 12월, 훗날 대통령이 되는 육군본부 정보국 박정희 중령이 충북 아가씨 육영수를 만나 대구에서 결혼한 것과 1952년 1월에 딸 박근혜가 대구에서 태어난 것도 당시 육군본부가 그곳에 있었던 상황과 무관하지 않다.

피난민이 몰려들던 부산 국제시장에도 전국 각지의 의약업 종사자들이 모여들었다. 이들 대부분이 미군 부대에서 흘러나오거나 밀수해서 들어온 약을 팔며 생계를 이어갔다. 생산 원료가 부족하고 수입 의약품이 물밀듯 들어오는 와중에 대부분의 제약업체가 상품을 자체적으로 생산한다는 것은 그림의 떡에 불과했다. 원료도 시설도 자금도 판로도 인력도 넉넉지 않았다. 하지만 동화약방은 전쟁 중이던 1951년에 마산에 임시 공장을 세워 자체적인 생산을 시작해 국제시장을 비롯한 피난지 곳곳으로 약을 공급할 수 있었다. 이처럼 전쟁 중에 활명수 생산이 가능했던 까닭은 1.4 후퇴 이전에 만약을 대비해 생산 시설과 원료를 경남 마산으로 옮겨놓았기 때문이었다. 의약품 유통의 중심지인 부산 국제시장에 출시된 활명수는 과거의 명성을 바탕으로 다시금 큰 인기를 누렸다.[105]

　피난지에서 활명수가 인기를 누릴 수 있었던 이유는 무엇일까? 그것은 전쟁 당시의 식습관과 먹거리와 깊은 관련이 있다. 전쟁 통에 보통 사람이 삼시세끼를 다 찾아먹는다는 건 기적에 가까운 일이었다. 식량이 없으니 모두가 식사를 거르는 일이 허다했다. 이 때문에 어쩌다 음식다운 음식을 접하게 되면 폭식하는 경우가 잦았다. 또한 음식 제조나 유통 과정에서 신선도나 위생에 신경을 쓸 여력이 없어 상한 음식이 복통을 유발하는 경우가 다반사였다. 병원에 가는 것조차 여의치 않을 때였으니 복통이 올 때 의지할 수 있는 약이 바로 활명수였다. 활명수는 전쟁으로 지치고 답답한 사람들의 마음을 그렇게 위로해주었다.

일본에 대한
이중적 태도

일본은 우리에게 가깝고도 먼 나라다. 한국인들에게 일본은 경쟁의 대상이자 영원한 숙적으로 인식되어왔다. 18세기 말 일본을 여행한 서유소의 《연행잡록燕行雜錄》을 보면 "일본인의 성정은 매우 조급하고 경박하며 자신에게 이익이 있으면 뱁새처럼 굴고… 도량이 넓은 사람은 한 사람도 없다"고 기록되어 있다.[106] 이 글은 일본과 일본 사람을 이해심이 부족하고 속 좁은 이로 그리고 있다. 이는 비단 《연행잡록》만 그런 것이 아니라 우리 정서 속에 일본을 천하게 여기는 경향이 내포되어 있기 때문이기도 하다. 우리 사회에서는 일본 사람을 가리키는 비속어인 '왜놈'과 '쪽바리'가 공공연하게 사용되고 있다. 스포츠 국가 대항전이 벌어지기라도 하면 중국과 미국한테 질 수는 있어도 일본한테 지는 건 절대 용납할 수 없다는 게 우리네 정서다. 이런 한국의 반일反日 감정은 언제 어떻게 시작되었을까? 다양한 주장이 있지만, 역사의 흐름 속에서 사건들을 종합해보면 대략 다음과 같은 요인 때문에 반일 감정이 형성되었음을 알수 있다.

1. 고려 말과 조선시대 중기까지 계속된 왜구의 습격과 약탈로 인명과 재산 피해를 입었다.

2. 조선 선조 임금 때인 1592년부터 1598년까지 약 7년간에 걸친 '임진왜란'으로 조선의 국토가 황폐화되다시피 했다.

3. 조선시대 말 1894년 청일전쟁과 1895년 을미사변 이후 일본이 내정간섭을 하기 시작하다 결국 1910년 조선을 병탄한다. 이후 우리는 35년간 국권을 일본에 빼앗겼다.

4. 1945년 해방 이후 현대 한일 관계의 핫이슈인 과거사 청산과 독도 영유권에 관련된 문제가 있다.

우리 정서 속에는 일본에 대해 미덥지 못하다는 감정이 자리를 잡고 있다. 다른 한편으로는 청산하지 못한 일제강점기의 식민 잔재가 존재한다. 이는 일본 제국주의가 식민통치 기간에 우리에게 심어놓은 유·무형의 부정적 유산을 의미한다. 부정적 유산에는 눈으로 볼 수 있는 조형물도 있지만, 대부분은 무형으로 존재하며 우리의 의식을 지배하고 있다. 식민지 잔재는 일본말, 식민사관, 이름이 바뀐 지명 등 헤아릴 수 없이 많다.

대표적으로 '국민학교'란 명칭이 그렇다. 여기서 국민國民은 일본

제국의 신하된 백성을 의미하는 황국신민皇國臣民의 약자였다. 다시 말해 국민학교는 황국신민을 양성한다는 의미를 내포한다. '국민학교'란 명칭은 1945년 해방 이후에도 사용되다가 1996년 광복 50년이 지나서야 '초등학교'로 명칭이 바뀐다.[107] 하지만 기성세대는 '국민학교'라는 명칭을 지금도 사용하곤 한다. 초등학교라는 명칭보다 국민학교가 더 익숙하기 때문이다.

이외에도 우리가 알게 모르게 사용하는 언어 속에도 일제의 잔재가 있다. 공구리concrete(시멘트 반죽), 바케쓰bucket(들통), 하이바fiber(안전모) 등 건축업계에서 쓰이는 일본어가 있는가 하면, 닭도리탕-鳥(とり)湯(닭볶음탕), 모치떡餅(もち)(찹쌀떡), 비까번쩍하다ぴか(번쩍번쩍하다), 뽀록나다襤(ぼろ)(드러나다), 왔다리 갔다리-たり-たり(왔다 갔다) 등 일본어 단어가 순우리말이나 한자어와 뒤섞여 쓰이는 경우도 있다. 또한 도란스transformer(변압기), 오바overcoat(외투), 백미라back mirror(뒷거울) 같은 일본식 영어가 생활 속에서 적지 않게 사용된다.

일제의 식민 잔재를 청산하려는 노력은 1945년 해방 이후부터 지속적으로 진행되어왔다. 1947년 1월 12일자 《경향신문》에 〈사라지지 않는 왜색倭色〉이라는 특집기사가 실렸다. 일본은 물러갔지만 우리의 생활 곳곳에 일본의 잔재인 왜색이 남아 있으니 이를 근절하자는 내용이다. 해방 이후 일제 잔재의 청산을 주장하는 기사를 주요 신문에서 자주 볼 수 있다. 하지만 전후 파악을 제대로 하지 않고 무조건적인 왜색과 식민 잔재 청산만을 주창한 경우도 종종 있었다.

1955년 3월 10일자 《동아일보》 '휴지통' 코너에 다음과 같은 일제 잔재 청산에 대한 기사가 실렸다.

"왜놈들이 이 땅에서 물러간 지 이미 오랜 이때에 아직도 왜놈들이 사용하던 상표를 그대로 사용하고 있어 화제꺼리가 되고 있을 뿐 아니라 조소의 적이 되고 있다. 화제꺼리가 된 상표는 시내 각 약방에서 공공연하게 판매되고 있는 '활명수活命水'라는 약으로서 이 약병에는 일본말로 설명한 문구가 그대로 붙여져 있다는 것인데, 약병에 일본말로 설명한 문구를 그대로 부쳐야만 약을 잘 팔아먹을 수 있다는 제약업자들의 뱃장도 이만저만 하지 않지만은… 그보다 이와 같은 약이 공공연하게 판매되고 있음에도 불구하고 관계당국에서는 아무런 단속도 하지 않고 그대로 묵인하여 두는 심사가 나변에 있는지가 궁금한 노릇…"

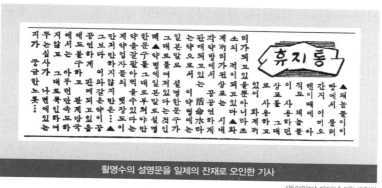

활명수의 설명문을 일제의 잔재로 오인한 기사

《동아일보》 1955년 3월 10일자

내용인즉 이렇다. 시중에 일본어 문구가 그대로 새겨진 '활명수'가 판매되고 있다는 것이다. 그러고는 일본말로 설명한 문구를 그대로 붙여야 잘 팔린다는 제약업자의 배짱이라고 꼬집고 있다. 기사 내용으로 봐서는 일본어로 제품 설명이 되어 있는 라벨이 붙은 활명수가 시중에 판매된 것은 사실로 보인다. 하지만 과연 어떤 의도를 갖고 그렇게 했느냐는 점이 중요하다.

　　이 기사가 나간 1955년 3월은 한국전쟁이 일어난 뒤 휴전을 한 지 2년이 채 되지 않은 시점이다. 기업 대부분이 전쟁 통에 생산 시설이 파괴되어 제대로 복구하지도 못한 채 어렵게 제품을 생산할 때였다. 그 와중에 많은 기업이 일제강점기에 사용하던 제품 라벨이나 병들을 재활용 차원에서 사용하고 있었다. 그리고 당시 기성세대가 일본어 교육을 받은 사람들이어서 일본어로 된 제품 설명을 쉽게 이해하는 사람이 많았기에 일본어 라벨을 사용하는 경우가 종종 있었다. 기자에게 일본어가 새겨진 활명수 병을 비판하는 기사는 공명심을 발휘하여 식민 청산을 다시 한 번 외칠 수 있는 좋은 기회였겠지만, 일제강점기에 독립운동을 지원하고 민족지사들의 사랑방 역할을 한 활명수 모기업 동화약품의 배경을 제대로 이해하지 못한 채 기사를 쓰지 않았나 하는 생각이 든다.

　　우리는 일제강점기의 굴욕으로 치를 떨며 반일 감정을 표출하지만, 한편으로는 선진국 일본에 대해 부러움을 느끼기도 했다. 1980~1990년대 우리 젊은이들은 일본 소니의 소형 카세트 플레이어인 '워크맨'을 가진 친구를 보면 부러워하면서 꼭 한 번 써보고 싶다고 생각했다. 당시 삼성이 워크맨을 벤치마킹한 '마이마이'를 내놓기도 했지만, 워크맨에 대한 환상을 깰 수는 없었다. 그 이전으로 돌아가면 우리 선배 세대는 일본산 조미료 '아지노모도'에 대한 환상을 갖고 있다. 1945년 제2차 세계대전에서 패망한 일본은 조선에 있던 자국의 기업들을 철수시킨다. 아지노모도도 예외는 아니었다. 아지노모도는 하나의 상품을 넘어 식민지배를 대표하는 '치욕의 문화'로 취급되었다.

일제 식민지배 당시의 많은 유산이 사라졌지만, 아지노모도가 남기고 간 감칠맛을 그리워하는 마음은 막을 수 없었다. 이 때문에 해방 직후 일본과 공식적인 무역이 금지된 상황에서 상류층을 중심으로 밀수입된 아지노모도가 유통되기도 했다. 사라진 감칠맛에 대한 갈증은 1956년 동아화성공업(현재 대상그룹)이 신선로표 '미원'을 출시함으로써 해소할 수 있었다. 미원은 아지노모도와 유사한 신선로 모양의 브랜드 로고를 사용해 사람들의 관심을 끌었다. 출시 당시 미원이 내세운 광고 메시지는 '아지노모도와 품질이 같다'였다. 일제강점기를 거치면서 한국에서 형성된 아지노모도의 인지도를 미원이 제대로 활용한 셈이다.[108]

한국과 일본은 가깝고도 먼 나라다. 이 말에 담긴 의미를 다시 한 번 생각해보자. 한국인의 의식 속에 있는 일본과 일본 사람은 나쁘면서도 좋고, 좋으면서도 나쁘다. 이처럼 이중적인 일본관이 우리에게 형성되어 있다. 한국과 일본은 서로 꽉 막힌 곳을 풀어줄 활명수와 같은 무엇이 필요하다.

"잘 돼 갑니다(?)"

선거사범이 된 활명수

活命水
1897

1967년 제작된 영화 〈잘 돼 갑니다〉는 이승만 정권 말기의 3.15 부정선거, 이 대통령의 하야와 망명, 권력의 2인자였던 이기붕 일가의 집단자살, 4.19 혁명을 소재로 한 영화였다. 이 영화는 촬영 전부터 화제였다. 김지미, 장민호, 박노식, 허장강, 김희갑 등 당대 최고 배우들이 출연했고 이승만 대통령과 닮은 배우를 찾기 위한 공개 오디션을 하는 등 사람들의 이목을 끌었다. 영화 속에서 어수선한 시국 한가운데서 대통령의 전용 이발사는 대통령에게 "잘 돼 갑니다"와 "모릅니다"라는 두 마디밖에 할 수 없었다. 이외의 다른 말은 허용되지 않았다. 이것은 절대 권력에 대한 당시 시대상의 반영이었으며 대통령을 둘러싼 권력 집단의 오도된 행태를 드러내는 단면이기도 했다.[109]

실제로 1950년대 후반 80대 고령이던 이승만 대통령은 민심을 읽지 못하고 있었다. 국민의 삶이 어떠한지, 그들이 무엇을 필요로 하고 그 필요를 어떻게 채워주어야 하는지 알지 못했다. 참모들이 올리는 보고서의 내용은 영화의 제목처럼 '잘 돼 갑니다'였다. 한국 전쟁 이후 무너진 나라의 경제를 다시 세우는 복구 작업이 계속되었고 국민은 굶주려 있었다. 청년들은 일자리가 없었고 거리는 전쟁고아와 부랑인으로 넘쳐났다. 해방 이후 우리 국민은 이승만 대통령을 "아시아의 위대한 선각자요 우리 민족에게 광명의 활명수"[110]를 주는 '독립운동가'요 '국부國父'로 생각했으나, 1950년대 중반에 이르자 그것은 먼 옛날의 추억이 되어버렸다. 국민에게 가장 시급한 것은 나와 내 가족의 배고픔을 달래는 일이었다.

1956년 5월에 있을 대통령선거를 두 달 앞둔 시점에 자유당 독재에 대항하는 민주당의 신익희가 민주당 전당대회에서 대통령 후보로 지명되며 전국적인 돌풍을 일으켰다. 신익희는 선거 초반부터 대도시를 중심으로 인기를 끌었다. "못살겠다 갈아보자"는 구호가 선풍적인 인기를 끌었다. 이 구호는 당시 자유당 정권의 독재와 가난에 찌들어 있던 국민의 가슴을 울렸다. 선거를 앞두고 자유당은 잃어버린 민심을 잡기 위해 각종 선심성 정책을 내놓는다. 하지만 국민의 반응은 시큰둥했다. 《경향신문》은 당시 상황을 이렇게 전한다.

"가정부인의 수도공론으로부터 명동신사의 다방한담에 이르기까지 선거에 관계되지 않은 화제 아닌 게 없다. 어떤 사람은 대통령 선거전이 무제한 선거가 계속되었으면 좋겠다고 하고… 그 이유를 들어보면 일리가 없는 것도 아니다. 요즘 각동회에서 실시한다는 극빈자에 대한 무료급식, 야간통행금지의 완화, 사설 댄스홀의 방임, 이십사시간 계속송전, 관청 수속 사무처리의 신속과 친절 등 이런 일련의 혜택 아닌 정부 혜택이 대통령선거가 끝나면 씻은 듯이 사라지고 말터인즉…"[111]

5월 3일 서울 한강에서 열린 민주당 신익희 후보의 유세에 30만 군중이 모일 정도로 신익희의 인기는 하늘을 찔렀다. 그러나 서울에서의 인기를 등에 업고 전라도 지역 유세에 나섰던 신익희는 5월 5일 새벽 갑작스런 뇌출혈로 사망하고 만다. 유력한 대권 후보였던 신익희가 사망하자 많은 유권자가 진보적 성향의 야권 후보였던 무소속의 조봉암 지지로 돌아섰다. 한편 대통령 후보를 잃은 민주당은 부통령선거에 출마한 장면의 당선을 위해 사력을 다했다. 자유당 또한 진보 성향의 무소속 대통령 후보 조봉암의 선전을 막고 정권의 2인자인 이기붕 후보의 부통령 당선을 위해 상상을 초월하는 관권선거와 투·개표 부정을 모의하게 된다.[112]

자유당 후보의 당선을 위해 공권력이 동원되고 야당 후보들의 선거운동을 공공기관이나 자유당의 사주를 받은 세력이 조직적으로 방해하는 사건이 곳곳에서 발생했다. 1956년 5월 17일자《경향신문》을 보면 선거 하루 전인 5월 14일 경기도 안양경찰서가 민주당 소속 선거 참관인 20여 명을 강제 구금했다는 기사가 있다. 연행된 민주당원들의 혐의는 '6개월 전 사직한 군청 촉탁증을 갖고

이승만 정권 말기, 혼탁한 선거판의 상황을 보여주는 기사

〈경향신문〉 1956년 5월 17일자

있었고 시민증 직업란에 군청 직원으로 표기했다는 사칭혐의' '휘발유를 사서 논에 해충 제거를 위해 뿌렸고 소나무 가지를 따서 산림령을 위반했다는 혐의' 등이었다. 이는 강제 구금할 만한 사항이 아니다.

그런데 민주당원들의 혐의 중 백미白眉는 활명수 부정 판매, 다시 말해 불법으로 약을 판매했다는 것이었다. 열심히 선거운동을 하고 있던 사람에게 찾아와 활명수를 불법으로 판 혐의가 있다며 그들을 경찰서로 연행하고 강제로 구금한 것이다. 활명수 매약 혐의자를 비롯해 온갖 명목의 의혹으로 입건되었던 민주당 소속 선거운동원들은 공교롭게도 선거 전날인 5월 14일 새벽 6시에 구금되었다가 선거 당일인 다음날 오후 12시 정오를 기해 일제히 풀려났다. 이것이 문제로 불거지자 검찰 측은 형식적으로나마 조사에 착수하겠다고 답했고, 사건을 일으킨 경찰 측에서는 서장과 간부들이 외출 중이어서 구체적인 답변을 하기 어렵다고 했다 한다.[113]

강제 구금 사건을 일으킨 당사자들이나 구금되었던 민주당 소속 선거 참관인들의 혐의가 어떻게 되었는지에 대한 후속 보도는 없었다. 당시 난무했던 관권선거와 야당의 선거 방해 사례들을 보건대 민주당 참관인들은 무혐의 처리되고, 경찰은 아님 말고 하는 식으로 사건을 종료했을 것이다. 사건의 실상은 선거 막판에 야당의 손발을 묶어놓으려고 말도 안 되는 혐의를 씌운 것이다. 윗선의 지시로 '활명수 불법 매약 혐의'를 고안한 경찰관은 그 당시 시중에서 종종 벌어지던 '활명수 불법 매약'을 혐의 리스트에 올려놓았을 것이다. 실제로 일반의약품인 활명수는 법적으로 약국에서만 판매하게 되어 있으나 당시에는 관리·감독의 소홀로 목욕탕, 여관, 음식점 등에서 불법으로 판매되는 경우가 빈번했다.[114]

이러한 자유당 세력의 조직적인 선거 방해에도 불구하고 대통령선거에서 이승만은 504만여 표(득표율 70%), 조봉암은 216만여 표(득표율 30%)를 얻었다. 부통령선거에서 이기붕은 380만여 표, 장면은 401만여 표를 얻었다. 대통령선거에서 조봉암 후보는 선전했고 민주당 장면 후보는 부통령으로 당선되었다. 장면의 경우 전체 투표에서 46.4퍼센트의 지지를 받았지만, 야당 성향이 강한 서울에서는 무려 76.8퍼센트의 지지를 받았다.[115] 이후 이승만 정권은 점점 추락해 민주적 질서가 아닌 오로지 경찰력에 의하여 유지되었다. 그러다 대통령 부정선거에 항의하기 위해 학생과 시민들이 일어났다. 이것이 바로 1960년에 일어난 4.19 혁명이다. 야당 소속 참관인을 활명수를 불법으로 판매했다는 말도 안 되는 혐의를 씌워 30시간이나 경찰서 유치장에 강제 구금하던 정권은 그렇게 막을 내렸다. 그렇다면 독재정권 다음에 들어선 정치권력은 수많은 시민이 그토록 바라던 정치의 '활명수'를 이 땅에 내려주었던가?

아이젠하워 미국 대통령이
한국 오던 날

活命水
1897

한국과 미국은 150년의 역사적 관계를 지속하고 있다. 한미관계가 처음부터 지금과 같은 동맹관계에 있었던 것은 아니다. 오늘날과 같은 긴밀한 우호 관계를 보인 것은 1945년 해방 이후의 일이다. 역사적으로 미국은 제너럴셔먼호 사건(1866)과 신미양요(1871) 등으로 인해 우리에게 그리 우호적인 존재가 아니었다. 그러나 1880년경에 중국인 황준현(1848~1905)이 쓴《조선책략》을 통해 미국에 대한 우리의 인식은 변하기 시작한다. 황준현은 미국을 '남의 나라와 인민과 영토에 대한 욕심이 없는 나라' '약한 나라를 도움으로써 공의를 유지하는 나라' '땅이 넓고, 자원이 많고, 상공업이 발달한 나라'라고 소개하며 남하 정책을 펴는 러시아를 견제하는 데 가장 좋은 나라라고 표현했다.[116] 조선 정부는 새로이 형성된 긍정적인 미국관에 근거하여 1882년 미국과 수교했다. 미국과 교류가 잦아지면서 조선 정부는 내심 자신들이 위태로워질 때 미국이 도움을 줄 것으로 기대했다. 하지만 예상과 달리 미국은 한반도 문제에 대해 중립 내지 불간섭 정책을 취했다. 오히려 1905년 러일전쟁에서 일본이 승리하자 미국과 일본은 가쓰라-태프트 밀약을 맺었다. 이로써 미국은 조선에 대한 일본의 식민통치를 인정하고 서울의 미국공사관을 철수하기에 이른다. 이후 태평양전쟁이 발발하는 1941년까지 미국과 일본의 관계는 상호 우호적이었다. 이 시대 식민지 조선의 독립운동가들이 미국을 향해 나름 구애를 했으나 냉담한 반응이 돌아올 뿐이었다.

그런데 해방 이후 미국은 우리에게 일제로부터 해방을 안겨주는 데 역할을 한 은인이자 대한민국의 탄생을 도와준 후견인으로 새롭게 자리매김했다. 자유민주주의와 시장경제가 미국의 도움으로 한국에 정착할 수 있었고, 미국의 경제적인 도움과 쏟아지는 각종 상품은 미국을 하나의 이상향으로 바라보게 하기에 충분했다. 무엇보다 한국전쟁 당시 미국은 우리를 도왔다. 이러한 사회 분위기 속에서 미국을 비판하거나 부정적으로 보면 신성모독에 가까운 취급을 받거나 심할 경우 '미국 비판=공산주의자'라는 올가미에 걸려 당사자와 주변 사람들까지 고통을 받았다.

1960년 4.19 혁명이 일어난 지 불과 2개월 뒤인 6월 19일. 미국 대통령 아이젠하워가 한국을 방문했다. 그의 일정은 필리핀·대만·일본을 거쳐 한국을 방문할 예정이었으나, 일본 내 좌익 세력의 극렬한 반대로 일본 방문을 포기하고 한국행을 앞당겼다. 서울 거리는 아이젠하워의 방한을 축하하는 꽃장식과 현수막으로 가득했다. 수많은 시민이 호기심과 반가움에 태극기와 성조기를 들고 그의 애칭인 '아이크IKE'를 연호했다. 당시 《경향신문》은 아이젠하워 대통령의 방한 소식을 전하며 그를 이렇게 묘사했다.

> "二十(이십) 세기 十(십)자군을 지휘하여 '패쉬즘(파시즘)'을 물리친 위대한 군인이며 二(이)대 [八(팔)년]에 걸친 미국의 대통령으로서 자유진영의 안전을 지켜주고 있는 탁월한 정치지도자이고 평화와 자유를 사랑하는 모든 자유세계 인민들로부터 '아이크'라는 애칭으로 친근되어 있는 '드와이트 데이비드 아이젠하워' 미국 대통령은…"

아이젠하워 대통령이 방문한 1960년 6월 19~20일 양일 간 경찰이 추산한 거리의 환영 인파는 230만 명에 달한다. 첫날 105만 명, 둘째 날 125만 명이었다. 얼마나 많은 사람이 나왔던지 서울역 앞에서 아이젠하워 대통령 카퍼레이드 행렬이 지나갈 때 보여주려 했던 동명여자 중고등학교 학생 800명이 한복을 입고 준비한 부채춤 공연은 환영 인파 속에서 시작하기도 전에 묻혀버렸다. 카퍼레이드가 불가능할 정도로 도로에 사람이 넘치자 아이젠하워 일행은 방향을 돌려 샛길을 통해 숙소인 덕수궁 뒤 정동 미국 대사관저에 도착했다.

당시 우리 정부의 아이젠하워 대통령 영접은 오늘날 외국 정상을 위한 의전보다 더 많은 신경을 썼다. 아이젠하워가 한국에 온 날 밤 9시 서울 남산에서 화려한 불꽃놀이가 진행되었다. 에너지 절약을 위해 제한하던 심야 네온사인 간판도 그날 밤만큼은 규제하지 않았다. 아마도 아이젠하워에게 활기찬 서울의 모습을 보여주고 싶었을 게다. 20일 서소문 국회(현재 서울시의회 건물) 방문 시 인사를 나누기 위해 많은 정치인이 그에게 다가왔다. 미국 대통령과 찍은 사진 한 장이 7월에 있을 국회의원 선거에 도움이 될 것이란 계산을 하면서 말이다.

아이젠하워가 우리나라를 방문한 때는 1960년 4.19 혁명으로 제1공화국이 막을 내리고 민주당이 정권을 잡게 되는 7월 국회의원 선거 사이의 과도기였다. 절묘한 시점에 방문한 세계 최강대국인

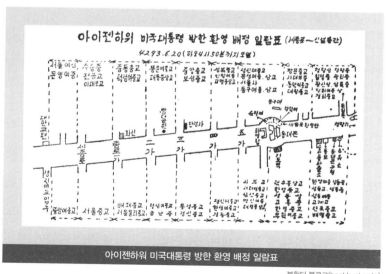

아이젠하워 미국대통령 방한 환영 배정 일람표

미국 대통령은 초미의 관심사였고 정치인들과 관계 당국은 이러한 호기를 이용하기 위해 동분서주했다. 미국 대통령의 호감을 사기 위해 다양한 그림을 연출하고 싶어 했고 각종 이벤트를 기획했다. 하지만 특별히 보여줄 게 마땅치 않았던 당시 최대의 효과를 기대할 수 있는 이벤트는 환영 인파를 동원하는 일이었다. 자발적으로 나온 이들도 있지만, 동원된 이들도 적지 않았다.

177쪽의 지도는 아이젠하워 방한 이틀째인 6월 20일, 서울 세종로에서 신설동에 이르는 4.2킬로미터에 이르는 구간의 학교별 배정을 나타낸 일람표다. 당시 당국은 환영 나온 일반 시민을 앞에 세우고 동원된 학생들을 뒤에 배치함으로써 효과를 극대화했다. 이날 세종로와 종로 일대는 차량 운행이 통제되었다. 자의반 타의반 환영을 나온 시민은 우방 중의 우방인 미국 대통령을 향해 뜨거운 마음을 표시했다.

이틀 동안 280만 명에 달하는 인파가 모여든 서울 시내의 음식점은 잠시나마 큰 호황을 누렸다. 햇볕이 내리 쬐는 초여름의 더운 날씨 때문에 '아이스케키'와 '냉차' 장사는 대박이 났다. 무더운 날씨에 수많은 인파 속에서 좋은 자리를 차지하려고 급하게 음식을 먹고 움직였기 때문인지 그날따라 복통을 호소하는 사람이 제법 많았던 것 같다. 그래서 주변 약국의 활명수 매출도 덩달아 올랐다. 이 광경을 본 어떤 사람이 "오늘 웬 활명수가 이렇게 나가느냐?"고 했다 한다.[117] 평소에는 볼 수 없는 진기한 풍경이었기 때문이다. 이처럼 몸이 고달프고 힘들어도 군중은 그들 마음속에 있는

'자유의 벗' 아이젠하워를 기다렸다. 그의 얼굴, 아니 그가 타고 있는 차를 보는 것만으로 막힌 속이 활 풀릴 것 같은 그런 설렘으로 말이다. 1960년 6월 뜨거운 초여름의 어느 날. 한국은 아이젠하워 팬덤에 빠져버렸다.

입시망국

활명수와 아버지

活
命
水
1897

대한민국은 '학벌 공화국'이다. 한국 사람 중에 이 말에 이의를 달 사람은 거의 없을 듯싶다. 특히 나이가 지긋한 어르신 세대일수록 이 말에 더욱 공감하는 듯하다. 우리나라는 돈, 명예, 권력과 학벌 사이의 상관관계가 상당히 긴밀하다. 좋은 학교를 나와야 사회에서 성공하고 출세할 확률이 높다는 뿌리 깊은 인식이 있다. 그렇다 보니 학벌을 획득하는 관문인 입시에 대한 사람들의 관심이 클 수밖에 없다. 약간의 점수 차이로도 당락이 엇갈릴 수 있는 만큼 입시에 오류가 있다는 것을 수험생이나 가족들은 받아들이지 못한다. 관계 당국에 항의는 물론 때에 따라서는 법적인 소송도 불사한다.

과거에는 중학교 때부터 학벌이 형성되었다. 보장된 미래의 인생을 위해 서울의 학생들은 경기중, 경복중, 서울중에 진학하기를 희망했다. 부산에서는 경남중과 부산중, 대구에서는 경북중, 광주에서는 광주서중이 그런 학교였다. 이는 학생이 스스로 선택하기보다 부모의 희망에 의한 것이었다. 1968년 중학교 입시가 전면 폐지되기 전까지만 해도 초등학교 학생들의 사교육은 지금의 고3 수험생 못지않았다. 교육 당국은 사교육을 줄이기 위해 입시 문제를 쉽게 출제하기 시작했다. 급기야 지금은 없어진 당대 최고 명문 경기중학교의 경우 전 과목에서 만점을 받거나 한 문제만 틀려야 합격하는 상황에 이르렀다. 두 문제만 틀려도 낙방의 쓴맛을 봐야 했다.

그러다 경기중학교 입시에서 이른바 '창칼파동'이 일어났다. 1967년 12월 1일 치른 중학교 입학시험에서 '미술 13번' 문제는 '목판화를 새길 때 창칼을 바르게 쓴 그림은?'이었다. 원래 정답의 그림은 오른손잡이가 창칼을 사용하는 모습인데, 왼손잡이가 사용하는 방법도 인정해야 한다는 주장이 나왔다. 당시 경기중학교에 낙방한 학생의 부모들은 복수 정답을 주장하면서 시위를 벌였고 교장과 교감을 연금하는 사태로 번졌다. 서울과 경기도의 중학교 낙방생 학부모 549명이 소송을 제기했지만 패소해 결국 불합격 처리되었다. 창칼파동으로 경기중학교 교장은 직위에서 물러나야 했다.[118]

창칼파동이 일어나기 이전인 1964년 12월, 서울 전기중학교 입시에서는 '무즙파동'이 있었다. '자연과목 18번' 문제는 엿 만드는 순서를 차례대로 적어놓고 세 번째 순서인 '이밥에 물 3ℓ와 엿기름 160g을 넣고 잘 섞은 다음에 60도의 온도로 5~6시간 둔다'에서 엿기름 대신 넣어도 좋은 것이 무엇인지를 물었다. 보기 중 1번 '디아스타아제'가 정답으로 발표되었는데, 4번 '무즙'을 선택한 학생들은 무즙도 답이라고 주장했다. 디아스타아제는 침과 무즙에 들어 있는 효소로 교과서에 나와 있다며 학부모들이 반발했다. 실제 무 즙으로 엿을 만들어 와서 항의하기도 했다. 그러나 당국은 무즙을 오답으로 결론지었고, 사건은 법정 공방으로 이어졌다. 법정에서는 무즙을 정답이라고 판결했다. 이에 따라 무즙을 선택해 낙방한 학 생 39명이 뒤늦게 전학 형식으로 원하는 학교로 옮기게 되었다. 지 나친 교육열과 입시 경쟁에서 비롯된 무즙파동과 창칼파동으로 중 학교 입시는 폐지되었다.

1969학년도부터 서울에서 처음으로 중학교 추첨제가 시행되었 다. 이듬해 부산, 대구, 광주, 인천 등의 대도시도 중학교 입시제도 를 폐지했다. 서울에서는 1970학년도를 끝으로 이른바 명문으로 불리던 7개 중학교가 폐교되었다. 경기중, 서울중, 경복중, 경동중, 경기여중, 수도여중, 이화여중이다.[119]

1955년 3월 12일자 《경향신문》에는 초등학교 학생뿐 아니라 온 가족이 마음을 졸이고 힘겨워하던 당시 중학교 입학시험 날 생긴 활명수 이야기가 실렸다. 신문에 실린 수필의 제목은 〈활명수와 아 버지〉다.

활명수와 아버지
콧물을 졸졸 흘리던 것이 어느새 커가지고 국민학교를 졸업하게 되었을 뿐 아니라 중학교나 여학교에 입학하게 된 것은 얼마나 대 견하고 히안한 일인가. 입학시험을 보러가는 아침…. 아동의 정신

상태는 잔뜩 긴장된 데다가 이보다 흥분한 부모네는 아이들의 이러한 정신적 불안감을 더욱 부채질해주는 수가 없지 않다. 어떻게 해서든지 학교에 우겨넣어야겠다는 부모의 절실한 심정이야 이루 말할 수 없겠지마는 먹기 싫은 것을 억지로 먹여 보낸다든가 입학이 안 되는 날엔 큰일이라도 날 것처럼 뛰어서야 될 말이 아니다.

어느 중학교 마당…. 그 어떤 부모가 아이의 기운을 돋우어 주느라고 그랬는지 밥이 안 먹힌다는 아이에게 계란을 삶아서 먹여 보냈다. 막상 교실로 들어가게 될 무렵 아이는 먹은 것을 온통 마당에 토하게 되니 어머니는 등을 쳐준다고 야단…. 깜짝 놀란 아버지는

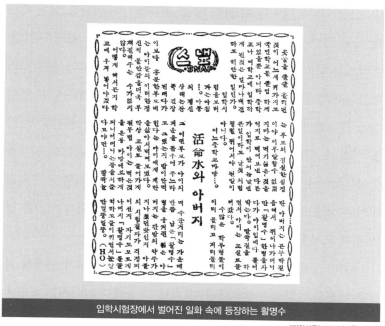

입학시험장에서 벌어진 일화 속에 등장하는 활명수

《경향신문》 1955년 3월 12일자

곤두박질을 해서 뛰어나가더니만 '활명수' 한 병을 사다가 아이 입에다 틀어박는다. 딸꾹질을 하면서 아이는 교실로 들어갔다.

수많은 학부형들이 이리 몰리고 저리 몰리며 수군거리는 가운데 반쯤 남은 '활명수' 병을 웅켜쥔 젊은 아버지는 간밤의 약주가 지나쳤던 탓인지 아들의 시험결과가 걱정되어선지 자기도 모르게 나머지 '활명수'를 꿀컥하고 들이키면서 눈알만 멀뚱멀뚱.

세상의 모든 부모가 그런 것처럼 아들에 대한 아버지의 마음이 절실했다. 전쟁으로 폐허가 된 아무것도 없는 나라에서 살아남으려면 배워야 하고 좋은 학교를 나와 사회에서 인정받기 원했을 것이다. 그런 아버지의 마음이 시험 당일 좀 과했는지 아들은 그만 토사를 하고 말았다. 그때 아버지가 급히 찾은 약이 바로 '활명수'였다. 어떻게든 아들의 몸과 마음을 진정시키고 싶었을 것이다. 부랴부랴 아들을 시험장에 보내놓고는 자기도 모르게 아들이 먹다 남은 활명수를 들이켤 뿐이었다. 그날의 입시 결과가 아들의 인생에 큰 영향을 미칠 수 있다는 마음에 혹여나 자신이 한 행동이 아들의 인생을 망치는 건 아닌가 하는 두려움 때문이었을 것이다. 이렇듯 중학교 입시는 성장기 학생들의 통과의례이자 훗날 좋은 사회적 지위를 얻기 위해 거부할 수 없는 과정이기도 했다.

1968년 중학교 입시는 폐지되었지만 고등학교 입시가 존재해 학벌은 여전히 영향력을 발휘했다. 경기고-서울대로 이어지는 학벌은 'KS 마크'라고 불렸다. 그러던 것이 1974년 서울과 부산에서 고등학교를 평준화하자 점차 전국적으로 고교 평준화가 확산되었다. 그러나 제도적으로 폐지된 중학교와 고교 입시가 국제중, 예술중, 과학고, 외국어고, 국제고, 예술고 등의 특수 목적 교육으로 이어져 오늘날 학생들을 다시금 입시 지옥으로 내몰고 있다. 그리고 1955년 《경향신문》에 실린 수필 〈활명수와 아버지〉와 비슷한 사례가 입시철마다 전국 곳곳에서 반복되고 있다.

서울,
1965년 시궁창

活
命
水

1897

소설가 김승옥(1941~)은 한국 문학계를 대표하는 작가 중 한 명이다. 그는 지적이면서도 감수성 짙은 문체로 1960년대 이후 한국 소설의 새로운 변화를 이끌어냈다는 평가를 받고 있다.[120] 김승옥은 1965년 6월《사상계》에 〈서울, 1964년 겨울〉이라는 소설을 발표하여 세상의 주목을 받는다. 이 소설은 산업화와 근대화의 물결이 몰아치는 1960년대 서울에 사는 젊은이들의 방황과 의식 세계를 김승옥 특유의 감각적 필치로 그려내고 있다. 소설의 내용은 대략 이렇다.

1964년 겨울 서울의 풍경은 스산하다. 얼어붙은 길 위에 걸인들이 여기저기 엎드려 있었다. 길거리 선술집에서 가난한 서적 외판원이 함께해줄 사람을 찾고 있었다. 이 가난한 외판원은 급성 뇌막염으로 죽은 아내의 시체를 어쩔 수 없이 병원에 팔았다. 구청 병

사계에서 일하는 '나'와 부잣집 아들이면서 대학원생인 '안'은 그와 자리를 함께한다. 병원에서 받은 돈을 써버리기로 했다는 외판원은 음식을 사고 넥타이를 사주더니 택시를 타고 소방차를 따라 화재 현장에 갔다. 그는 남은 돈을 모두 불 속에 던져버렸다. 마지막으로 함께 간 여관. 외판원은 혼자 있기가 싫다고 했다. 하지만 대학원 생인 안은 피곤하다며 한 사람씩 자자고 했다. 다음 날 아침. 외판 원은 '역시' 죽어버렸다. 그러나 두 사내는 그와 무관하다는 듯 자리를 회피한다. 서적 외판원, 나, 안, 이 셋은 서울의 밤거리를 함께 배회하나 서로에게 어떤 도움도 주지 못한다. 세 사람의 우연한 만남과 헤어짐은 새로운 삶의 세계를 추구하지 못하고, 개인의 폐쇄적인 회로 속에 갇혀 있는 단절된 인간관계를 내포한다. 그리고 막 산업화되어 가던 시대의 황폐성을 잘 보여준다.

김승옥의 소설 〈서울, 1964년 겨울〉처럼 서울은 이전과 달랐다. 1960년대 산업화의 시작과 함께 사람들은 정든 농촌을 떠나 서울 을 비롯한 도시로 몰려들었다. 배고픈 농촌에는 미래가 없었기에 시골 사람들에게 수도 서울은 선망의 대상이었다. 가족을 버리고 아버지가 홀로 상경하기도 했고, 가출한 사춘기 학생들이 서울행 기차에 몸을 싣기도 했다. 일가족이 가산을 정리해 아무런 계획 없 이 서울에 도착하기도 했다. 먹고살기 위한 무작정 상경이었다. 서 울 인구는 폭발적으로 늘어났다. 〈서울, 1964년 겨울〉이 세상에 발 표되던 1966년 무렵, 서울의 인구는 350만 명이 넘었다. 1960년대 초반의 서울 인구가 240만 명 수준이었으니 서울의 인구는 나날이 팽창한 셈이다.

시골에서 서울로 올라온 사람들이 할 수 있는 일은 하층 노동자, 식모, 버스 안내양 같은 직종이었다. 그래도 사람들은 그런 일이라도 하겠다며 서울로 왔다. 다들 내일의 꿈을 위해, 아니 당장의 생계를 위해 상경했지만, 서울은 이들에게 장밋빛 미래를 보장해주지 않았다. 무작정 상경한 이들을 표적으로 삼은 인신매매 같은 범죄가 극성을 부리기도 했다. 특히 상경하는 소녀들에 대한 범죄가 문제가 되자 경찰은 서울역에 안내소를 설치하고 상경하는 소녀들을 타일러서 돌려보냈는데, 그 수가 하루에 20여 명이나 된 적도 있다고 한다.[121] 무작정 상경한 후 고달픈 서울 생활에 지쳐 극단적인 선택을 한 이들도 적지 않았다.

1965년 9월 24일자 《동아일보》에 실린 사연이 사람들의 가슴을 울렸다. 무작정 상경해서 고생하다 자살을 기도한 10대 남매의 이야기였다. 전북 고창의 남매는 아버지가 돌아가신 뒤 큰집에서 자랐으나 누나가 17살, 동생이 15살 때 무작정 서울행 기차를 탔다. 피붙이는커녕 아는 사람 하나 없는 서울에 도착한 첫날 남매는 염천교 위에서 눈물을 뿌리며 헤어졌다. 함께 다녀봤자 일자리 얻기가 어려우니 각자 서울 생활을 하되 "2년 후 추석날 무조건 염천교 위에서 만나자"고 약속했다. 누나는 서대문 쪽으로, 동생은 남대문 쪽으로 헤어진 이후 2년간 남매는 "짧지만 너무나 길고 기구한 인생"을 살았다. 누나는 여공으로 취직해 야간 미용학원에 다녔다. 그러나 밤늦게 학원을 나오다 괴한 5명에게 끌려가 봉변을 당했다.

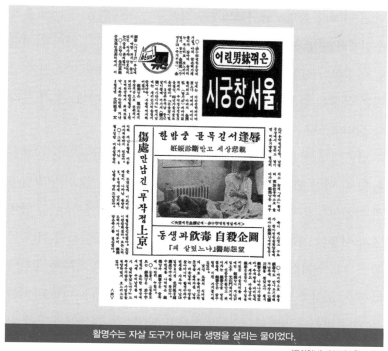

활명수는 자살 도구가 아니라 생명을 살리는 물이었다.

동생은 남대문과 서울역에서 구걸을 하거나 신문팔이를 하며 살았다. "번듯한 모습으로 누나를 만나겠다"는 생각을 버리지 않던 동생은 2년 후 추석날 차마 염천교에 나가지 못했다. 반면 몸은 만신창이가 됐지만 동생과의 약속을 지키겠다며 염천교에 나와 밤새 기다리던 누나는 추석 이후 사흘간 서울 거리를 누비다 광화문에서 신문을 들고 달리는 동생을 찾아냈다.

그날 밤을 새워 신세를 한탄하던 남매는 "더 이상 이렇게 살 필요가 없다"는 데 뜻을 모았다. 다음 날 남매는 약방들을 돌아다니며 수면제와 활명수를 사모았다. 그러고는 북아현동 뒷산에 올라 수면제와 활명수를 입에 털어 넣고 죽기를 기다렸다. 근처를 지나던 야경꾼이 정신이 없는 남매를 발견하고 적십자병원으로 옮겨 남매는 목숨을 건졌다. 하지만 의식을 되찾은 날 누이는 "누가 우리를 살려냈느냐"며 연신 눈물을 쏟았다.[122]

남매에게 서울은 시궁창과도 같았다. 남매가 극단적인 선택을 했을 때 마신 활명수의 민트향은 그들이 느끼고자 한 마지막 달콤한 향기였는지 모른다. 김승옥의 소설처럼 1965년 가을, 이들 남매에게 서울의 거리는 스산하기만 했다. 소설 속 등장인물인 서적 외판원, 나, 안처럼 남매에게 서울은 무미건조하고 황폐화된 공간이었지만, 소설과 달리 이들은 죽음에 이르지는 않았다. 하늘은 이들을 그냥 버리지 않았다. 그들이 선택한 활명수는 자살의 도구가 아니라 생명을 살리는 물이기에 어쩌면 하늘이 다시 한 번 기회를 허락한 것인지 모를 일이다. 시궁창 같았던 1965년의 서울, 하지만 그곳에 생명의 꿈틀거림이 있었다.

1897
대한민국,
활명수에 살다

5

새로운 물은
새로운
부대에

활명수
베트남 가던 날

活命水
1897

1960년대 후반 다소 도발적으로 가요계에 데뷔한 이가 있었으니 은퇴한 지 30년이 훌쩍 지난 오늘날까지 회자되는 가수 김추자다. 그의 캐릭터는 한마디로 도발이다. 〈거짓말이야〉 〈님은 먼 곳에〉 등 기존 한국 가요계의 코드와 다른 음악으로 김추자는 돌풍을 일으켰다. 김추자의 히트곡 중 하나는 신중현이 작사·작곡한 〈월남에서 돌아온 김상사〉다. 이 노래는 1969년에 발표되어 큰 인기를 끌었다. 치열한 전쟁이 벌어지고 있던 월남은 시대를 대변하는 일종의 '코드code'였다.

우리가 흔히 '월남전'이라 부르는 베트남전쟁은 1945년 호치민의 사회주의 정치 세력과 프랑스 간의 충돌로 시작되었다. 처음에 식민지 베트남의 독립을 위해 시작된 전쟁은 여러 과정을 거치며 미국이 개입하고 자유진영과 공산진영 간의 세력 대결 양상으로 변모했다. 1960년대 중반 미국은 한국에 파병을 요청한다. 우리 정부는 국내의 반대 여론에도 불구하고 이를 받아들였다. 한국군의 베트남 파병은 1964년 9월 의료진과 태권도 교관 파견을 시작으로 청룡, 맹호 부대와 같은 전투부대로 이어졌다. 한국은 미국 다음으로 많은 병력을 파병한 나라가 되었다. 한국군 참전자 중 4600여 명이 전사하고 1만 5000여 명이 큰 부상을 입었다.[123]

월남으로 떠나는 군인들을 환송하는 행사는 수많은 인파 속에 거국적으로 열렸으며 월남에서 돌아오는 이들을 환영하는 분위기 또한 반전 여론이 들끓던 미국과 유럽의 모습과는 사뭇 달랐다. 파병이나 기술자 등으로 월남에 갔다가 돌아온 이들이 가져온 외국산 가전제품과 문화용품은 우리 생활에 활력소가 되었다. 시내 다방에서는 김추자의 〈월남에서 돌아온 김상사〉 노래가 끊이지 않고 나왔고 학생들은 〈청룡은 간다〉 〈맹호부대 용사들아〉 같은 군가를 배웠다. 월남에서 들여온 '월남치마'는 한때 패션 코드로 인기를 끌었고 화투를 즐기는 이들은 시대에 편승해 '월남뽕'이란 게임을 만들어 즐겼다.[124]

베트남 파병과 함께 우리나라는 국군의 전력증강, 경제개발 차관 같은 부수적 이익을 얻었다. 이 때문에 국군의 월남 파병은 경제적으로 '월남특수'라는 신조어를 낳았다. 국내 기업의 베트남 진출이 활발하게 전개되면서 수많은 한국 기술자들이 베트남에서 일했다. 한국군의 월남 파병에 따른 경제적 이득은 직접적인 달러 수입에 한정되지 않고 국내 인력의 동남아시아 진출, 각종 민간 경제

협력 추진 등에도 기여했다. 파월 장병이 늘어나고 민간 기업을 통해 월남 현지에 진출한 한국인도 나날이 늘어났다. 1969년 민영화된 이후 대한항공은 첫 직항 노선을 베트남에 개설하여 현지에 진출한 한국인들에게 편리한 교통편을 제공했다. 대한항공의 직항로가 개설되기 전까지 베트남으로 가려면 방콕, 홍콩 등지에서 비행기를 갈아타야만 했다. 교류가 활발해지면서 라면, 의류, 각종 잡화 등 국산 제품이 베트남으로 들어갔다. 1967년에는 한국 의약품이 월남에 보내지기도 했는데 활명수는 유한양행의 안티푸라민, 일양약품의 노루모 등 52개 메이커와 함께 월남으로 향했다.[125] 활명수는 월남에서 누군가의 답답한 속을 위로했을 것이다.

1967년 활명수의 베트남 수출이 첫 해외 진출은 아니다. 활명수는 일제강점기에 중국과 미국 하와이 등지로 진출한 이력이 있다. 1933년 3월 16일자 《동아일보》에 실린 활명수 광고를 보면 "각국 유명 약점에서 판매"라는 문구가 선명하다. 유럽이나 아프리카까지 활명수가 가지는 않았겠지만, 적어도 한반도 주변 국가나 조선인이 많이 거주하는 지역에는 활명수가 원활히 보급되었다.

월남 진출에 힘입어 활명수는 지속적으로 해외로 진출하게 된다. 1972년 말레이시아, 1973년 홍콩, 1982년에는 한국 교포가 가장 많이 살고 있는 미국에도 진출하게 된다. 1972년 7월의 광고에 나온 "한국의 활명수에서 세계의 활명수로!"라는 문구에서 동남아시아로 진출하며 지경을 넓히고자 했던 활명수의 의지를 엿볼 수 있다.

월남 특수로 베트남에 진출하게 된 활명수

《매일경제》 1967년 10월 24일자(위), 1972년 7월 잡지 매체 광고(아래)

월남으로 간 우리 국군은 남북 베트남의 휴전으로 1973년 철수하게 된다. 우리가 도운 남베트남은 1975년 사회주의 정권 북베트남에 패망하여 사회주의 국가가 된다. 국제적 상황의 변화로 베트남에 진출했던 활명수 역시 의지와 상관없이 철수할 수밖에 없었다.

1975년 베트남이 공산화된 이후 한국과 다시 관계를 맺은 것은 17년이 지난 1992년의 일이다. 베트남은 1986년 개혁개방 정책인 일명 '도이모이'를 시행하며 외국에 문호를 열었다. 지금 한국은 베트남의 주요한 경제 파트너가 되었다. 베트남 출신 결혼 이민자의 증가로 한국에서 베트남 사람을 만나는 것은 어려운 일이 아니다. 어느새 베트남 사람들에게도 한국은 과거의 적에서 사위의 나라로 바뀌었다. 물론 베트남전쟁에 참전한 장병과 근로자들이 남기고 온 현지인 2세(속칭 '라이따이한') 문제와 고엽제 피해 등은 아직도 후유증으로 상존해 있다. 하지만 과거 절망과 부정의 이미지가 점차 미래의 희망과 긍정의 이미지로 바뀌고 있다.

우리의 다음 세대는 베트남을 더는 '전쟁'으로 기억하지 하지 않을 것이다. 피 비린내 나는 월남전보다 베트남 쌀국수의 정갈한 맛을 먼저 생각한다. 시대가 바뀌고 생각이 바뀐 만큼 활명수가 베트남과 말레이시아에 막 진출하던 1972년에 게재된 "한국의 활명수에서 세계의 활명수로!"라는 광고의 내용을 다르게 적용할 수 있을 듯싶다. 언젠가 베트남 쌀국수를 모티브로 한 활명수 광고가 나올지도 모른다. 베트남 사람들 역시 소화가 안 되고 속이 답답할 때 50년 전 그 속을 달래준 활명수를 다시 찾게 될지도 모른다.

1968년의 그날

活命水
1897

1968년은 프랑스를 시작으로 혁명의 불꽃이 세계 도처에서 타오르던 해였다. 1968년 3월 미국 베트남 침공에 항의하는 뜻으로 미국을 상징하는 기업 중 하나인 '아메리칸 익스프레스' 파리 사무실을 습격한 대학생 8명이 체포되자, 그해 5월 이들의 석방을 요구하는 학생들의 대규모 항의시위가 벌어졌다. 세계를 뒤흔든 '68혁명'은 이렇게 시작되었다. 대학생들의 시위와 노동자들의 총파업이 겹치면서 프랑스 전역에서 권위적인 사회질서에 도전하는 운동이 일어났다. 이 운동은 남녀평등과 여성해방, 학교와 직장에서의 평등을 요구하는 움직임과 미국이 주도하는 베트남전쟁, 소련의 체코슬로바키아 침공 등과 같은 사회적 이슈에 항의하는 움직임으로 확산되었다. 68혁명은 프랑스뿐 아니라 미국, 일본, 독일 등 세계로 번져 개인의 삶에 대한 국가 권력의 간섭과 통제를 거부했다. 당시 자유

-공산 양 진영은 상대적인 차이는 있었으나 냉전을 이유로 국민들의 생활을 통제하고 있었다. 68혁명은 개인의 자유를 억압하는 권위에 대한 정면적인 도전이었고, 이를 바탕으로 서구사회는 급격한 사회문화적 변혁을 겪게 된다.

하지만 분단국가이자 미국과 함께 베트남전쟁에 참여하고 있던 한국에는 혁명의 물결이 일어나지 못했다. 1968년 우리에게 가장 큰 이슈는 '안보'였다. 서구에서는 사회문화적으로 새로운 흐름이 형성되고 있었지만, 남북으로 갈린 한반도는 한국전쟁 이후 여전히 얼어붙은 상태였다. 당시 북한은 빠른 전후복구, 높은 경제성장, 1966년 잉글랜드 월드컵 8강 진출 등으로 사상 최대의 황금기를 누리고 있었다. 남한은 1960년대 박정희 정부의 강력한 리더십을 바탕으로 급속한 경제성장을 거듭하며 북한을 맹추격하고 있었다. 경쟁을 거듭하던 남북한 사이에는 군사분계선을 경계로 크고 작은 사건, 사고가 셀 수 없이 일어났다. 간첩을 침투시켜 전후방을 교란하는 사회적 혼란이 발생하기도 했다.

1968년 1월 21일 북한 민족보위성 정찰국 소속 무장 게릴라 31명이 청와대를 습격하기 위해 서울 세검정고개까지 침투한 일명 1.21 사태가 일어났다. 이틀 뒤 미국의 정보수집함 푸에블로호가 북한에 의해 나포되어 한반도의 안보 위기가 고조되었다. 1.21 사태 다음 달인 1968년 2월 정부는 전 국군 장병의 제대를 보류하고 군 복무 기간을 6개월 늘렸다. 제대를 손꼽아 기다리던 장병들로서는 참으로 어이없는 일이었다. 그해 4월 향토예비군이 창설되고, 이듬해

인 1969년에는 고등학교와 대학에 군사훈련 과목인 '교련'이 개설되었다.[126]

당시 정부는 우리 스스로 나라를 지키는 자주국방을 꿈꾸고 있었다. 하지만 자주국방을 하려면 외국에서 무기를 들여와야 하는데 우리에게는 그럴 돈이 없었다. 국군을 베트남에 파견하고 그에 대한 군사적·경제적 혜택을 미국으로부터 받고 있던 시점에 자주국방과 방위산업 육성은 한마디로 꿈같은 이야기였다. 그럼에도 박정희 대통령은 방위산업 육성을 밀어붙였다. 재원을 마련하기 위해 대대적인 방위성금 모금운동이 국민운동으로 전개되었다. 정부 차관회의에서 모금 캠페인 계획을 세웠고 관공서, 학교, 기업 등이 이에 동참했다. 모금 캠페인이 문화 이벤트와 곁들여져 전개되기도 했다. 1968년 4월 23일 서울 장충체육관에서는 '방위성금 모으기 한국-필리핀 권투시합'이 열렸다.[127]

당시 시대를 관통한 '헝그리 정신'을 상징하는 권투는 최고의 인기를 구가하는 스포츠 종목 중 하나였다. 우리나라 최초의 세계챔피언 김기수 선수는 영웅 중의 영웅이었다. 권투 경기가 열리는 날 장충체육관은 문전성시를 이뤘다. 장충체육관은 권투인들에게 성지와도 같았다. 김기수 선수도 장충체육관에서 세계챔피언을 쟁취했다. 당대의 인기 스포츠 권투는 국가 안보와 조화를 이루며 방위성금 모으기에 동참했다. 1968년 4월 23일 '방위성금 모으기 한국-필리핀 권투시합'에 한국 선수로 나온 이는 동양 페더급 랭킹 3위였던 '허버트 강'이었다. 그는 1960년대 후반과 1970년대 초반 한

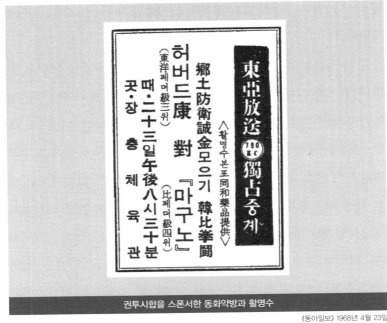

東亞放送
790
KC
獨占중계

〈활명수본포同和藥品提供〉

鄕土防衛誠金모으기 韓比拳鬪

허버드康 (東洋페더級三位) 對 『마구노』 (比페더級四位)

때·二十三일午後八시三十분

곳·장 충 체 육 관

권투시합을 스폰서한 동화약방과 활명수

<동아일보> 1968년 4월 23일

국과 일본에서 인기 있던 복서였다. 이날 권투시합의 기업 스폰서
는 활명수 모기업 동화약품이었다. 때가 때였던 만큼 기업들은 이러
한 문화·안보 행사에 많이 참여했다. 정부의 적극적인 권유도 있었
지만 시대 상황 자체가 참여할 수밖에 없도록 몰아갔다. 경기에서
모금한 방위성금은 최신예 팬텀 전투기 구매 사업 등에 사용되었다.

　1968년 11월 120명의 북한 무장공비가 야밤을 틈타 모두 3차례
에 걸쳐 울진·삼척 지역 해안으로 침투했다. 공비들은 저항하거나
공포에 질려 머뭇거리는 사람들을 대검으로 찌르고 돌로 머리를 쳐
서 죽이는 등 잔인하게 학살했다. 주민들의 신고로 군과 경찰에 의

해 포위망이 좁혀지자 공비들은 북한으로 귀환하기 위해 육로를 따라 북상하면서 더욱 잔혹한 만행을 저질렀다. 흩어진 공비 잔당은 12월 9일 강원도 평창에서 "나는 공산당이 싫어요"라는 말을 했다는 이유로 당시 초등학교 2학년이었던 이승복 군과 그 가족을 잔인하게 살해했다. 그해 12월 28일까지 약 2개월 간 진행된 무장공비 소탕작전으로 공비 113명을 사살하고 7명을 생포해 침투한 120명 모두가 소탕되었다. 하지만 우리 측도 민간인을 포함해 26명이 사망하는 등 안타까운 희생을 치렀다. 울진·삼척 무장공비 침투사건은 온 국민을 분노케 했고 대북 경각심과 반공의식을 새롭게 가다듬게 했다.[128]

당시 무장공비 소탕작전에 참여한 군인과 경찰 그리고 예비군에게 따뜻한 손길이 이어졌다. 전국 곳곳에서 위문품이 답지했고 작전 중 희생당한 군인과 경찰 가족들에게 위로금 전달 행렬도 이어

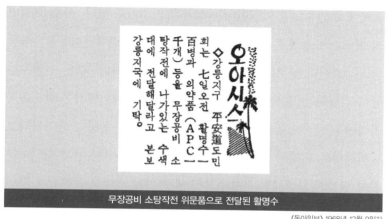

무장공비 소탕작전 위문품으로 전달된 활명수

《동아일보》 1968년 12월 9일자

졌다. 특히 강릉 지역 평안도 도민회에서 활명수 100병을 위문품으로 기탁했다.[129] 활명수를 기탁한 까닭은 군인과 경찰들이 소탕 활동 중 불규칙한 식사로 소화불량이 자주 올 수밖에 없기에 이에 대한 대비책 차원에서 보낸 것이 아닌가 싶다. 이렇듯 1968년의 대한민국은 '안보'를 빼면 할 이야기가 없을 정도였다.

하지만 남북이 극단적으로 대치하고 있는 사이에도 세상은 계속 변하고 있었다. 1960년대 제2차 세계대전의 패전국인 서독과 일본의 급격한 경제성장, 공산진영의 맹주인 소련과 중국의 분쟁 등으로 국제정치는 이데올로기보다 국가 이익을 우선하게 되었다. 1969년 7월 미국은 '닉슨독트린'을 발표하여 긴장 완화 분위기를 조성했다. 그리고 1972년 미국 대통령 닉슨이 소련 모스크바와 중국 베이징을 방문함으로써 긴장 관계에 있던 미국과 소련 사이에 화해 분위기가 조성되었다. 프랑스에서 시작되어 세계 각지로 퍼져나간 68혁명의 물결은 전 세계 젊은이의 체제저항 운동으로 이어졌고, 세계 곳곳에서 민주화를 이끌어내는 성과를 거두기도 했다. 이후 68혁명의 이념은 노동운동, 여성해방운동, 언론운동, 반핵평화운동, '녹색당'과 '그린피스' 같은 환경운동, '국경없는의사회' 같은 인권운동 등이 성장하는 밑거름이 되었다. 1968년 서구사회에서는 학생들과 지식인을 중심으로 새로운 사회를 만들기 위한 운동이 본격화되고 반전평화와 혁명이 하나의 사회적인 흐름이었지만, 한국에서는 분단의 현실과 경제개발 우선주의 속에 가려져 제대로 표현되지 못했다. 거의 20년 세월이 지난 1987년 6월까지 말이다.

감성문화의
한복판에서

활명수 CM송

活
命
水
1897

음악 감상실 쎄시봉 출신의 윤형주와 송창식으로 짜인 트윈폴리
오가 외국 팝송을 번안한 〈하얀 손수건〉을 부르기 시작한 1969년
을 가요계에서는 우리나라에 처음으로 통기타가 상륙한 해로 보고
있다. 1960년대 초 미국의 브라더즈포Brothers Four와 킹스턴 트리오
Kingston Trio에 의해 시작된 통기타 그룹, 즉 포크그룹은 당시 미국 사
회를 풍자하는 반사회적 노래를 필두로 영역을 넓혀나갔다. 이 그
룹은 특히 베트남전쟁을 비난하는 가수 밥 딜런이 주축이 된 반전
운동과 호흡을 맞추며 더욱 기세를 떨쳤다.[130] 우리나라에서는 트
윈폴리오의 〈하얀 손수건〉이 인기를 얻기 시작하며 이장희, 양희
은, 서유석, 김세환 등 통기타 가수가 쏟아졌다. '세시봉 친구들'은
이제 일반명사화된 음악다방 세시봉을 중심으로 활동한 가수들을
일컫는 말로 통한다. 1960년대 말과 1970년대 사이의 통기타 가수

들이었던 조영남, 윤형주, 송창식, 김세환 등이 바로 이때 활동한 스타들이다.

통기타 가수들이 등장하던 무렵 미국에서 건너온 청바지가 유행하기 시작했다. 당시 청바지는 서양의 괴상한 옷, 예의에 어긋나는 옷, 좀 노는 애들이 입는 옷 정도로 여겨졌다. 기성세대에게 비친 청바지는 건방지고 불량한 옷이라는 이미지가 강했다. 하지만 다른 한편으로 청바지는 기존 사회 가치에 반발하는 젊은이의 상징이 되기도 했다. 이렇게 청바지와 통기타는 1970년대 청년문화의 아이콘으로 자리 잡기 시작한다. 당시 젊은층이었던 베이비붐 세대는 장발 차림에 청바지를 입고 도심의 생맥주 집에 모여 통기타를 치는 가수들의 노래를 들으며 젊음을 한껏 발산한 기억을 공유하고 있다. 통기타, 생맥주, 청바지가 없는 1970년대의 청년문화는 팥소 없는 찐빵과도 같았다.

1945년 해방 이후 태어난 세대가 20대의 청춘을 구가하던 1970년대는 문화적 저항의 시대였던 동시에 경제발전과 더불어 생활의 질이 급격히 향상되기 시작한 변화의 시대였다. 1970년에 컬러필름과 화장지가 등장했고, 경부고속도로가 개통되었다. 1974년에는 서울 지하철 1호선이 개통되었다. 1975년에는 강원도 평창에 용평 스키장이, 1976년에는 용인 에버랜드의 전신인 자연농원이 문을 열었다. 1979년에는 한국 최초의 패스트푸드점인 롯데리아가 등장했다. 경제발전 시대 저항적 청년문화를 단순한 일회성 유행이나 미국 히피문화의 모방 정도로 일축하는 이들도 있다. 하지만 당시 젊은이의 목소리는 통제와 획일성을 강요하는 정치 상황과 사회 가치, 인습에 대한 독자적인 대항문화라는 성격이 강했으며 기성세대의 몰개성을 거부하고 자신들의 목소리를 주장하는 사회적 움직임이었다. 1945년 해방 이전에 태어난 기성세대의 문화는 슬픈 정서를 담고 있는 데 반해 베이비붐 세대의 문화에는 나름의 저항적 정서가 깔려 있었다.[131]

청년문화를 선도한 포크송 가수들은 기존의 트로트 가수들과 달리 통기타를 튕기며 TV나 쇼 무대에 모습을 나타내곤 했다. 이들은 스스로 작사·작곡한 노래를 불러 청년층의 공감을 얻었다. 또한 이들은 광고방송용 노래인 CM송commercial song의 새로운 영역을 개척하기도 했다. 그 대표 주자가 바로 한국 통기타의 서막을 연 가수 윤형주다. 그는 가수인 동시에 CM송 제작자였다. CM송은 기업의 이미지에 중점을 두거나 상품 또는 상표에 중점을 둔다. 그 표현은 특정한 내용을 계속 부르는 것 혹은 시적인 이미지를 전달하는 방식을 띠고 있다. 브랜드의 얼굴인 CM송을 통해 제품은 생활 속의 친구와 연인 그리고 가족으로 다시 태어난다. 가수 윤형주는 1976년에 CM송을 처음 제작한 이래 무려 1400여 곡을 작사·작곡했으며 특유의 감미로운 목소리와 서정적인 가사로 '새우깡' '오란씨' '롯데껌' 등 우리에게 친숙한 CM송 '명곡'을 여럿 만들어냈다.[132]

윤형주 이외에도 통기타 포크가수들이 CM송의 세계로 뛰어들었다. 라디오와 TV광고 시장은 딱딱한 메시지보다 발랄하고 따라하기 쉬운 멜로디가 있는 CM송을 중심으로 재편되었다. 제작되는

CM송의 수가 늘어나자 당시 《전남일보》가 모체가 되어 전라남북도 지역을 청취권으로 하여 1971년 설립된 전일방송voc[133]은 과감하게 전국 단위의 CM송 경연대회를 개최한다. 1971년 12월 19일 열린 전일방송 주관 무등대상제에서 〈부채표 활명수〉가 최우수 CM송으로 선정된다. 유명 작곡가 이봉조(1931~1987)가 작곡하고 당시 인기 가수였던 임희숙과 봉봉사중창단이 부른 〈부채표 활명수〉는 간단한 메시지와 경쾌한 멜로디로 인기를 끌었다.

활명수 모기업 동화약품은 1971년 12월 25일자 《동아일보》 지면에 최우수 CM상 선정을 기념하는 광고를 게재한다. 심사위원과 소비자에 대한 감사의 글과 함께 〈부채표 활명수〉 CM송 악보와 통기타를 메고 밝게 웃고 있는 젊은 여성들의 사진을 실었다. 유니폼을 입고 있는 여성들의 옷차림으로 보아 전문 광고 모델이 아닌 일반

CM송 경연대회에서 최우수상을 받은 활명수

《동아일보》 1971년 12월 25일자

생산직 여성들을 모델로 내세운 것으로 보인다. 광고 사진만 봐도 통기타 열풍이 얼마나 그 시대의 사회문화적인 현상으로 자리 잡고 있었는지 짐작할 수 있다.

하지만 동화약품이 야심차게 내보낸 최우수 CM상 기념광고는 생각만큼 독자들의 관심을 끌지는 못한 듯싶다. 왜냐하면 1971년 12월 25일 광고가 나간 바로 그날, 한국 역사상 손에 꼽을 만한 대형 화재 사건인 대연각호텔 화재가 일어나서 사람들이 광고를 볼 심적인 여유가 없었기 때문이다. 대연각호텔 화재사고는 1970년대를 대표하는 대규모의 재난이었다. 사망자만 163명이었고 다친 사람은 63명이었다. 1층 호텔 커피숍에 있던 프로판가스통 폭발이 화재의 원인이었다. 1층에서 시작된 불은 곧바로 호텔 전체로 번졌다.

화재 진압을 위해 당시 서울 시내 모든 소방차가 출동했다. 주한 미군의 소방차와 헬리콥터까지 투입되었으나 인명 구조에 한계가 있었다. 고가사다리차가 8층 높이까지만 도달할 수 있어 고층 투숙객을 구조할 방법이 없었다. 박정희 대통령까지 화재진압 현장에 나와 독려했지만, 쉽사리 불을 잡을 수 없었다. 수많은 투숙객이 유독가스와 열기를 이기지 못해 창밖으로 뛰어내렸는데, 이 광경이 TV 생중계로 보도되어 커다란 충격을 안겼다. 진화 장면을 구경하러 호텔 주변에 사람이 얼마나 몰려들었던지 언론에서는 원활한 진화 작업을 위해 현장 관계자 이외의 사람들에게 제발 돌아가 달라고 읍소할 정도였다. 이 사건은 아직까지도 세계 최대의 호텔 화재로 기록되고 있으며 미국 할리우드에서는 이 사고를 모티브로 삼아

영화 〈타워링〉을 제작하기도 했다.[134]

크리스마스였던 1971년 12월 25일 주요 신문은 1면 머리기사부터 사회면까지 온통 대연각호텔 화재사건으로 도배되었다. 사람이 죽고 구조를 기다리는 안타까운 시선이 가득한 가운데 '부채표 활명수'의 최우수 CM송 수상 기념광고가 실린 셈이다. 부채표 활명수로서는 축하받고 격려받을 만한 일이었지만, 본의 아니게 이 광고는 대형 화재 사고의 한가운데서 어색하고 민망한 광고가 되어버렸다. 통기타와 청바지로 대변되는 청년문화, 새로운 개념의 낭만적인 CM송의 등장, 그리고 개발시대 대형 화재와 같은 안전문제에 대비하지 않은 대형 건물의 신축, 어떻게 보면 어울리지 않는 조합이지만, 1970년대 한국 사회의 진솔한 자화상이기도 했다. 1971년 12월 25일의 크리스마스는 더더욱 그랬다.

달나라로 가자!
'문샷 싱킹'

1960년대에 달에 대한 관심이 높아지면서 과학자들은 달을 잘 볼 수 있는 고성능 망원경 개발에 열을 올린다. 미국의 존 F. 케네디 대통령과 소수의 과학자는 직접 달에 가겠다는 목표를 설정하고 실제로 탐사선 문샷Moon Shot을 개발해 1969년 7월, 그 꿈을 이루었다. 물론 이러한 달탐사를 두고 준비 과정부터 이런저런 얘기가 나왔다. '달나라로 가면 돈이 나오나?' '달에 돈이 있나?' '우리가 잘살게 되나?' 등등…. 그런데 케네디는 왜 굳이 달탐사에 도전하려 했던 것일까? 제2차 세계대전 후 또다시 올지 모르는 전쟁의 두려움과 소련의 현실적 위협 앞에서 미국인에게 꿈과 희망, 개척 정신이라는 단어를 새겨준 케네디의 연설에 그 해답이 있다.

"우리가 이 새로운 바다로 항해해나가는 이유는 거기에서 새로운 지식과 새로운 권리를 얻을 수 있기 때문이며, 인류 전체의 진보를 위해 반드시 이 지식과 권리를 손에 넣고 이용해야 합니다. … 우주탐사 자체는 아직 갓난아기 상태이지만 덕분에 이미 수많은 신생 기업과 수십만 개의 일자리가 새로 생겨났음을 말씀드리고 싶습니다. 우주 및 관련 산업은 기술 인력과 투자에 대한 새로운 수요를 창출하고 있습니다. … 에베레스트 산에서 사망한 영국의 유명한 탐험가 조지 말로리에게 예전에 누가 왜 산에 오르냐고 묻자, 그는 '산이 거기 있으니까'라고 대답했습니다. 우주가 거기 있기 때문에 우리는 갈 것입니다. 그곳에는 달과 별 그리고 지식과 평화에 대한 열망이 있습니다. 인간이 뛰어들었던 모험 중 가장 불확실하고 위험하며 위대한 모험의 돛을 올리는 이 순간, 신의 가호가 있기를 빕니다." (1962년 9월 12일, 미국 텍사스 라이스 대학교 연설 중에서)[135]

이것이 바로 달나라로 가기 위한 생각, '문샷 싱킹MoonShot Thinking'이다. 케네디 사후에도 지속된 미국의 달탐사 계획은 1969년 7월에 이르러 결실을 본다. 인류 최초로 달에 발을 내디딘 우주인 닐 암스트롱은 "이것은 한 개인에게는 작은 걸음이지만 인류에게는 커다란 도약이다"는 명언을 남기기도 했다. 인류의 달탐사에 대한 전 지구적 파급 효과는 상상을 초월할 정도였다. 달탐사에 대한 열정과 열망은 그저 '토끼가 방아를 찧고 있다'는 정도로만 달을 이해하고 있던 한국에도 그대로 전해진다. 우리 언론은 최초의 달탐사 우주선인 아폴로 11호가 발사되기 3년 전인 1966년부터 수시로 달탐사 관련 보도를 내기 시작했다. 달탐사를 하게 될 우주인 선발과 비행 일정, 그리고 이들이 달에서 3시간가량 산책을 하게 될 것이란 보도를 수시로 내보냈다. 심지어는 아폴로 11호 우주선이 달탐사를 마치고 돌아올 때 우주비행사들이 몸에 묻혀 가져올 미생물이 지구를 멸망시킬지도 모른다는 독일 보쿰 우주연구소장의 발언[136]과 미국 《라이프》지에서 "우주인들의 달 착륙 관련 수기 원고료로 100만 달러를 지불하겠다"[137]는 보도에 이르기까지 시시콜콜하게 다루었다.

아폴로 11호의 달 착륙 모습은 한국의 KBS를 통해서도 생중계되었는데 당시로는 최첨단 기술을 활용한 방식이었다. 미국의 케네디 우주센터 → 미국 abc방송 → NET(일본) → NHK(일본) → 부산 시외전화국 → 한국방송(KBS) → TV 조정기 순으로 좀 복잡하지만 그래도 인류의 역사적 순간인 달 착륙을 생중계로 지켜볼 수 있었다.[138] 이때 달 착륙 모습의 중계를 해설한 이는 당시 연세대 천문학 교수였던 조경철 박사다. 이날 중계로 그는 후일 일명 '아폴로 박사'라는 유명세를 누렸다. 동양방송(TBC)와 문화방송(MBC)도 아폴로 11호가 출발하고 돌아오는 7월 14일~25일까지 정규방송을 축소하고 달탐사 특집방송을 대체 편성하기도 했다.

아폴로 11호가 발사되기 전날인 1969년 7월 15일자 《동아일보》에는 달 착륙의 성공을 기원하는 각계각층의 메시지를 담은 기사가 실렸다. 정치인, 과학자, 예술인 등 사회 저명인사의 인터뷰와 바람이 실렸고 초·중·고 학생들의 꿈과 상상을 담은 수필과 시도 실렸다. 인기 시사만화 고바우의 김성환 작가는 아폴로 11호의 발사부터

아폴로 11호 발사는 뜨거운 사회적 관심사였다.

《동아일보》 1969년 7월 15일자

달 착륙과 지구 귀환 과정을 알기 쉬운 만화로 표현해 큰 인기를 누렸다. 아폴로 11호는 많은 화제와 사건·사고를 불러오기도 했다. 우선 우리 정부는 아폴로 11호가 달에 착륙하는 7월 21일을 임시 공휴일로 지정했다. 이유인즉 '이 감격적인 순간을 우리 스스로의 새역사 창조를 위한 굳은 결의로 지켜보며 이 위대한 경사를 함께 축하하기 위해서'였다.[139] 발사 중계방송을 보느라 가스를 제대로 잠그지 않은 탓에 폭발로 3명이 화상을 당하는 사고가 있기도 했고[140] 텔레비전 판매량이 증가하는 반짝 특수도 있었다.[141] 서울 남산 야외에 TV

를 설치했는데 이를 보기 위해 몰려든 사람이 10만 명에 달했다. 체신부는 달탐사를 기념하는 우표를 발행하기도 했다. 이처럼 나라와 인종을 넘어 모두가 새롭게 개막된 우주시대를 축하했다. 기업들 역시 이러한 흐름을 반영하여 아폴로 11호의 달 착륙을 기념하는 광고를 내보내고 자사의 기업 이미지 쇄신에 활용하기도 했다.

활명수 모기업 동화약품은 1969년 10월 25일자 《동아일보》에 기업 이미지 광고를 싣는다. 이 광고 문구는 아폴로 11호의 달 착륙 이후 사회 분위기를 담고 있다. '여명기의 파이오니아'라는 표현은 달 착륙이라는 새 시대의 개척자라는 의미다. 아폴로 11호가 인류의 첫 달 착륙이라는 새 시대를 열었듯이 동화약품은 19세기말

시대적 분위기를 반영한 동화약품 기업 이미지 광고

《동아일보》 1969년 10월 25일자

한국 최초의 신약인 활명수를 통해 한국 의약계의 새 시대를 열었다는 의미이기도 하다. 그리고 이 광고의 마지막 문구는 '우주시대'로 시작된다. 아폴로 11호 이후 우주시대란 말이 한동안 대유행이었다. 이 광고는 우주시대의 강인한 체력을 염원하는 이들에게 약효의 상징 부채표가 있다는 바람의 표현이기도 했다.

우주시대를 연 1969년 달탐사에 성공한 이후 '문샷 싱킹'이란 말은 작은 성장에서 벗어나 과감한 혁신을 뜻하는 급진적인 생각이란 뜻으로 자리를 잡았다. 사람이 성장이 아닌 혁신을 목표로 삼으면 근본에서부터 생각이 달라진다. 기존 방식보다는 좀 더 창의적인 방법을 고민하게 되고 더 잘할 수 있는 용기를 얻게 된다. 꿈의 크기가 다르면 문제해결 방식이 달라지는 것이다. '문샷 싱킹'을 하기 위해서는 일단 문제의식, 근본적 해결방식, 그리고 혁신적인 기술이 필수조건이었다. 1897년 활명수가 태어나던 그때처럼말이다.

소유의 욕망

전화기와 자동차

活
命
水
1897

우리나라는 1960년대부터 시작된 정부 주도의 수출 전략과 특유의 근면성을 바탕으로 성공적인 경제개발을 이뤄냈다. 점차 자본의 여력이 생기자 우리 정부는 경공업을 넘어 중화학 공업을 육성하게 된다. 경제성장의 견인차 역할을 한 울산석유화학공단, 포항제철 등이 다 이때 만들어졌다. 또한 경부고속도로와 같은 사회간접자본을 확충하며 국가 산업의 동맥을 구축했다. 우리 국민과 기업들은 특유의 기업가정신으로 절망과 빈곤 가운데 있던 나라를 일으켜 세우는 데 큰 공을 세웠다.

경제발전으로 생활수준이 조금씩 향상됨에 따라 나름의 소비문화가 꿈틀대기 시작했다. 아파트로 대변되는 집에 대한 욕망, 텔레비전과 냉장고 그리고 세탁기로 대변되는 가전제품의 욕망, 사교육으로 대변되는 자식교육에 대한 욕망 등이 더욱 커지고 확대되기 시작했다. 이런 욕망은 일종의 과시욕과 더불어 사람과 사람을 구분하고 계층을 형성함으로써 가치와 부를 표현하는 도구가 되었다. 1960~1970년대 사람들이 가장 갖고 싶어 했던 제품은 바로 전화기였다. 지금은 흔하디흔한 것이 전화기이지만 당시만 해도 전화기 있는 집과 없는 집의 차이는 하늘과 땅 차이였다.

그 시절 전화 가입권을 양도할 수 있는 '백색전화'는 사회적 지위와 경제력의 상징으로 통했다. 경제가 발전하는 만큼 통신수단인 전화에 대한 수요도 증가했지만, 통신망과 전화기 보급이 따라주지 못했기 때문이다. 이 때문에 동네에 전화가 한 대밖에 없는 곳도 있어서 동네 사람들이 전화를 같이 쓰는 일이 어색하지 않던 시절이었다. 1970년대 말에는 전화 신청이 밀려 백색전화 한 대 값이 250만 원대까지 치솟기도 했다. 당시 80킬로그램 쌀 한 가마니 가격이 6만 3000원 정도였고, 서울 시내 집 한 채 값이 250만 원 수준이었다. 소유할 수 있어서 사고팔 수 있는 백색전화는 투기의 대상이었다. 소유권이 인정되지 않아 양도할 수 없는 전화는 청색전화라 불렀다. 백색과 청색은 전화기 색깔이 아니라 가입 대장 명부의 색깔이었다.[142]

1968년 12월 5일자 《동아일보》 활명수 광고에 처음으로 다이얼 전화기 그림이 등장한다. 광고 문안은 "하루가 끝나도 내일의 일이 또 남아 있습니다. 전화연락할 일, 만나야 할 중요한 약속시간 때문에 대식가로서 또는 애주가로서 먹고 마시지 않을 수는 없는 일 아니겠습니까?"라며 활명수를 권한다. 광고는 사무실에 근무하는 이

《동아일보》 1968년 12월 5일자

들을 대상으로 했다. 아직 전화기가 일반 가정에 본격적으로 보급
되기 전이라 전화기 옆에서 근무하는 직장인들을 대상으로 그들에
게 익숙한 전화 그림을 넣어 이미지 광고를 한 것이다. 활명수의 전
화기 그림 광고는 현대화, 산업화의 물결 속에서 문명의 이기인 전
화기를 사용하는 타깃 고객인 직장인을 향해 한 걸음 더 나아가려
고 한 노력이 돋보인다.

한편 1970년 8월 17일자 《동아일보》 활명수 광고에는 자동차가
등장했다. 당시 우리 사회에도 자동차에 대한 관심이 조금씩 생기
기 시작했다. 우리나라에 자동차가 처음 들어온 시기는 1903년으
로 고종 황제 즉위 40년을 기념하기 위해 포드 자동차를 들여온 것
이었다. 이후로 자동차는 부와 명예의 상징으로 통했다. 선택받은
사람들만이 자동차의 혜택을 누릴 수 있을 정도였다. 보통 사람이
자동차를 갖는다는 것은 상상해야 할 정도의 일이었다. 하지만 한

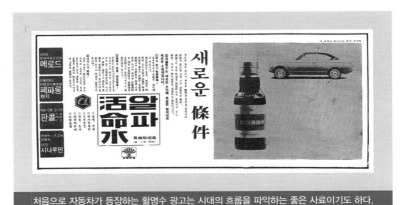

처음으로 자동차가 등장하는 활명수 광고는 시대의 흐름을 파악하는 좋은 사료이기도 하다.

《동아일보》 1970년 8월 17일자

국전쟁이 끝난 직후인 1955년 8월 우리나라는 미군이 남기고 간 자동차의 부품을 활용하여 디자인과 성능이 조악하기는 해도 운행에 전혀 지장이 없는 자동차를 생산하기 시작한다. 이름 하여 '시발始發', 즉 처음 시작한다는 의미다. 이승만 대통령을 비롯한 정부의 관심 덕에 시발 자동차는 서서히 인기를 얻기 시작했다. 1962년 '새나라 자동차공업주식회사'(훗날 대우자동차를 거쳐 시보레가 됨)에서 닛산의 블루버드 부품을 수입하여 조립 생산한 '새나라'를 판매하기 시작하자 소비자들은 언젠가 차를 가질 수도 있겠다는 희망을 품게 된다. 이후 1975년 현대가 첫 국산 자동차 모델인 포니를 개발한다. 한국 자동차의 역사는 사실상 첫 독자 모델인 포니 이전과 이후로 나뉜다고 볼 수 있다. 포니가 출시된 이후 마이카의 꿈이 현실이 되기 시작한다. 오늘날 한국인들의 마이카에 대한 꿈은 실현되었고 한국은 세계적인 자동차 강국이 되었다.

1968년 전화기가 등장하는 활명수 광고와 1970년 자동차가 등장하는 활명수 광고는 그 당시 보통 사람이 소유할 수 없었던 이상적인 가치를 광고로 표현했다. 하지만 40여 년이 지난 지금 우리는 전화기와 자동차가 넘쳐나는 사회에 살고 있다.

과음, 과식엔 활명수

活命水
1897

우리나라 사람들은 하루 세끼를 일정 시간에 맞춰 먹는다. 그래서 밥을 먹고 일상의 생활을 유지해나간다는 뜻에서 삼시세끼라는 표현을 사용하기도 한다. 이와 대비되는 '삼순구식三旬九食'이라는 표현도 있다. 곧 한 달에 아홉 번 밥을 먹는다는 뜻으로 집안이 가난하여 굶주리고 빈궁함을 표현하는 말이다. 그렇다면 조선시대의 식생활은 어땠을까?

성현(成俔, 1439~1504)이 붓 가는 대로 자유롭게 쓴 잡록 필기인 《용재총화慵齋叢話》는 고려시대부터 조선 성종 때까지 우리 민족의 풍속과 문화를 다룬다. 여기에 가난한 이는 빚을 내서라도 실컷 먹고 마시며, 군사들이 행군하면 군량이나 부식이 보급품의 절반 이상을 차지하며 관료들은 수시로 모여 술을 마신다며 음식, 음주 문화를 비판적으로 기술한 내용이 있다. 실제로 조선 전기의 문신인

이극돈(1435~1503)이 올린 상소를 보면 조선 사람들은 풍년이 들면 이를 주체하지 못하고 중국 사람들이 하루에 먹을 음식량을 한 끼에 다 해치운다는 표현이 나오기도 한다.[143] 반대로 흉년이 들면 앞에서 표현한 삼순구식의 삶을 살아야 했다. 이 때문에 조금이라도 음식이 넉넉해지면 폭식을 할 수 밖에 없었다.

이러한 조선의 식습관은 19세기 후반 조선에 들어온 서양인들의 눈에도 이상하게 보였다. 《한국천주교회사》를 저술한 프랑스 선교사 샤를르 달레Claude-Charles Dallet(1829~1878)는 조선 사람들의 가장 큰 결점은 음식을 많이 먹는 대식大食이라고 비판하면서 조선 사람들의 대식과 식탐은 빈부와 귀천에 상관없이 나타나는 현상이라고 했다.[144] 스코틀랜드 출신의 여행작가 이사벨라 비숍Isabella Lucy Bishop(1831~1904)은 《조선과 그 이웃 나라들》이란 책을 통해 조선 사람들은 3~4인분이 될 법한 양의 음식을 혼자서 다 먹는 경우가 많으며 한자리에 서너 명이 앉아서 20개 이상의 복숭아와 참외를 먹는 것을 보고 놀랐다는 표현이 나온다.[145] 이와 같이 이방인의 눈에 비친 조선인의 모습은 대식가로 통했다. 하지만 조선인들이 항상 잘 먹고 폭식을 했던 것은 아니다. 기근에 처하는 경우도 빈번했고, 홍수로 농사를 망치는 경우도 잦았다. 기근과 흉년이 들면 대다수 조선인은 배를 곯아야 했다.

형편이 좋든 나쁘든 우리네 선조들이 비교적 걱정 않고 실컷 먹을 수 있었던 때는 설날과 추석 같은 명절 정도였다. 한국의 세시풍속은 주로 명절을 중심으로 가족이 모이고 마을 공동체가 함께하는 시간을 통해 자연스레 음식을 하고 서로 나누는 문화가 만들어졌다. 명절 음식은 대표적인 고단백, 고지방, 고칼로리 식단이다. 기름에 지지고 볶은 음식과 고기, 단음식이 많기 때문이다. 영양 섭취가 부족하던 과거에는 이러한 명절 음식이 영양 보충에 큰 도움이 되었다. 하지만 때로는 먹는 것이 지나쳐 탈이 나기도 했다.

1967년 2월 1일자 《매일경제》는 명절 과식으로 인한 소화불량에 따른 소화제 판매 증가에 대해 보도하고 있다. 1967년 구정(설날) 기간에 서울 시내 약국에서 활명수 등의 소화제 판매가 평상시보다 50퍼센트 이상 올랐으며, 다른 상점들은 문을 닫았으나 유독 약국만은 문을 열고 소화제를 팔았고, 인기 메이커 제품은 많은 재고를 확보하여 판매했다는 내용이다. 이 기사만 봐도 먹을 것이 넉넉하지 않던 시절, 명절에 얼마나 많은 사람이 과식과 폭식을 했는지 대충 가늠해볼 수 있다. 하지만 이는 비단 옛날 일만은 아니다. 오늘

명절에 활명수 판매가 늘어나는 이유는 식습관과 깊은 연관관계가 있다.

《매일경제신문》 1967년 2월 1일자

아이돌 그룹 멤버가 모델로 등장하는 활명수 광고

날에도 비슷하게 반복되고 있는 풍경이다. 2006년 9월 활명수 광고를 보면 당시 유명인이었던 아이돌 그룹 신화의 멤버 김동완이 한복을 입고 '속편한 한가위'를 이야기한다. 이 문구가 의미하는 바가 무엇이겠는가? 보통 때보다 과식하는 명절에 속이 답답하고 더부룩해지면 활명수를 찾으라는 뜻이다.

1960년대까지만 해도 '보릿고개'란 말이 있었다. 우리나라는 인구가 많고 농경지 면적이 좁았기 때문에 가을에 수확한 쌀은 이듬해 설이 지나면 바닥이 났다. 보리를 거둬들이려면 여름이 올 때까지 기다려야 했다. 이른 봄 식량이 떨어진 농민들은 주린 배를 안고 산과 들로 나가 채취한 나물이나 식물 뿌리로 연명해야 했다. 그런데 1972년 '기적의 볍씨' 통일벼는 식량난을 해결하는 결정적 계기가 되었다. 다수확 품종인 통일벼로 우리나라는 보릿고개에서 해방되었으며, 이후 다양한 신품종 개발로 이어져 1977년 쌀 생산량이

1헥타르당 4.94톤(일본 4.78톤)으로 세계 최고 기록을 세움과 동시에 쌀의 자급자족이 이뤄졌다. 통일벼 개발 경험은 다른 농작물의 품종개발과 재배기술 발전에 토대가 되었으며 다수확 벼 육종 기술은 농기계나 비닐 같은 관련 산업의 발전으로 이어졌다. 특히 벼의 비닐못자리 기술은 오늘날 신선한 과일과 채소를 사시사철 즐길 수 있게 한 '백색혁명'의 시발점이 되었다.[146]

1970년대 들어 경제가 발전하고 농업 생산성 증가 등을 통해 어느 정도 먹을거리 문제가 해결되자 사람들은 조금 더 좋은 것을 먹

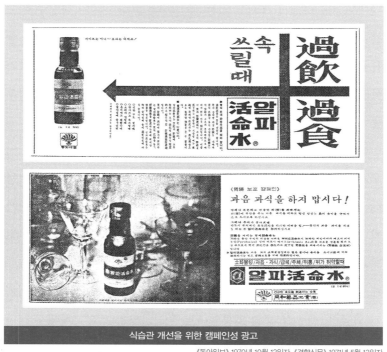

식습관 개선을 위한 캠페인성 광고

《동아일보》 1970년 10월 12일자, 《경향신문》 1971년 5월 13일자

고 마시기 시작했다. 과거보다 과음過飮과 과식過食을 하는 이가 늘어나기 시작한 것이다. 명절 때만 주로 먹던 고단백 고칼로리 음식을 평상시에도 먹는 일이 잦아지기 시작했다. 이 때문에 비만과 당뇨 등 과거에는 생각지도 못한 새로운 성인병 환자가 늘어났다.

이런 시대적 변화에 발맞춰 활명수 광고 역시 1970년대 이전까지는 사용하지 않던 과음과 과식이란 표현을 처음으로 사용했다. 1970년 10월 12일자 《동아일보》에는 과음과 과식을 해서 속이 쓰릴 때 활명수를 마시라는 광고가 실렸다.

1971년 5월 13일자 《경향신문》에는 "과음 과식을 하지 맙시다!"라는 캠페인성 광고가 실렸다. 광고 문구를 보면 "언제나 튼튼하고 건강한 위를 위해서는 위에 부담을 주는 과음, 과식을 피하고 항상 알맞는 양의 음식을 규칙적으로 드시도록 하십시오. 그러나 우리가 살다보면 반드시 규칙적인 식생활만을 하기란 어려운 일! — 뜻밖의 과음, 과식을 하셨을 때는 곧 알파활명수를 복용하십시오"라고 되어 있다. 점점 늘어나는 현대인의 과음, 과식에 적절히 대응하는 방법 중 하나가 바로 활명수 복용이라는 메시지를 제시하고 있는 셈이다. 경제가 발전하는 만큼 우리의 위에 가해지는 부담도 커졌다. 과음으로 과식으로 그리고 만성적인 피로와 스트레스로….

웃는 얼굴,
웃는 위

活
命
水

1998년 미국 연방우체국은 20세기를 마감하면서 한 세기를 정리하는 시리즈 우표를 기획하며 1970년대의 미국을 생각할 때 가장 먼저 떠오르는 이미지를 공모했다. 닉슨의 워터게이트, 미·중 간의 핑퐁외교, 석유파동 등의 이슈를 제치고 미국인들은 '웃는 얼굴(스마일리 페이스)'을 처음으로 꼽았다.[147] 우리나라에는 스마일 마크, 스마일 배지 등으로 알려진 웃는 얼굴은 희망과 행복을 상징하는 아이콘이다. 노트, 카드, 머그잔 등 다양한 제품에 애용되어 왔으며 '좋은 하루 보내세요'라는 소박한 의미를 담고 있기도 하다. 스마일 마크는 디자이너 하비 발이 1963년 미국 메사추세츠 주 지역의 보험회사인 하노버 인슈어런스를 위해 디자인 한 것에서 시작되었다. 당시 그 보험회사 직원들은 심각한 사기저하 문제로 시달리고 있었다. 직원들의 합심을 이끌어낼 캠페인에 사용할 로고를 의뢰받은

스마일 마크

하비 발은 스마일 마크를 만들게 된다. 그가 웃는 얼굴을 디자인해서 그려낸 시간은 단 10분이었다. 발이 받은 돈은 240달러에 불과했다.[148]

그런데 이 스마일 마크는 지역의 회사를 넘어 서서히 미국 전역에서 널리 사용되기 시작했다. 급기야 1970년대 초 미국에서는 일종의 스마일 마크 열풍이 불기 시작했다. 1971년 스마일 마크는 미국에서 가장 많이 팔리는 이미지가 되었는데 스마일 배지만 5000만 개가 팔린 것으로 집계되었다. 수많은 제품과 인쇄물에 스마일 마크가 새겨지며 자연스럽게 캠페인이 전개되었다. 스마일 마크의 인기는 미국을 넘어 유럽과 아시아 등지로 확산되었다.

우리나라에는 1972년 초부터 스마일 마크가 상륙했다. 은행원, 버스 안내원 등 사람을 많이 상대해야 하는 서비스 직종 종사자를 대상으로 스마일 캠페인을 하며 스마일 배지를 보급했다. 서비스업 종사자들이 스마일 배지를 자발적으로 달았다기보다는 윗선에서 캠페인을 기획하고 내려온 명령에 의해 배지를 다는 경우가 많았다. 사회에 스마일 배지가 넘쳐났지만 실제로 친절한 서비스는 이와 먼 경우가 빈번했다. 1972년 5월 9일자 《경향신문》 '여적' 칼럼은 이러한 스마일 배지의 과잉을 잘 표현했다.

> "미소 짓기 운동과 함께 온통 스마일 배지판이다… 언제부턴가 이 땅엔 미소 짓기 운동이 벌어지자 상혼商魂은 재빨리 전국에 스마일 배지를 보급시켰다. 러닝샤쓰에도 스마일, 아동복에도, 도처에 스마일 표지. 그런데 배지는 많이 보급되었는데, 정작 있어야 할 미소는 간데 온데 없고 어떤 땐 스마일 배지를 달고서도 고함을 지르고, 주먹을 휘두르는 것을 보면 아무래도 흔한 배지만으로 미소가 생기지 않는 모양…"

여고생, 여대생을 대상으로 스마일 배지를 강매하는 일도 벌어졌다. 이러니 스마일 배지를 단다고 웃음이 나오나 하는 푸념도 곳곳에서 들리기 시작했다. 미국은 자발적으로 스마일 운동과 스마일 배지 달기가 전개된 반면 한국은 상명하복식 분위기에서 진행된 바가 크다. 자연스럽게 이에 대한 불평불만이 나올 수밖에 없었다.

더구나 스마일 마크가 유행하던 1972년은 정치적으로 웃음이 나올 수 있던 때도 아니었다. 스마일 운동이 시작되기 직전인 1971년

12월 6일, 박정희 대통령이 '국제정세 급변'과 '북한의 위협' 등을 언급하며 '국가 비상사태'를 선언했다. 12월 27일엔 비상사태 아래서 대통령이 언론·출판의 자유와 국민의 권리 등을 제약할 수 있도록 하는 '국가보위에 관한 특별조치법'이 제정되었다. 1972년 10월 17일엔 민주주의를 후퇴시킨 '10월 유신'도 선포되었다.[149] 웃을 일을 찾기 어렵던 정치의 겨울공화국에서 '웃으며 살자'는 '스마일 운동'이 사회 각 분야에서 시작되었다. 당시 최고의 인기 TV 프로그램이었던 MBC 〈웃으면 복이 와요〉처럼 시대의 분위기는 역설적으로 그랬다.

하지만 스마일 운동이 꼭 부정적인 인식과 결과만을 낳은 것은 아니다. 우리 사회 전반의 불친절과 서비스에 대한 문제의식을 다시 한 번 생각해보는 계기가 되었다. 관공서, 공항, 은행, 버스, 음식점 등 친절한 서비스가 필요한 곳에 웃음의 필요성을 다시 한 번 각인시킨 기회가 되었다. 스마일 마크는 서비스 분야가 아니더라도 이를 응용하여 은유적으로 사용하여 호응을 얻기도 했다.

전국적으로 스마일 운동이 한창이던 때 1972년 4월 25일자 《동아일보》에 '위胃의 스마일 운동'을 내용으로 하는 활명수 캠페인 광고가 실렸다. 이 광고가 기존의 다른 활명수 광고와 다른 점은 위를 스마일 마크로 은유화했다는 점이다. 기존 광고는 대부분 약의 효능과 건강한 위 만들기 같은 기능적인 부분에 치중하는 데 반해 스마일 운동이 한창이던 때 활명수는 '위의 스마일'이란 콘셉트에 맞춰 소비자에게 감성적인 접근을 시도하고 있다. 스마일 마크가 대

'위의 스마일'이라는 콘셉트로 감성적인 접근을 시도한 활명수 광고

<동아일보> 1972년 4월 25일자

세이던 시대였던 만큼 이를 활용하여 소비자들에게 다가간 것이다.

그런데 스마일 마크를 활용한 활명수 광고는 1972년에만 주요 일간지에 게재되었을 뿐 그 이후에는 보이지 않는다. 이는 스마일 운동이 1972~1973년 한국 사회에서 잠깐 효과를 내고 사라졌기 때문일 것이다. 스마일 마크의 고향인 미국에서도 1973년 이후 스마일 마크 열풍은 점점 퇴조를 보이기 시작한다. 한국 사회에서 다시 스마일 마크가 관심을 끌기 시작한 때는 1990년대 이후다. 캐릭터 유행에 민감한 10대들은 1970년대 후반 이후에 태어난 이들이었다. 그러니 자신들이 태어나기 전에 유행한 캐릭터를 모르는 게 당연했다.

1994년 톰 행크스가 주연한 영화 <프레스트 검프>가 인기를 끌면서 영화 속에 등장한 스마일 마크가 사람들의 주목을 받기 시작한다. 영화 속에서 장애를 딛고 사업가로 성공한 톰 행크스가 삶의 고뇌를 떨쳐버리기 위해 시작한 달리기로 유명 인사가 되고 그가 얼굴에 묻은 진흙을 닦아내자 진흙이 묻은 티셔츠에 자연스럽게 스마일 마크가 새겨지는데 그게 스마일 상표의 유래가 되었다는 설정이 사람들의 관심을 끌었다. 그 이후 스마일 마크는 조금씩 입소문을 타기 시작했다.

1996년 가을 언론이 다시 스마일 마크에 주목했다. 초·중·고 여학생들 사이에 스마일 마크가 인기를 끌고 있다는 내용이다. 배지는 물론 스마일 마크가 새겨진 수십 종 이상의 학용품과 팬시 용품이 인기를 끌고 있으며 1970년대 스마일 마크는 웃는 모습 하나였지만 1996년에는 윙크하는 모습, 찡그린 모습, 모자 쓴 모습, 이가 빠진 모습 등으로 스마일 마크가 다양해졌다고 보도했다. 색상 역시 기분이 우울한 날에는 회색, 남자 친구가 생긴 날은 분홍색, 기쁜 날은 노란색 등 천차만별이었다.[150] 1970년대의 획일적이고 일방적인 스마일 캠페인과는 다른 모습이었다. 자유롭고 발랄한 진정한 스마일이 1990년대 중반에야 한국에 도래한 셈이다.

만약 이런 자유로운 분위기 속에서 다시금 '위의 스마일'을 주제로 활명수 광고를 만든다면 어떨까? 위의 상태에 따라 다양한 스마일 마크를 만들 수 있을 것이다.

활명수
현대화의 기수

가송 윤광열

活
命
水
1897

경제개발이 한창이던 1960~1970년대 당시 30~40대 청장년층이었던 1920년대생들의 활약상은 대단했다. 이들은 일제 식민지로 전락한 조선 땅에서 압제와 차별을 받으며 어린 시절을 보냈다. 이들은 일본어를 국어로, 일본 역사를 국사라고 배웠다. 이들이 20대에 접어든 1940년대 초반에는 제2차 세계대전이 발발하여 많은 이가 징용과 학도병으로 징집되었다. 그중 많은 이가 전쟁터에서 목숨을 잃었다. 처음에는 자원입대 형식을 취했으나 일본의 전세가 극도로 불리해진 1944년에는 만 20세 이상의 젊은이를 대상으로 강제 징집으로 바뀌었다. 이때 만 20세가 된 이들이 바로 1924년생들이다.

1924년생으로 훗날 활명수 모기업 동화약품을 경영하게 되는 보성전문학교 학생 윤광열도 강제 징집되어 중국 만주로 향했다. 그의 아버지 윤창식 동화약방 사장은 아들에게 만주에 가면 일본군 부대에서 탈출해 중국 상해임시정부의 김구 주석을 찾아가라고 당부했다. 윤광열은 1945년 상해임시정부를 찾아가 광복군에 입대하여 1946년 광복군 중대장이 되어 귀국한다.

조선 사람들이 기다리던 해방이 되었지만 38선으로 나라는 두 동강 나고, 대구 10.1 폭동, 제주 4.3 사건, 여순반란사건 등을 거치면서 잘 알지도 못하는 이념의 소용돌이 속에 서로 죽이고 또 죽었다. 해방된 지 5년 만에 한국전쟁이 터졌다. 일제강점기에 강제 징용을 다녀온 이의 상당수가 전쟁에 참전하여 3년간 암울한 시간을 보내야 했다. 1944년 일본군에 강제 징집되어 만주로 갔다가 1946년 대한광복군의 일원으로 돌아온 청년 윤광열은 정치, 사회 활동보다는 집안의 과수원 일을 도우며 고려대학교 법학과 학업을 마치고 1948년부터 동화약방 업무에 참여하게 된다. 하지만 약방 일을 시작한 지 1년 만에 한국전쟁이 났다. 윤광열도 동화약방과 함께 피난지인 부산, 마산 등지에서 사업 재건을 위해 힘을 보탰다.

1953년 휴전이 되자 세계에서 가장 가난한 나라의 가장과 엄마가 된 1920년대생들은 시골에서 농사를 짓거나 도시의 시장과 골목길에서 장사를 하면서 겨우겨우 목숨을 부지했다. 부모 모시랴, 자식들 먹여 살리랴, 힘들고 어려운 나날을 보냈다. 이들이 30대 중반이 된 1960년대 초반에는 4.19 혁명, 5.16 군사쿠데타 등 극심한 정치, 사회적 혼란을 경험해야 했다. 이후 근대화의 물결 속에서 "잘 살아보세, 잘 살아보세, 우리도 한번 잘 살아보세"라는 노래를 부르면서 가난을 탈피하기 위해 몸부림쳤다. 고속도로가 건설되고 중화학공업이 육성되면서 산업화 사회로 급격하게 바뀌었다. 대부분의 사람들은 '나는 고생하더라도 아이들은 공부시켜서 고생시키지 않겠다'는 강한 집념으로 땅 팔고 소 팔아 가며 자식 뒷바라지에 힘썼다. 고난과 고통의 한복판에 서 있던 1924년생을 가리키는 말이 앞서 언급한 '묻지 마라 갑자생'이었다.

1960년대 이후 갑자생들에게 놓인 시대적 과제는 한국 사회의 현대화였다. 1924년 '묻지마라 갑자생' 중의 한 명인 동화약품의 윤광열 상무 역시 이러한 시대의 흐름 속에 있었다. 그가 가장 신경을 쓴 부분 역시 동화약품의 현대화였다.

먼저 윤광열은 생산설비의 현대화에 신경을 썼다. 1960년대엔 서울 중구 순화동 본사 자리에 1, 2공장을 증축했다. 생산설비를 신축하면서 판매도 상승해 1967년 3억 3000만 원에서 1970년 17억 9000만 원으로 5배 이상 성장했다. 1970년대엔 경기도 안양에 새로이 공장을 신축했다. 또한 1970년에는 유리병 제조업체인 현대유리를 인수하여 성장에 걸림돌이 될 수 있는 고급 유리병 확보 문제를 해결했다.

이후 활명수 모기업 동화약품은 선진기술 도입과 연구개발에 박차를 가했다. 덴마크 레오사, 프랑스 덱소사, 일본의 산쿄사, 스위스 산도스사(현재 노바티스) 등 세계적인 제약회사들과의 기술 제휴와 교류를 통해 동화약품 및 한국 제약산업의 발전을 이끌어냈다. 기술 제휴를 통해 동화는 선진 제약 기술을 익힐 수 있었다. 후시

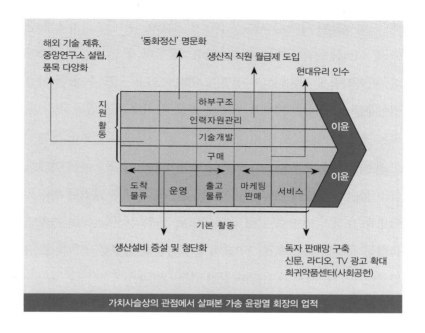

해외 기술 제휴,
중앙연구소 설립,
품목 다양화

'동화정신' 명문화

생산직 직원 월급제 도입

현대유리 인수

지원 활동

| 하부구조 |
| 인력자원관리 |
| 기술개발 |
| 구매 |

이윤

| 도착물류 | 운영 | 출고물류 | 마케팅판매 | 서비스 |

이윤

기본 활동

생산설비 증설 및 첨단화

독자 판매망 구축
신문, 라디오, TV 광고 확대
희귀약품센터(사회공헌)

가치사슬상의 관점에서 살펴본 가송 윤광열 회장의 업적

딘, 알프스디, 판콜에이, 홈키퍼 등 활명수를 잇는 새로운 제품이
줄줄이 출시되었다. 이후 중앙연구소를 개소하여 신규 제품 개발에
도 박차를 가했다. 1978년에 윤광열 동화약품 회장은 생산직에 적
용하던 시간제 급료제 대신 국내 최초로 월급제로 급여 체제를 바
꿨다. 이로써 사원들의 자부심과 생산성이 크게 높아졌다. 일각에
서 시기상조라는 의견도 있었지만 '동화는 모두 한 식구'라는 경영
진의 신념이 강했다. 생산직 근로자에 대한 완전 월급제는 국내 유
수의 기업은 물론 노동계에 큰 반향을 일으켰다.

또한 마케팅과 서비스 분야에서는 도매상을 통하지 않고 직접
판매 조직을 구축했다. 신문, 라디오, TV 매체 활용도 적극적으로

했다. 무엇보다 윤광열 회장은 조직의 역량을 잘 활용하여 동화만
이 할 수 있는 사회공헌 사업인 '희귀약품센터'를 1973년에 개소한
다. 희귀약품센터는 의사가 진단을 내려도 약을 구할 수 없던 시절
의약품을 수입하고 24시간 전국에 약을 실비로 제공했다. 당시로
써는 정부 보건당국도 하지 못한 획기적인 시도였다.

　윤광열 회장은 활명수의 모기업 동화약품 사업 곳곳에서 현대화
를 이룩한 기수였다. 그가 활명수 현대화를 이끌 수 있었던 까닭은
활명수 초창기 민병호 선생, 민강 사장, 윤창식 사장 등을 거치며
조성된 동화의 정신에 충실하면서도 신학문을 공부하고 그것을 경
영에 접목하는 노력과 과감한 실천 덕분이었다.

동화약품은 신약 연구개발에 많은 노력을 기울이고 있다.

《매일경제》1997년 9월 25일

무엇보다 윤 회장은 오늘날의 활명수와 동화약품을 만든 실질적인 주역이기도 하다. 창업자인 민병호는 조선시대 말 궁중무관 출신으로 1897년 40살이 다 되어 동화약방을 창업하며 한국 제약업의 문을 열었다. 공교롭게도 서양의학의 문을 연 미국의 알렌 선교사와 민병호 선생은 출생연도가 같다. 우리나라에서 서양의학과 제약업은 1858년생 동갑내기들에 의해 시작되었다. 민병호의 아들 민강 사장은 사업보다는 독립운동과 교육운동 같은 사회운동에 열심이었다. 위기에 처한 활명수 모기업 동화약방이 다시 빛을 보기 시작한 것은 1937년 보당 윤창식이 새로운 경영자가 되면서부터다. 그리고 동화약품이 오늘날과 같은 모습을 갖추게 된 것은 1948년

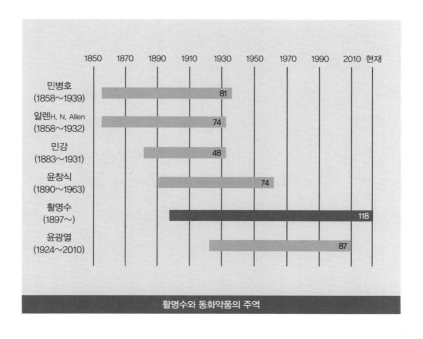

활명수와 동화약품의 주역

가송 윤광열 회장이 동화약방에 들어오면서 부터다. 동화 현대화의 발자취는 곧 윤광열 회장의 땀방울과 비례한다. 활명수 모기업 동화약품의 지난날을 돌아보면 민병호 창업주는 활명수의 씨를 뿌렸고, 민강 사장은 갓 자라난 새싹을 민족과 함께 나누었으며, 보당 윤창식 사장은 활명수에 새로운 물을 공급했고, 가송 윤광열 회장은 활명수를 가꾸어 열매를 거둔 셈이다. 이는 1924년 '묻지 마라 갑자생'인 가송 윤광열에게 주어진 시대적 과제이기도 했다.

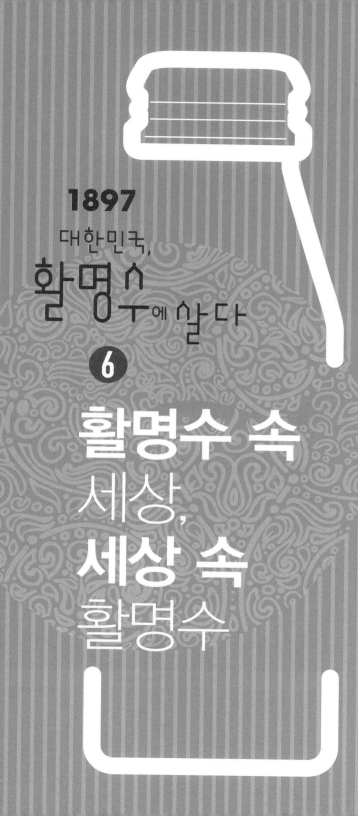

1897

대한민국,

활명수에 살다

6

활명수 속
세상,
세상 속
활명수

산업화 그리고
새마을운동

活
命
水

1897

1960~1970년대 경제개발 시기를 거치며 다양한 사회적 격차가 발생했다. 사회계층별 빈부 격차가 심해졌고, 그와 함께 도시와 농촌 또는 대도시와 중소도시 사이의 격차도 커졌다. 우리의 정서적 고향인 농촌은 머무는 곳이 아닌 더 나은 삶을 위해 떠나야 하는 곳이 되어버렸다. 이제 우리나라 농촌의 젊은이는 대부분 도시로 떠나고 노인만 남아 있다. 농촌에서는 아이들의 모습을 보기 어렵고, 마을 공동체의 중심이었던 학교도 폐교되고, 60~70대가 마을 이장을, 50~60대가 마을 청년회장을 맡는다.

젊은이들의 이농현상은 1960년대 경제개발 사업의 시작과 함께 시작되었다. 정부의 산업화 정책은 농촌의 생산인력을 도시의 산업 현장 인력으로 끌어들여 이농현상을 부추겼다. 이때 농촌을 떠난 이들은 대부분 청년이었고 젊은이가 떠난 농촌은 점차 고령화되고 황폐해졌다. 사람들은 경제적 소득뿐 아니라 자녀들이 교육과 각종 문화생활에서 소외되는 현실에 희망을 느끼지 못하고 농촌을 떠났다. 농촌에 남아 있는 이들 역시 미래에 대해 불안해했다. 특히 자녀를 둔 부모들은 도시 아이들과의 경쟁에서 뒤처지는 것이 아닌가 하는 조바심이 있었다.

1976년 6월 9일자 《경향신문》에 당시 농촌 지역에 거주하는 주부의 마음을 알 수 있는 독자 수필이 실렸다. 경북 칠곡군 지천면에 거주하는 권남숙 주부의 〈그림책 교육〉이라는 글이다. 경북 칠곡군은 대구와 인접한 전원 지역이지만, 당시에는 교통이 좋지 않은 농촌 지역이었다.

그림책 교육

셋방을 얻어 겨우 지내고 있던 아빠에게 시집을 간 죄(?)로 오랜

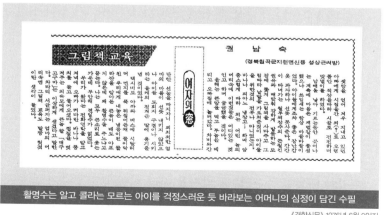

활명수는 알고 콜라는 모르는 아이를 걱정스러운 듯 바라보는 어머니의 심정이 담긴 수필

《경향신문》 1976년 6월 9일자

동안 직장을 따라 전전하며 맞벌이를 하였다. 남매를 낳아 기르는 동안 불어나는 저축에 마음은 재벌같이 풍성했으나 쓰임새는 항상 바들바들이었다. 아이들에게 조차 좋은 장난감, 옷, 과자 하나 선뜻 못 사준다. 간간이 다녀가는 월부 책장수의 끈질긴 권유와 때맞춰 강하게 발동하는 모정에 쫓겨 그램책을 사다주고 그림 따라 낱말을 가르쳐준 것이 아이들을 위한 것의 전부나 아니었는지. 바나나, 피아노, 냉장고… 하며 앙증스럽게 따라 외는 어린놈의 머릿속에 이런 것들은 어디 있는 것인고 하며 궁금했을 것이다.

올해는 큰맘을 먹을 두 놈을 데리고 오빠 집에 놀러갔다. 차비와 간단한 선물을 따지자니 꾀죄죄한 엄마의 마음이 선뜻 내키지 않았으나 아이들 도회지 구경이나 시키라는 올케의 정겨운 말에 용기를 낸 것이었다. 택시비도 아까와 버스에 시달리며 먼지를 푹 뒤집어 쓴 채 들이닥친 우리에게 내놓은 냉동이 된 콜라잔을 받아든 큰놈이 배도 아프지 않은데 왜 활명수를 주느냐고 묻는다. 나는 모두 큰소리로 웃는 가운데 무안해 견딜 수가 없었다. 우리가 왔다는 전화 연락을 받고 저녁에 오빠가 커다란 바나나 뭉치를 들고 들어오셨다. 껍질을 벗겨주는 외숙모에게 큰놈 왈 '대구 고구마'는 이상하게 생겼다고 말한다. 차라리 서글퍼지는 엄마의 머릿속엔 그림책 교육도 말짱 헛것이란 생각이 들었다.

수필의 내용인 즉 이렇다. 남편을 따라 시골에 거주하는 한 주부가 형편이 여의치 않아 아이들에게 좋은 장난감 하나 사주지 못하다 마침 그림 따라 낱말을 가르쳐주는 그림책을 구매했다. 그런데 그림책의 내용은 평소 아이가 보지 못한 것들이다. 오랜만에 대구의 오빠 집에 놀러갔는데 거기서 아이는 '콜라＝활명수' '바나나＝대구 고구마'로 인식했다. 정말 놀라운 상상력의 표현이다. 아이는 콜라는 몰랐지만 활명수는 알고 있었고, 열대과일 바나나는 몰랐지만 구황작물 고구마는 알고 있었다. 하지만 이를 본 엄마의 마음은 서글펐다. 그동안 했던 그림책 교육이 모두 헛것이라 생각했다. 아이는 자신이 경험하고 상상한 것을 이야기했을 뿐인데, 엄마에게는 그것이 시대에 뒤떨어지는 무안을 자아내고 서글퍼지는 그 무엇이라 생각한 듯싶다. 이런 상황은 엄마의 잘못이라기보다 도시의 콜라를 모르고 어른들이 배 아플 때 먹는 활명수만 알고 있다면 시대착오 혹은 뒤떨어진 사람으로 취급하는 사회 분위기 탓이다. 어찌 보면 콜라나 활명수나 둘 다 매약賣藥으로 세상에 첫발을 내디딘 물약인데 말이다.

사람들은 도시에 비해 뒤처지는 농촌을 떠났지만, 그래도 정부에서는 나름 농촌의 소득증대와 생활환경 개선을 고민했다. 1970년대 초반 한국에서는 농촌의 생활환경을 개선하고자 하는 운동이 일어났다. 1970년 4월 박정희 대통령은 넓은 의미의 농촌 재건에 착수하기 위하여 새로운 마을 가꾸기 사업을 구상한다. 바로 '새마을운동'이다. 1971년 정부는 전국 3만 3267개 마을에 시멘트 335포대씩을 균일하게 무상 지원하여 새마을 노랫말처럼 '초가집도 없애고, 마을길도 넓히는' 새마을운동을 본격화했다.[151] 정부의 새마을 지원 사업은 두 가지 결과로 나타났다. 첫째, 정부가 무상 공급한 시멘트로 부락민들이 자체 노력과 자체 자금을 투입하여 마을에 필요한 사업을 해낸 경우다. 둘째, 시멘트는 공급받았지만 뚜렷한 사업을 하지 못한 경우다. 이에 정부는 사업 성과가 있는 1만 6600개 부락에 대해 또다시 시멘트 500포대와 철근 1톤씩을 다시 무상 공급하면서 자발적인 참여를 장려했다. 이렇게 해서 경쟁적·선별적 방식으로 점화된 새마을운동은 농민들이 열정적으로 참여하고 정부가 지원으로 협력하는 방식으로 전개되었다.[152]

새마을운동은 여러 가지 긍정적인 성과를 냈다. 우리나라는 단시간에 빈곤을 퇴치하고 영농을 과학화했다. 또한 여성의 사회적 지위를 향상하고 농촌 마을을 성공적으로 현대화했다. 새마을운동은 마을 주민이 참여하는 총회를 정기적으로 열어 민주적 절차에 따라 진행되었다. 그 결과 지역 공동체의 민주화를 촉진했다. 특히 전국 마을에서 각각의 민주적 절차에 따라 여성 지도자를 선출했으며, 그 결과 여성의 사회적 참여를 촉진하고 여성의 리더십 향상에 기여했다.[153]

마을의 여성 조직은 적극적으로 마을 사업에 참여하여 소득 증대와 마을 환경 개선에 앞장섰다. 농촌과 도시 할 것 없이 조직된 부녀회 혹은 어머니회에서는 폐품수집 등을 통해 환경 정화와 소득 증대의 성과를 거뒀다.

1976년 9월 7일자 《경향신문》은 서울 신림동 어머니회의 폐품 수집과 나눔 활동을 보도했다. 어머니회 회원들은 리어카를 끌고

활명수 빈병 하나도 하찮게 여기지 않던 시절

《경향신문》 1976년 9월 7일자

집집마다 돌아다니며 폐품을 수집했고 여기서 나오는 수익금은 불우이웃을 돕거나 마을공동기금으로 활용했다. 또한 이 사업은 서민층 위주의 기존 마을 주민들과 새로이 전입된 중산층 주민들이 서로 교류하고자 하는 차원에서도 적극적으로 진행되었다. 마을 어머니 회원들은 찢어진 노트 한 장부터 활명수나 박카스 병까지 수집했다. 그 결과 서울 신림동 42통 어머니회는 사업 시행 첫 9개월 동안 72만 원을 적립했다.[154] 짜장면 1그릇이 200~300원 하던 시절이었다.

새마을운동은 초기에는 단순한 농가의 소득배가운동이었지만, 성과를 거두면서 도시, 직장, 공장으로 확산되어 의식개혁운동으로 발전했다. 하지만 이러한 새마을운동은 1971년 대통령선거와 비상사태 선포, 1972년의 유신헌법 통과와 같은 권위주의 정권의 형성과정에서 진행되었으며, 새마을운동의 본격적 전개가 유신체제와 더불어 진행되어 농민과 서민 대중의 지지를 기반으로 새마을운동을 일종의 정치적 돌파구로 추진했다는 비판도 받았다.[155] 정치적 해석은 갈리지만 새마을운동이 마을생활 환경개선과 경제발전을 이끌었다는 점에서 일정 부분 정신적인 힘이 되었다. 정부의 의도와 관계없이 사람들은 잘살아 보겠다는 마음으로 아끼고 나누었다. 길가에 굴러다니는 활명수 빈병 하나도 하찮게 생각하지 않고서 말이다.

화장실 낙서의 미학

活
命
水
1897

1970년대에 대학을 다닌 이들은 자신들을 긴급조치 세대라고 부른다. 당시 국가권력은 사람들에게 정치적인 의견에 침묵을 강요했다. 유신헌법 비판을 못하게 긴급조치를 내리고 그 조치 자체도 비판을 금하며 잡아가는 기상천외한 일이 벌어졌다. 한마디로 말할 자유를 앗아갔다. 그렇다면 사람들은 무소불위의 권력 앞에 한마디 말도 못한 채 가만히 있었을까? 전혀 그렇지 않았다. 공개적으로 섣불리 이야기하지 못하더라도 사람들은 나름의 방법으로 자신들의 의사를 표현했다.

그런 방법 중의 하나가 바로 낙서였다. 1970~1980년대 공중화장실은 예외 없이 낙서로 도배되어 있었다. 온갖 필기도구로 갖가지 글과 그림을 쓰고, 그리고, 새겨놓았다. 냄새를 줄이려고 회칠을 해놓은 벽면은 훌륭한 칠판이었다. 당시 화장실은 지금처럼 매끈한

타일로 바닥과 벽을 덮고 휴지까지 비치된 곳이 아니었다. 물론 수세식 화장실도 아니었다. 흔히 말하는 재래식 변소였다.

사람들은 그곳에서 역한 냄새를 맡아가면서도 자신이 하고 싶은 이야기, 억눌려 못 한 말을 풀어놓았다. 글로 표현이 안 될 땐 그림을 그렸다. 대학가 화장실에는 시국 상황이나 현실의 답답함을 표현한 노골적인 낙서 천지였다. 대학가를 사찰하는 경찰서 보안과 형사들의 주요한 임무 중 하나는 화장실 안의 사회비판적인 정치적 낙서를 체크하는 것이었다. 민심 동태 파악에 필요한 몇몇 낙서는 베끼거나 사진을 찍어 상부에 보고했다. 경찰은 정보원들로부터 낙서의 내용을 전달받아 누가 자주 화장실에 와 낙서를 하는지 염탐하기도 했다. 물론 이런 사실이 신문에 실린 적은 없다. 반정부, 반유신 표현을 금지했기 때문에 낙서의 내용을 보도할 수도 없었다.

낙서를 하다 붙잡혀 즉심에 넘어간 사람이 꽤 있었다. 지금 같으면 혼자 숨어서 낙서를 하는데 어떻게 들킬 수 있느냐는 의문이 들 법도 하다. 1976년 11월 24일자 《동아일보》에는 학교 화장실에 선동낙서를 쓴 혐의로 기소되었다가 반공법 위반 혐의로 1, 2심에서 유죄 선고를 받은 전북대생에게 대법원이 무죄를 선고한 기사가 실려 있다. 수사기관이 낙서 글씨와 비슷하게 고문까지 하며 필적 연습을 시킨 뒤 감정서를 제출했는데 대법원은 필적조작 의혹을 문제 삼아 무죄를 선고한 것이다. 물론 낙서 행위 자체를 무죄로 본 건 아니었다. 하지만 신문은 낙서 내용은 뻥긋도 못했다. "모두 42자의 불온 낙서를 했다"는 식으로만 보도했을 뿐이다.

낙서는 시대상을 반영한다.

《동아일보》 1976년 11월 24일자

당시 어느 대학이든 화장실은 '불온 낙서' 게시판이나 마찬가지였다. 학교는 이 때문에 골머리를 앓았다. 화장실 안 벽면에 오늘 한쪽이 쓰고, 다음 날 한쪽은 지우는 숨바꼭질이 벌어졌다. 학교 측이 견디다 못해 '낙서금지' 팻말을 걸면 "학교의 '낙서금지' 낙서는 괜찮은가"라는 댓글 낙서가 붙기도 했다. 고민하던 대학 측은 결국 낙서를 양성화해 이를 줄여보자는 아이디어를 내기도 했다.

1975년 《경향신문》에는 〈낙서에 비친 캠퍼스 성향〉이란 제목으로 대학가의 낙서 실태를 분석한 기사가 실렸다. 연세대는 학생회관 휴게실에 낙서장과 낙서판을 비치하고 낙서문화를 공론화했다. 연세대 교수팀이 2년간 낙서노트 6권 990페이지, 낙서판 173개의 내용을 분석한 결과 가장 많은 주제는 젊은이들답게 사랑과 섹스, 결혼 등으로 15.8퍼센트였다. 인생, 학업, 종교가 그 뒤를 이었다. 문제는 "분류해보니 무슨 뜻인지 알 수 없는 낙서"가 전체의 17퍼센트로 사실상 1위였다는 점이다. "분류해보니 무슨 뜻인지 알 수 없는 낙서"에 주목해보자. 당시 지식인들 사이에는 '신문의 행간을 읽는다'는 말이 유행했다. 이 말은 정부의 기사 검열로 비판적인 글을 제대로 쓸 수 없으니 애매모호한 표현으로나마 사회적 문제의식을 담은 기사를 올리고 독자는 그것을 읽고 나름의 해석을 통해 시대적 상황을 이해한다는 의미다. "분류해보니 무슨 뜻인지 알 수 없는 낙서"란 행간을 읽으면 '시국, 정치, 반독재, 반정부'의 의미가 담긴 낙서'일 가능성이 크다. 시대 분위기상 충분히 그럴 개연성이 있었다.

공개된 낙서장이라 하고 싶은 말을 다 할 수는 없었겠지만, 어쨌거나 분류해 발표한 낙서 중에는 당시 대학생들의 생각을 압축적으로 보여주는 내용이 많았다. 당시에 언급된 주요 낙서를 보면 젊은 이의 고민과 시대상을 엿볼 수 있다.

> "남자는 여자의 첫사랑을 구하고 여자는 남자의 끝사랑을 구한다."
> "연애는 멋있는 여자, 결혼은 정숙한 여자."
> "금연이란 연애금지의 뜻이니라."
> "술은 사회악, 마셔서 없애자."
> "진로(소주 이름)가 너희를 자유케 하리라."

1975년 《경향신문》의 대학가 낙서 특집기사에 앞서 1973년 5월

15일자 《경향신문》은 동국대 동아리 동국사상연구회의 낙서전을 보도했다. 학교 교정에 내건 전지 20장 분량의 낙서 내용을 공개했는데, 여기서도 대학생 특유의 위트가 있는 낙서가 소개되었다.

"믿음이란 숭고한 무관심"

"신은 죽었다-니체, 니체는 죽었다-신"

"제일 사랑하는 것은 앞사람의 시험지-유급생"

"동양의 대식가-막 '묵자墨子', 동양의 플레이보이-막 '노자老子'

"활명수-활을 제일 잘 쏘는 사람"

많은 낙서 가운데 '활명수'가 '활을 제일 잘 쏘는 사람'으로 회자되며 이름을 올렸다. 속이 답답할 때 먹는 활명수를 이렇게 표현했다. 당시의 젊은이들은 이러한 낙서를 통해 정치적인 암울함과 빠르게 변화하는 사회 분위기 속에 서 있는 자신들의 모습을 돌아보고 달랬다. 오늘날 청년 세대의 표현과는 좀 다른 모습이다. 지금은 예전처럼 낙서를 많이 하지 않는다. 공중질서 의식이 과거에 비하면 월등히 성숙했고, 무엇보다 낙서를 통한 배설의 공간이 칸막이 화장실에서 인터넷 '오늘의 유머(오유)'나 '일간베스트(일베)'로 옮겨갔기 때문이다. 시대는 변했지만 낙서를 통한 표현은 계속되고 있다. 정보과 형사들 역시 대학가 화장실을 전전하지 않는다. 이젠 세련되게 인터넷 서핑을 한다.

동아일보 광고해약 사태와
소비자광장

活
命
水
1897

1972년 10월 박정희 정권은 비상계엄령과 국회해산을 포함한 유신 헌법을 발효시킨다. 이른바 10월 유신이다. 유신에 반대하는 야당과 지식인, 언론인, 학생들의 반대 시위가 거세지자 정부는 1974년 여러 번의 긴급조치로 대응하며 반대 세력을 억누르려 했다. 언론에 대해서도 그러했다. 정부는 언론을 탄압하기 시작하면서 언론인들이 정부에 비판적인 보도를 하지 못하도록 기사에 사용된 어휘하나하나까지 검열했다.

보다 못한 기자들은 1974년 10월 24일 '자유언론수호대회'를 열고 결의문을 발표한다.

"우리는 자유언론에 역행하는 어떠한 압력에도 굴하지 않고 자유민주사회 존립의 기본요건인 자유언론 실천에 모든 노력을 다할 것을 선언하며 우리의 뜨거운 심장을 모아 다음과 같이 결의한다. 신문, 방송, 잡지에 대한 어떠한 외부간섭도 우리의 일치된 단결로 강력히 배제한다. 기관원의 출입을 엄격히 거부한다. 언론인의 불법연행을 일절 거부한다."

자유언론수호대회 결의문은 신문에 실리지 못하다가 가까스로 다음 날《동아일보》에 게재된다. 이후《동아일보》에 그동안 지면에 실리지 못하던 인권운동가나 야당 인사에 관한 내용의 기사가 실리게 된다. 박정희 정부는 이러한《동아일보》의 움직임을 사상 초유의 광고 해약이라는 카드로 대응한다. 1974년 12월 20일부터 광고주들이 광고 해약을 위해《동아일보》를 찾아간다. 대부분의 기업은 계약 기간이 남아 있었지만, 일방적으로 정부 지시를 받고 광고 해약을 하고 만다.《동아일보》는 실을 광고가 없어지자 광고가 있어야 할 자리를 12월 26일부터 백지로 처리한다. 12월 28일《조선일보》주필을 엮임했던 언론인 홍종인은《동아일보》에 '언론 자유와 기업의 자유'라는 의견광고로 저항의 불을 지폈다. 아울러《동아일보》는 12월 30일자 1면 광고란에 격려광고를 모집하는 광고를 게재한다. 광고의 요지는 "대광고주들의 큰 광고가 중단됨으로 인하여 광고인으로써 직책에 충실하기 위하여 부득이 개인 정당 사회단체의 의견 광고, 그리고 본보를 격려하는 협찬광고와 연하광고를 적극적으로 모집하오니 적극적인 성원을 바란다"였다.

《동아일보》와 민주주의를 사랑하는 사람들이 십시일반으로 격려광고와 성금을 내기 시작했다. 언론의 자유를 누리지 못하는 암울한 현실을 "오!자유"라는 문장 등으로 안타까워하는 내용이었으며, 단체 이름이나 사람 이름만 적어 광고를 내는 경우도 있었다. 1975년 1월 시민들의 자발적 격려광고는 절정에 달했다.

- 동아일보 보는 재미로 세상 산다. (서점주인·11일)
- 배운 대로 실행하지 못한 부끄러움을 이렇게 광고하나이다.
  (서울 법대 23회 동기 15인 일동·11일)
- 동아東亞! 너마저 무릎 꿇는다면 진짜로 이민移民 갈 거야.
  (이대 S생·18일)
- 동아東亞는 멋쟁이! 자기는 깍쟁이! (숭덕중 졸업생 49명·18일)
- 술 한 잔 덜 먹고 여기에 내 마음 담는다. (드라이브맨 안寒·24일)[156]

이 중 1월 18일에 실린 '동아, 너마저 무릎 꿇는다면 진짜로 이민 갈 거야'는 자유언론 격려광고의 백미로 꼽힌다. 답답한 당시의 시대상을 잘 표현한 문구이기 때문이다. 훗날 사람들은 삼삼오오 '그 이대생은 과연 이민을 갔을까?' 하고 당시의 시대 상황을 회상하곤 했다.

자유언론 격려광고가 계속되던 1975년 3월 11일에도 역시 독자들의 뜻을 담은 광고가 실렸다. 경제면 광고란에 개신교 민주화운동의 대부 격인 권호경 목사는 신약성경 누가복음을 인용해 자유언론운동을 지지했다. 천주교 대전교구는 기도문을 광고로 올렸다.

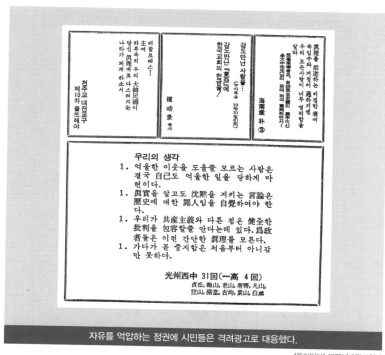

우리의 생각

1. 억울한 이웃을 도울줄 모르는 사람은 결국 自己도 억울한 일을 당하게 마련이다.
1. 眞實을 알고도 沈黙을 지키는 言論은 歷史에 대한 罪人임을 自覺하여야 한다.
1. 우리가 共産主義와 다른 점은 健全한 批判을 包容할줄 안다는데 있다. 爲政者들은 이런 간단한 眞理를 모른다.
1. 가다가 곧 중지함은 처음부터 아니감만 못하다.

光州西中 31回(一高 4 回)

자유를 억압하는 정권에 시민들은 격려광고로 대응했다.

〈동아일보〉 1975년 3월 11일자

광주서중과 광주일고 동문들은 자신들이 생각하는 민주주의 가치를 광고로 표현했다. 신문에 기업광고가 끊기고 백지 격려광고가 나간다고 해서 기자들이 쉬거나 취재를 게을리하지는 않았다. 오히려 정확하고 공정한 보도를 위해 노력했다. 때로는 현장을 방문해 적극적으로 취재했다.

권호경 목사와 천주교대전교구, 광주서중, 광주일고 졸업생의 격려광고가 나간 경제면에는 《동아일보》 기자들이 소비자들의 의견을 듣고 직접 취재한 '소비자광장'이란 코너가 있다. 그날 소비자

소비자의 불만을 즉시 처리한 동화약품

《동아일보》 1975년 3월 11일자

광장의 첫 기사는 활명수와 관련된 내용이었다. 내용인즉 종로3가 한 약국의 약사가 활명수 병마개 따기가 불편해서 손이 부르트고 약을 버리게 되는 경우가 있다고 한다. 하루에도 수십 개씩 따다 보니 조치가 필요하다고 제보했다. 약국-《동아일보》 기자-동화약품 영업부 사이에 해결 방안이 오갔고, 동화약품은 해당 약국에 고무따개를 보내주었고 다른 약국도 필요하면 보내주겠다고 약속했다는 내용이다.[157] 이날 소비자광장 코너에는 오리온 우유과자에서 머리카락이 나왔고, 한일전기의 전자밥솥이 밥을 할 때 자주 탄다는 소비자 제보와 해결 방안을 모색하는 기사가 같이 실렸다.

　신문 수입의 젖줄인 기업의 광고가 해약되어 독자들의 격려광고로 버티는 《동아일보》였지만, '소비자광장' 코너의 기사에서 알 수 있듯 기자들은 적극적인 취재와 소비자를 위한 문제 해결에 게으르지 않았다. 1975년 1~5월 사이 《동아일보》에 실린 자유언론 격려광고는 총 1만 352건이었다. 이러한 작은 노력이 모여 오늘날의 민주주의와 언론 자유를 이루어냈다. '동아, 너마저 무릎 꿇는다면 진짜로 이민 갈 거야'라고 했던 그때 그 이대생은 과연 이민을 갔을까?

活命水와
언어유희

젊은이들 사이에 한때 유행한 '시크chic하다'라는 표현이 있다. 2000년대 초반 TV 드라마 등에서 배우들이 사용하며 널리 알려지기 시작했다. 국립국어원이 2004년 펴낸 신어新語 자료집을 보면 '멋있고 세련되다'는 뜻의 신어로 소개하고 있다. 기성세대는 '젠틀하다' '스마트하다'는 외래어가 들어가는 말에 비해 '시크하다'라는 말은 잘 모른다. 그런데 놀랍게도 '시크하다'는 이미 80년 전에 우리 사회에 등장한 신어였다. 1931년 4월 13일자 《동아일보》를 보면 '시크'라는 말에 대한 개념 소개가 나온다.

　"'쉬-크'라는 신어는 멋쟁이 하이칼라를 뜻한다. 외형만이 아니라 시대정신을 이해하는 빈틈없는 근대인이다. 내면이 빈약한 모던보이, 모던걸에 반해 쉬크보이, 쉬크걸은 훌륭한 신사숙녀이다."

신어는 단순히 새롭게 생긴 말이 아니라 시대의 흐름과 필요 그리고 욕망을 반영한다. 1963년 대통령선거에 나선 허정 후보는 "일본에 가서 '고멘구다사이(미안합니다)' 하는 저자세가 민족정기냐"며 한일회담에 임하는 정부의 자세를 비판했다. 신어 '저자세'는 '한일 저자세 외교 반대 범국민투위'가 결성된 이후 지금까지 폭넓게 쓰이는 단어가 되었다. 부패 사회의 단면을 보여주는 '부정축재'와 '선심공세'도 오래된 단어가 아니라 1960년대에 등장한 신어였다. 이 밖에도 '구악·신악' '왕년에…' '기관원' '하극상' '불도저' '소비는 미덕' '빈익빈 부익부' '바캉스' '자의반 타의반' 등도 불과 50여 년 전에 만들어진 신어다.[158]

사람들은 필요에 따라 신어를 만들기도 하지만 때론 필요에 따라 말줄임이나 말장난 같은 언어유희를 통해 세태를 풍자하고 감정을 드러내면서 신어 이상의 새로운 의미를 만들어내곤 한다. 한국에서 가장 오래된 브랜드인 '활명수活命水' 역시 오랜 세월만큼 줄곧 언어유희의 대상이 되어 왔다. 활명수는 한자어로 '생명을 살리는 물'이라는 뜻을 갖고 있다. 이 때문에 활명수와 관련된 언어유희는 '물'에 관련된 직접적인 표현이나 활명수의 뜻을 직유 혹은 은유적으로 표현한 것이 많다.

1932년 7월 26일자 《동아일보》에는 비 소식을 알리는 사진이 실렸다. 거리에 비가 내리고 사람들이 우산을 쓰고 걷고 있는 모습이다. 그런데 '타는 듯한 가물에 나리는 활명수'라는 소제목이 붙었다. 오랜 가뭄 끝에 내리는 비가 자연과 대지의 생명을 살리는 물과

◇라는듯한 가물에 나리는 活命水!

'활명수'는 반가운 비를 지칭하는 대명사가 되었다.

《동아일보》 1932년 7월 26일자

같다는 표현이다. 과거의 언론 보도를 보면 이렇게 가뭄 끝에 내리는 비를 '활명수'로 표현한 사례를 심심치 않게 볼 수 있다.

1932년 6월 16일자 《동아일보》를 보면 보릿고개를 겪고 있는 함경도 고원 지역에 비가 내려 가뭄이 해갈되었다는 소식이 실렸다. 또한 1935년 4월 28일자 《동아일보》는 "금년 봄 이래 전 조선의 가물로 인해 금년 농사를 우려하는 것이 적지 않았으나 얼마 전에 남부 지방에 내린 비로 응급 해갈이 되었으나…"라고 보도하면서 이러한 현상을 '맥작麥作, 앙판秧板에 활명수活命水'라 표현했다. '보리밭

麥作、秧板에 活命水

…… 이번비는 풍년들 비라고 ……

◇農務當局者의 談

各地雨量

通化縣

明古

'활명수'는 보리밭과 못자리에도 필요하다.

《동아일보》 1935년 4월 28일자

과 못자리를 살리는 생명의 물'이라는 의미다. 비가 얼마나 농사에 소중하면 그랬겠는가? 이렇듯 기사 헤드라인에 활명수, 즉 '하늘에서 내리는 가뭄을 해결하는 비'를 언급하고 있다.

특정 인물과 사건 등을 묘사하며 '활명수'라는 이름을 사용한 기사도 있다. 1922년 10월 《동아일보》는 중동 문제를 다룬 특집기사를 연재한다. 연재기사에 자주 등장한 인물은 현대 터키의 국부라할 수 있는 케말 파샤(1881~1938) 당시 대통령이었다. 그는 오스만 제국의 변방에 살던 서민에서 패기만만한 혁명가로, 제국의 수호자로, 그리고 새로운 나라와 체제의 건설자로서 삶을 살고 있었다. 케말 파샤는 사실상 당시 일본의 압제에 시달리던 식민지 조선의 롤모델과 같은 사람이었다. 우리는 새로운 나라를 원했고 새로운 지도자를 원했다. 중동에서 들려오는 케말 파샤의 활약상은 우리도 저런 지도자가 있었으면 하는 욕망을 자극했다. 언론과 지식인들은 그에 대해 이야기하기를 주저하지 않았다. 1922년 10월 29일자《동아일보》는 "케말파샤는 土耳其(터키의 한자식 표기)의 救主(구주)가 되얏스며 衰殘(쇠잔)한 그 民族(민족)의 活命水(활명수)가 아닌가 한다"라고 표현하고 있다. 즉 케말 파샤를 투르크 민족의 답답한 갈증을 해결해준 사람으로 묘사하고 있다.

1933년 5월 17일자《동아일보》는 당시 세계경제 대공황으로 인해 세계 각국이 경기 부양을 위해 인플레이션 정책을 쓰는 상황을 보도하면서 "불황타개를 위해 각 나라들은 인플레이션을 불황타개의 활명수로 생각한다"는 표현을 쓰기도 했다. 경제 불황 타개를 위해 케인스식 경기부양 정책을 사용하던 것이 대세이던 시절 인플레이션을 활명수로 표현한 재치가 돋보인다. 당시 이 기사는 김우평(1898~1961) 기자가 썼는데, 그는 당시로써는 보기 드문 미국 컬럼비아 대학교 경제학과 출신의 유학파였다. 해방 후 1948년에는 장면, 장기영, 조병옥 등과 함께 신생 대한민국을 알리기 위해 파리 유엔총회에 나라를 대표하여 참석했으며 부흥부 장관에 임명되어 한국의 초창기 경제 정책을 담당하기도 했다.[159]

1947년 2월 17일자《경향신문》에 당시 서울공대 야금과 김용호

학생은 〈독서론〉이란 기고문에서 "우리가 독서로써 미지의 지식세계를 왕방하며 지적수확을 건우고 그로써 삼라만상과 인생기미를 포착하야 인생의 심오를 구명한 후 파란중첩 혐악한 인생가도를 걸을 때 날극제(자극제)와 활명수가 되는 것이다"라고 표현하며 독서를 통해 지식을 함양함이 얼마나 의미 있는지를 이야기했다. 초등학교에 서 있는 독서상에 새겨진 문구처럼 '독서는 마음의 양식'일 뿐 아니라 '독서는 지식의 갈증을 해갈해주는 인생의 활명수'라는 의미다.

1949년 5월 1일자 《경향신문》에는 '약진한국수산좌담회' 관련 기사가 실렸다. 좌담회에 참석한 전문가들은 나라가 발전하기 위해서는 바다를 이용하고 바다를 통해 세계로 나아가야 함을 주저하지 말아야 한다고 이야기했다. 이날 한 참석자가 "시선을 바다에 돌리라 아니 바다로 가자! 바다로 가자! 은물결 뛰는 푸른바다는 우리들의 활명수!"라고 말했다. 그렇다. 그때도 그렇고 지금도 마찬가지로 바다야말로 우리나라와 민족을 살리는 활명수 곧 자원의 보고인 생명의 바다다.

한국전쟁 중이던 1951년 8월, 임시수도였던 부산에 거주하던 《경향신문》 독자 한 명이 신문에 서울의 소식을 전해달라고 문의했다. 《경향신문》은 지면을 통해 이렇게 답변했다. "최근의 서울 복귀사항은 매우 활기를 띠우고 있다. 지난 7월 15일부터 움직이기 시작한 서울─부산 간의 일반여객 취급 열차가 개통되자 각 언론기관이 복귀하고 남으로부터 매일 올라가는 각종 신문 그리고 시내

각 요소에 설치된 유선 라디오는 세계정세에 굶주리고 있던 서울시민에게는 무엇보다도 커다란 활명수가 되어 쓸쓸하던 서울거리는 갑자기 활기를 띠우고 있는 것이다."[160] 서울은 전쟁으로 폐허가 되었지만 외부와의 교통과 통신이 다시 연결되어 외부 소식에 목말라 있던 서울 시민에게 활명수가 되었다는 의미다.

1953년 2월 전쟁 와중에 우리 정부는 화폐개혁을 추진한다. 통화증가와 물가상승을 차단하기 위한 고육지책이었다. 전쟁 기간에 국민의 삶은 피폐해졌고 연일 오르는 물가에 살림살이가 팍팍한 시점이었다. 1953년 2월 26일자 《동아일보》에는 국민을 위로하며 함께 희망을 가져보자는 기사가 실린다. "자! 화폐개혁도 되고 물가도 이, 일사선에서 떨어지기 시작 하였다니 이 땅의 백성에게 봄의 활명수가 봄비와 더불어 내릴진저…" 이렇게 말이다.

이처럼 활명수는 가뭄의 단비를 표현하는 직유적 표현으로 온 국민이 즐겨 쓰는 표현이 되었다. 그런데 이런 직유적인 표현들은 1970년대 이후 많이 사라지게 된다. 그 이유에 대해 과학적인 분석은 하지 어렵지만, 아마도 1970년부터 시행된 '한글전용정책'이 원인인 것 같다. 한글전용으로 관공서, 학교, 언론 등에서 한자 혹은 국한문 혼용으로 표기되던 많은 단어를 점점 한글만으로 표기하는 사례가 늘어났다. 한자로 표기하면 자연스럽게 이해할 수 있는 단어도 한글로 쓰면 쉽게 그 의미가 전달되지 않는 표현이 많다. '活命水(활명수)'는 한자로 표기하면 그 의미를 쉽게 알 수 있고 상당히 좋은 뜻이라는 것을 알게 된다. 하지만 한글로 '활명수'라고만 쓰면 처음 접하는 이들은 그 개념을 이해하고 경험하는 데 한자보다는 시간이 걸린다. 한글전용정책을 사용한 이후 일간 신문에 한자로 쓰여진 '活命水'라는 표현은 거의 등장하지 않게 되었으며, 활명수에 대한 직유적인 표현도 이전보다 덜 사용하게 되었다.

활명수 병의 상표 도안도 1897년 탄생 이후 줄곧 한자 '活命水'를 사용했으나 1982년부터는 한글만을 사용하고 있다. 하지만 2000년대 들어 이웃나라인 한자 종주국 중국이 정치, 경제적으로 급부상하고 한중 교류가 늘면서 한자의 중요성이 다시 강조되고 있다. 자연스럽게 한자 '活命水'의 잠재적 가치도 올라가고 있다.

활명수와 관련된 언어유희가 단지 가뭄에 비가 오는 듯한 직유적인 표현에 국한되었던 것은 아니다. 체하고 답답할 때 막힌 속을 뚫어주는 활명수의 효능을 드러내는 표현은 사람들의 입에서 입으로 계속해서 전달되고 있다. 2015년 1월 개봉한 이민기와 여진구 주연의 영화 〈내 심장을 쏴라〉에 대해 한 영화평론가는 이 영화를 막힌 속을 뚫어 줄 '청춘 활명수'로 묘사했다.[161] "답답한 청춘들의 심장을 뻥 뚫어 주는 두 남자. 아파야만 청춘인 이들의 속을 달래줄 '청춘 활명수'가 등장. 묵은 체증이 확 내려간다." 한편 축구선수 출신 해설가 안정환은 2014년 9월 25일 인천 아시안게임 남자 축구 16강전에서 한국팀의 박주호 선수가 골을 넣자 이렇게 말했다. "점심에 짜장면 먹어서 속이 안 좋았는데 까스활명수 같다. 까스활명수 같은 박주호다."[162] 안정환의 표현은 활명수와 연관된 언어유희 중 가장 상징적인 표현의 대표 격이다. 답답한 상황에서 그것을 뚫어주는 일이 발생할 때 그것을 '활명수'로 표현했기 때문이다.

또한 2012년 국회의원 선거를 앞두고 서울 마포(을) 지역에서 민주통합당 정명수 예비후보는 '정치활명수, 정명수'라는 캐치프레이즈를 사용했다. 활명수를 활용해 언어유희를 잘 살린 문구다. 자신의 이름을 알리면서 답답한 속을 뻥 뚫어주는 활명수처럼 정치를 하겠다는 의지를 표현했다. 정명수 후보가 '정치활명수'란 캐치프레이즈를 사용하면서 등록상표인 활명수의 모기업인 동화약품과 이에 대한 저작권 문제를 논의했는지는 명확하지 않다. 선거에서 자신의 이미지를 위해 등록상표를 활용하는 것과 일상생활에서 직유, 은유적 표현으로 특정 브랜드를 사용하는 것은 분명 다른 문제다.

이처럼 활명수는 지난 세월 좋은 약으로서만이 아니라 언어유희의 대상으로도 우리의 삶과 함께했다. 때로는 메마른 대지에 내린 비를 표현하기도 했고 때로는 답답한 상황을 해결하는 상징적 표현으로, 더러는 자신의 이미지를 표현하는 방법으로 활명수가 사용되었다. 앞으로 또 어떤 언어유희가 나올지 자못 궁금해진다.

이산가족의
아픔

活
命
水
1897

2010년 활명수는 하루 한 끼, 가족식사를 제안하는 '맑은 바람 캠
페인'을 제안했다. 이 캠페인은 바쁜 생활 속에서 좀처럼 얼굴을 보
기 힘든 가족을 만나게 해주기 위해 "하루 한끼, 가족이 밥상에서
만나자"라는 메시지를 전달하고 있다. TV광고로는 'TV' 편과 '헤
드폰' 편을 선보였다. 'TV' 편에서는 여느 가족이 그러하듯 온 가족
이 모여 TV를 보고 있다. 하지만 서로 대화를 나눌 기미가 없이 물
끄러미 TV만 보고 있다. 그때 갑자기 TV 속에서 본인들이 나와 인
사를 한다. 깜짝 놀란 가족의 화면 뒤로 TV에서 가족의 얼굴을 볼
확률은 0.000001퍼센트라는 내레이션이 나온다. 가족의 얼굴을 볼
일 없는 TV는 끄고 온 가족이 한자리에 모여 식사를 하자는 내용
으로 마무리된다.

　가족의 바쁜 일상을 두고 '현대판 이산가족'이라는 표현을 종종

맑은바람 캠페인

하루 한끼
가족이 밥상에서 만나자

동화약품

SINCE1897

가족의 소통을 강조한 캠페인성 광고

까스활명수-큐 광고(2010)

쓴다. 그만큼 얼굴 보기가 어려움을 빗대어 하는 표현이지만, 분단
과 전쟁으로 실제로 헤어진 이산가족들이 이 이야기를 들으면 "니
들이 내 마음을 알기나 해?" 하고 핀잔을 할지도 모를 일이다. 아
무리 바쁘다 한들 밥 한 끼 같이할 가족이 지근거리에 있기 때문이
다. 하지만 이산가족은 한국전쟁 이후 수십 년을 따뜻한 밥 한 끼라
도 같이하기를 기다려왔다. 그리고 어떻게든 헤어진 가족을 찾으려
고 노력해왔다.

1983년 6월 한국방송KBS은 텔레비전을 통해 전쟁 중에 흩어진 가족을 찾는 〈이산가족을 찾습니다〉라는 프로그램을 방영했다. 방송이 시작되자마자 이산가족이 몰려들어 이후 모든 정규방송을 취소한 채, 세계 방송 역사상 유례가 없는 '이산가족찾기' 릴레이 생방송을 진행했다. 이 방송은 78퍼센트라는 경이적인 시청률을 기록하며 138일 동안 총 453시간 45분간 방송되어 단일 주제 생방송으로 최장시간이라는 기록을 남겼고, 총 10만 952건의 신청을 접수하여 1만 180여 이산가족의 상봉을 이뤄냈다.

사실 이산가족 찾기는 1970년대 초반부터 신문이나 라디오 등의 매체를 통해 간간이 진행되고 있었다. 하지만 1983년에 이뤄진 생방송처럼 대중적인 폭발력을 보이지는 못했다. 신문은 활자 매체라는 한계가 있었고, 라디오는 얼굴을 확인할 수 없었다. 무엇보다 실시간으로 정보가 제공되지 않는 탓에 적극적인 관심을 기울이지 않는 이상 가족 확인이 어려웠고, 어디에선가 정보를 접한다 해도 확인이 되기까지 상당한 시간이 걸렸다. 하지만 1983년 이산가족찾기 프로그램은 경제성장으로 나아진 살림살이에 방송통신기술의 발전이 맞물려 그동안 국민의 가슴속에 맺혀 있던 한을 풀어주는 더없는 기회가 되었다.

1983년 당시 우리나라의 1인당 국민소득은 2000달러 수준이었다. 비록 넉넉하지는 않았으나 기본적인 의식주 문제가 해결되어 한 세대 전 민족의 비극적 전쟁으로 뿔뿔이 흩어진 가족과의 상봉을 기대할 수 있는 여유가 생겼다. 또한 1983년 당시 국내 텔레비전 보급률이 82.5퍼센트에 달해 국민적인 관심이 모일 수 있는 토대도 마련되었다.[163] 여러 상황이 맞아떨어졌기 때문인지 1983년 시도된 생방송 〈이산가족을 찾습니다〉는 국민의 가슴에 맺혀 있던 한을 풀어주었다.

한국 내에서 이산가족 찾기가 진척을 거두자 이번에는 남북 간 이산가족의 만남을 주선하기 위한 남북 당국 간 논의가 진행되었다. 1985년 '남북이산가족 고향방문단 및 예술공연단'으로 역사적인 첫 상봉이 이루어졌다. 당시 남측 35명과 북측 30명만이 가족을 만났다. 이후 남북 이산가족의 만남은 성사되지 못하다가 2000년 제1차 남북정상회담 이후 이산가족 문제 등 인도적 문제를 해결하기 위한 이산가족방문단 교환, 생사·주소 확인, 서신 교환 등 시범 사업이 논의되었다. 그리하여 2000년 8월 역사적인 제1차 이산가족방문단 교환이 성사되었다. 이후 2013년까지 18차례에 걸쳐 남북 이산가족 상봉이 이루어졌다. 헤어진 지 60년 고통의 세월을 이겨낸 가족들의 이야기는 눈물 없이 들을 수 없어 사람들의 가슴을 울렸다. 손을 맞잡고 가다 피난 인파에 휩쓸려 가족과 생이별한 가족이 부지기수였다. 100살이 넘어 환갑이 넘은 아들딸을 못 알아보는 노모, 생사를 알지 못해 아내를 잊고 다시 결혼해야 했던 남편, 3살 때 헤어져 칠순이 넘어 나타난 아들 등 그 사연을 필설로 다하지 못할 정도로 이산가족 상봉장은 눈물바다였다.

2014년 2월 14일자 《동아일보》에는 다음과 같은 자매의 안타까운 상봉 이야기가 실렸다.

2007년 5월의 상봉장. 다른 편에선 조상순 할머니(77)가 북한에 두고 왔던 언니와 여동생을 만나 부둥켜안고 울고 있었다. 1950년 헤어진 지 57년 만이었다. 조 할머니는 6·25전쟁 발발 직전 고향인 황해도 장단군에서 서울 이모집에 놀러왔다가 전쟁으로 가족들과 생이별했다. 언니 상희 씨(79)와 동생 상옥 씨(75) 얼굴에 파인 주름에 켜켜이 쌓인 세월의 부질없는 흔적이 조 할머니의 가슴을 시리게 했다.

상봉 둘째 날, 동생 모습이 보이지 않았다. 먹은 게 잘못돼 쓰러졌다고 했다. 조 할머니가 한국에서 가져온 '까스활명수'를 들고 구급차로 달려갔다. 구급차의 북한 의사가 조 할머니를 가로막았다.

"우리도 이런 거 많으니 줄 필요 없소!"

구급차에 누워 링거 주사를 맞는 창백한 동생의 얼굴을 바라보며 조 할머니는 속이 타들어갔다. 상봉 마지막 날, 동생은 떠나는 언니에게 멀리서 힘없이 손을 흔들었다. 그렇게 헤어진 동생의 소식을, 7년이 지난 지금까지 조 할머니는 듣지 못했다. 구급차에 맥없이 쓰러져 있던 동생이 떠오를 때마다 조 할머니는 억장이 무너진다.

"아픈 동생의 손도 제대로 못 만져 봤어. 만나고 온 뒤 마음이 더 아파. 약조차 못 먹이고 온 게 마음에 자꾸 걸려. 그거라도 먹이고 왔으면…. 차라리 안 만나는 게 나았을까….”

　　남북 사이에 놓인 분단의 선은 속이 안 좋은 동생에게 활명수 한
병조차 제대로 전달할 수 없을 정도로 서로의 마음을 갈라놓고 있
었다. 우리가 너무 쉽게 때로는 하찮게 생각할 수 있는 가족 사이의
밥 한 끼이지만, 조상순 할머니와 같은 이산가족들에겐 수십 년을
기다려온 가족과의 한 끼 식사다. 비록 활명수 한 병 제대로 전달할
수 없더라도 이산가족들은 얼굴이라도 한 번 더 보고 밥을 같이 먹
으며 가족의 정을 느끼고 싶은 것이 여생의 소원이다.

'활명수 작용 2.0'

식생활의 변화

活
命
水
1897

활명수가 세상에 태어난 지 70주년이 되던 해인 1967년 《매일경제》에 〈활명수 작용이란?〉 기사가 실렸다. 1967년 6월 30일자에 실린 기사의 내용은 다음과 같다.

동양 사람들은 구라파 사람들과는 달라 쌀을 주식으로 하는 국민들이기 때문에 외국인과는 달리 전분만을 섭취하고 있는 것이다. 외국인들이 육식을 많이 하는 것에 비해 우리는 초식을 많이 하는 관계로 위에 포만감을 느끼게 한다. 많이 먹어 배가 불러야만이 영양이 많이 섭취되는 줄 알고 있기 때문에 이에 따라 위 확장으로 위의 기능이 저하되는 것이다. 여기에 활명수 작용이란 위 신경을 자극시켜 다시 활동할 수 있도록 하여 위에 포만감을 해소시키며, 위에 기능을 촉진시키는 작용을 하도록 하는 간접방법인 것이다.

胃의 神經을 작용시켜

再活動할수있게 胃胞만감해소

활명수작용이란?

동양사람들은 구라파사람 시활동물으로
들과는 달라 쌀을주식으로 단 胃신경을 자극시켜 다
하는 국민들이기 때문에의 위에 포만감을 해소시키며, 胃
국인과는달티 전분만을 섭 용을 하도록하는 잔접방법
취하고 있는것이다. 인것이다.

외국인들이 육식을 많이

하는것에비해 우리는초식을 **需要者요구에副応**
많이 하는관계로 위에포만

잘을 느끼게한다. **까스活命水도新造**

이 영양이 많이 지난4월부터 同和薬品에
많이먹어야 배가 서는 活命水이외에 새로운
섭취되는 新製品으로「까스活命水」를
이 영양이 많은 生座, 市販하기 시작했다.
활알고 있기때문에 이에따

위화장으로 위의 기능- 2個年間의 研究와
라 기능을 實験

《매일경제》 1967년 6월 30일자

한국인에게 활명수가 좋은 이유를 알려주는 기사

    동양이든 서양이든 사람이 일생을 살면서 영양분을 섭취하는 주된 음식물인 주식主食은 지역에 따라, 시대에 따라 다르기 마련이다. 주식은 생업과 밀접한 관련이 있으며 습관과 문화를 좌우하기도 한다. 한국 사람들의 주식은 시대에 따라 변해왔다. 3세기 무렵 고구려가 자리한 한반도 북부와 만주 지역은 농사를 지을 땅이 부족했다. 식량이 부족한 만큼, 고구려 사람들은 약탈을 통해 부족한 식량을 확보하고자 했다. 대표적으로 이웃 옥저를 굴복시켜 생선과 소금을 확보했다. 약탈 이외에는 육류를 확보해 부족한 식량을 메우기도 했다. 불교를 국가의 신앙으로 삼은 고려는 사사로운 살생을 금하여 육류 소비가 위축되기도 했고, 조선시대 역시 가축의 숫자가 적어 육류 소비가 그리 많지 않았다.

우리의 주식인 쌀은 삼국시대 후기부터 생산과 소비가 늘어나기 시작했다. 고려는 쌀 생산을 늘리기 위해 국가적인 노력을 기울였다. 경지 면적을 확대하기 위해 산에 논과 밭을 만들기도 했고, 간척지 개발에도 노력을 기울였으며 쌀은 중요한 물물교환 수단이었다. 조선 역시 농사를 우선시 하는 농본農本정책을 내세워 쌀의 증산을 위해 노력했다.[164] 1429년 세종의 명을 받들어 정초鄭招 등이 지은 《농사직설農事直設》은 가장 오래된 농서農書로, 논밭 갈이법, 벼의 재배법 등을 자세히 소개하고 있다. 세종이 훈민정음을 창제하게 된 이유 중 하나가 백성이 글을 몰라 《농사직설》을 읽을 수 없었던 안타까움 때문이었다.

조선 후기에는 외국에서 새로운 채소가 많이 전래된다. 우리가 즐겨 먹는 감자, 고구마, 호박, 토마토, 고추 등이 다 이때 들어왔다.

20세기 들어 한국의 식생활에는 큰 변화가 생겼다. 일제강점기에 일본은 자국민의 식량 소비를 위해 한반도에서 생산된 쌀을 마구 수탈해갔다. 넓고 기름진 호남평야에서 생산된 쌀을 반출하기 위해 만든 거점이 바로 군산항이다. 한반도에서 쌀을 가져가는 대신 일본은 만주에서 콩, 옥수수 등의 잡곡을 들여와 쌀을 대신하게 했다. 일제의 강압에 의해 우리의 밥상과 식생활에 변화가 생겼다. 식생활이 바뀌며 우리 뱃속의 위도 그에 맞게 적응해야 했다.

1945년 해방 이후에는 소득증대와 서구식 식생활의 영향으로 밀가루와 육류의 소비가 차츰 늘어났다. 1970년 한국인 1인당 연간 쌀 소비량은 121.8킬로그램이었으나 2014년에는 65.1킬로그램으로 크게 낮아졌다.[165] 반면 육류 소비량은 1970년 5.2킬로그램에서 2014년 43킬로그램으로 크게 증가했다. 또 1961년 불과 1인당 연간 45그램만 소비하던 귀한 식품이던 우유는 2013년에는 무려 71.6킬로그램으로 무려 1500배 이상이나 소비가 급증했다.[166] 한때 서민의 음식으로 냉대를 받던 잡곡이 이제는 건강식품으로 취급되고 있다. 식생활이 변하면서 1967년 《매일경제》에 실린 초식 위주의 식습관을 바탕으로 위의 활동을 설명한 '활명수 작용'은 동서양의 구분을 넘어 동서양의 퓨전으로 새롭게 재정의할 필요성이 있다. 우리는 이전보다 쌀을 덜 먹고 고기를 많이 먹기 때문이다.

변화하는 한국인의 식습관을 반영한 광고

까스활명수-큐 광고(2013)

2013년 활명수 텔레비전 광고와 신문 광고에 햄버거가 등장했다. 2015년 배우 신세경이 출연한 활명수 광고에도 햄버거가 등장했다. 이전의 활명수 광고에서는 볼 수 없었던 모습이다. 과음, 과식을 이야기하며 술과 술잔이 광고에 등장한 적은 있었지만, 서양식 패스트푸드인 햄버거가 등장한 것은 처음이었다. 그만큼 우리의 식생활이 변했다는 이야기다. 활명수는 시대의 식습관 변화에 발맞춰 새로운 음식인 햄버거를 등장시켰다. 1967년의 '활명수 작용 1.0'은 40여 년이 흐른 지금 동서양의 퓨전을 이룬 '활명수 작용 2.0'으로 자연스럽게 변환되었다.

컬래버레이션
—활명수, 예술과 만나다

活
命
水
1897

지금은 이른바 협력과 융합의 시대다. 사회 모든 영역에서 독불장군은 용납되지 않는다. 더불어 가치를 공유하며 그것을 통해 새로운 가치를 함께 만들어낸다. 우리 경제계에도 2010년 이후 컬래버레이션 바람이 불었다. 패션 디자이너 이세이 미야케가 디자인한 '에비앙' 생수, LG전자가 만든 '프라다 폰', 네오 팝 아티스트 다카시 무라카미가 디자인한 '루이비통 가방' 등 쉽게 컬래버레이션을 찾아볼 수 있다. 소비자들도 같은 값을 지불한다면 이왕이면 품격 있고 새로운 가치가 부여된 컬래버레이션 제품을 선호한다. 또한 그들의 삶을 풍성하게 할 수 있는 융합된 콘텐츠를 향유하고자 한다. 컬래버레이션을 통해 새로운 시각과 가치를 제공하여 시너지를 창출하기 때문이다.

'컬래버레이션collaboration'은 우리말로 번역하면 공동작업 혹은 협력으로 옮길 수 있지만, 마케팅에서 사용되는 컬래버레이션의 의미는 단순히 협력만을 의미하지는 않는다. 서로 다른 브랜드를 접목하여 새로운 경쟁력과 시너지 효과를 기대하게 하기 때문이다. 마케팅의 전형적인 컬래버레이션 형태는 브랜드와 예술작품 또는 디자이너가 협업하는 아트 컬래버레이션이었다. 브랜드가 예술을 파트너로 초대한 사례는 근대미술의 발전과 맥을 같이한다. 조금 멀리 내다보면 서양의 역사에서는 르네상스 시대로 거슬러 올라간다. 피렌체의 메디치가家, 밀라노의 스포르차가家 같은 이탈리아의 명망 있는 가문이 당대 예술 천재들에게 장학금을 대주고 있던 것이 대표적인 사례다. 예술가나 문화 활동을 후원하는 근대 이전의 아트 마케팅은 대부분 자선적 경향의 스폰서십 형태를 띠고 있었다.

주목받은 아트 컬래버레이션의 대표적인 사례로 루이비통과 일본의 대표적인 팝 아티스트인 무라카미 다카시와의 협업을 들 수 있다. 루이비통의 컬래버레이션을 통한 가치 연금술은 1998년 뉴욕 출신의 디자이너 마크 제이콥스Marc Jacobs 영입으로부터 비롯된다. 이를 통해 루이비통의 이미지는 젊고 신선하고 발랄하게 거듭났다. 마크 제이콥스는 만화 캐릭터 피카추로 유명한 무라카미 다카시와 손잡고 브랜드 디자인을 전혀 새롭게 해석하면서 2003년 들어 몬스터볼 무늬의 루이비통 핸드백을 선보였다. 이 작업은 무라카미 다카시의 팝아트를 루이비통의 클래식 디자인에 결합함으로써 우아한 이미지와 경쾌한 느낌을 잘 살려 경제력이 있는 젊은 소비자층을 포섭하는 기회를 창출했다. 컬래버레이션의 힘에 눈뜬 루이비통은 이때부터 자체 문화예술재단을 건립해서 지속적인 컬처아트 비즈니스에 뛰어드는 계기를 마련했다.

코카콜라는 칼 라거펠트Karl Lagerfeld와 공동작업으로 흰색, 검정색, 분홍색이 세련되게 어울리는 스테인리스병 디자인을 선보인 바 있다. 아티스트와의 컬래버레이션은 디자이너에게 디자인만 의뢰하는 형태의 단순한 아트 마케팅과는 분명히 다르다. 아티스트와 제품계획·생산·유통 전 분야를 함께 논의하면서 세세한 부분에 이르기까지 그들의 생각과 철학을 반영한다.

이런 상품과 예술의 컬래버레이션 바람이 '활명수'에도 불고 있다. 동화약품은 2012년부터 매년 예술과 상품이 컬래버레이션

컬래버레이션 작업으로 탄생한 차별화된 디자인

활명수 117주년 한정판(2013)

된 한정판을 출시하기 시작했다. 2013년 패키지 제작에는 박서원(크리에이터), 홍경택(팝아티스트), 권오상(사진조각가) 등 유명 작가가 참여했다. 세 명의 아티스트는 '생명을 살리는 물'을 주제로 각자 개성을 담은 작품을 만들었다. 2014년 '활명수 117주년 한정판'(2014) 패키지 제작에는 이동기(팝 아티스트), 이용백(미디어 아티스트)이 참여하여 '생명을 살리는 물(살릴 活, 생명 命, 물 水)'을 주제로 2종의 디자인을 선보였다.

이동기 작가는 아톰과 미키마우스를 결합한 캐릭터인 '아토마우스'를 활용한 본인의 작품 '버블'을 활명수 한정판과 접목했다. 청량한 물방울을 연상시키는 작품을 통해 활명수가 지닌 역사를 젊고 신선하게 풀어냄으로써 국내 최고最古의 브랜드가 더욱 흥미롭고 재치 있게 소비자와 소통하는 계기를 만들고자 했다. 미디어아트의 선구자로 꼽히는 이용백 작가는 자신의 유명 작품인 '루어' 시리즈에 나오는 '플라스틱 피시Plastic Fish' 이미지를 차용해 '생명을 살리는 물'의 의미를 직접적으로 표현했다. 푸른 배경 위로 금방이라도 튀어오를 듯한 오브제의 배치로 활명수의 생명력과 시원하고 청량한 느낌을 패키지에 담았다.[167]

매년 출시되는 활명수 한정판 패키지는 기업과 아티스트 사이의 협업을 통해 브랜드 가치를 끌어올리거나 새로운 브랜드 가치를 창조하는 공동작업이다. 무엇보다 예술과 상품이 만난 아트 컬래버레이션은 특정 시기의 유행이 아닌 예술적 영감을 제품과 결합하고 아름다움을 가미함으로써 다른 제품과 차별화된 결과물을 만드는 작업이다. 최종의 목적은 서로 다른 문화를 소비하는 대중의 관심을 이끌어냄으로써 기업, 예술가, 소비자(대중)에게 서로 보탬이 되는 '즐거운 동행'을 만들어내는 것이라 할 수 있다. 이제 예술을 활용한 브랜드 컬래버레이션은 감성 시대를 대표하는 마케팅 전략으로 자리매김하고 있다. 컬래버레이션 분야는 단기적 마케팅 전략을 넘어 '새로운 영역'을 확보해야 하는 기업으로서는 매우 중요한 미래의 키워드가 되고 있다. 앞으로 매년 출시될 '활명수 한정판'이 대중에게 어떤 울림과 감동을 줄지 기대하게 된다.

아프리카를 살리는
생명의 물

活
命
水
1897

세상에 물이 없어 힘들어하는 사람이 제법 많다. 우리에겐 수도꼭지만 돌리면 나오는 흔한 물이지만 누군가에게 물은 생존을 위한 투쟁의 대상이다. 아프리카 케냐의 수도 나이로비의 인구 절반은 '키베라'라는 슬럼에 산다. 키베라에서 집에 화장실이 있는 가정은 30퍼센트가 채 안 된다. 대부분의 사람이 오전 8시부터 밤 10시까지 1회 이용할 때 약 30~70원(2~5케냐실링)을 내야 하는 공중화장실을 이용한다. 키베라 사람들에게 집에 화장실이 없다는 것은 단지 '불편함'만을 의미하지는 않는다. 화장실 한번 가기 위해 15분을 걸어야 하는 사람들, 특히 여성들에게 늦은 밤 화장실에 가는 것은 '두려움' 혹은 '공포'다. 치안이 불안해 밤에 밖을 나갈 경우 성폭력에 노출될 가능성이 커지기 때문이다. 물 부족은 곧 위험한 사회로 가는 연결 지점이기도 하다.[168]

깨끗한 물에 접근조차 할 수 없다는 현실은 빈곤한 사람들의 삶에 큰 영향을 끼친다. 안전하지 않은 식수는 배탈부터 콜레라까지 다양한 질병을 유발한다. 이를 위한 치료비는 빈곤한 가정의 생계를 위협하는 요인이 되기도 한다. 아픈 아이들은 학교에 가기 어렵고, 가더라도 씻지 못해 냄새가 난다며 따돌림을 받으니 학교 가기를 포기하게 된다. 집 안에 화장실만 있더라도 케냐 여성들은 성폭력 위험을 걱정하지 않을 것이다. 화장실과 세면시설 등 기본적인 위생시설 없이는 존엄한 삶을 유지하기 어렵다. 이러한 사례에서 보듯 물 부족은 차별받고 소외되는 근본 원인이기도 하다. 물은 그냥 물이 아니다. 사람이 살아가는 데 필요한 기본적인 권리인 '인권'이다.

물이 부족한 지역에 물을 공급하기 위한 노력은 국제기구, NGO, 현지 진출 다국적기업 등에서 끊임없이 추진해왔다. 가장 기초적인 물 부족 해결 사업은 물 부족 지역에서 자원봉사 형식으로 함께 생수를 긷는 사업이다. 다음 단계는 물 부족 지역에 직접 생수 지원을 하는 사업이다. 우리나라의 경우 한국수자원공사가 사업 성격에 맞게 해외 물 부족 국가에 생수를 지원하는 사업을 하고 있다. 생수 지원은 기업의 사회공헌 마케팅과 연계되기도 한다. CJ제일제당과 편의점 CU는 '미네워터 바코드롭Barcodrop캠페인'을 펼치고 있다. '바코드롭'이란 물방울drop 모양의 기부용 바코드Barcode를 의미한다. 미네워터를 구입한 소비자들이 기부를 희망할 경우 미네워터 가격에 100원을 덧붙여 계산할 수 있는데 소비자가 기부에 참여하면 매칭그랜트 형식으로 CJ제일제당과 CU가 각각 100원씩을 더해 1병당 총 300원을 기부하는 형식의 캠페인이다. 이렇게 기부된 금액은 유니세프를 통해 아프리카 어린이들에게 깨끗한 식수로 전달되고 있다.

생수 지원 다음 단계는 마을 우물 개발을 지원하는 사업이다. 한국수자원공사는 식수 부족 국가의 정부와 협의를 거쳐 마을 단위로 상수도 시설 개발을 돕고 있고 국제구호 단체인 월드비전은 기업들과 함께 아프리카 콩고 등지에서 직접 우물 개발 사업을 하고 있다. 물 긷기 봉사, 생수 지원, 우물 개발은 단기적인 사회공헌 사업의 성격을 지닌다. 기업이 참여하는 혁신형 물 문제 해결 사업은 여기에서 한층 더 업그레이드된다. 물의 양에서 물의 질 문제로의 전환이다. 이 문제를 해결하는 데 '적정기술'이 활용된다. Q드럼Q Drum은 식수에 필요한 양의 물을 넣어 쉽게 운반할 수 있는 물통이다. 식수원이 멀리 떨어진 아프리카 시골 지역 주민들을 위해 고안된 적정기술을 적용한 제품이다. 물동이는 지는 대신 줄로 끌거나 굴릴 수 있는 원주형으로 설계되었으며 한 번에 75리터의 물을 운반할 수 있다. 휴대용 개인 정수기 라이프스트로우Lifestraw는 땅에 고인 더러운 물을 깨끗한 물로 걸러준다. 15마이크론 이상의 입자를 효과적으로 제거하는 필터를 내장했다. 장티푸스, 콜레라, 이질, 설사 같은 수인성 질병 예방에 도움을 준다. 홍수가 빈번하고 방역이 잘 안 되어 있는 지역에 필요한 제품이다. 장기적으로 근본적인 물 부족 문제의 해결은 과학적인 수자원 개발과 관리 인프라 구축

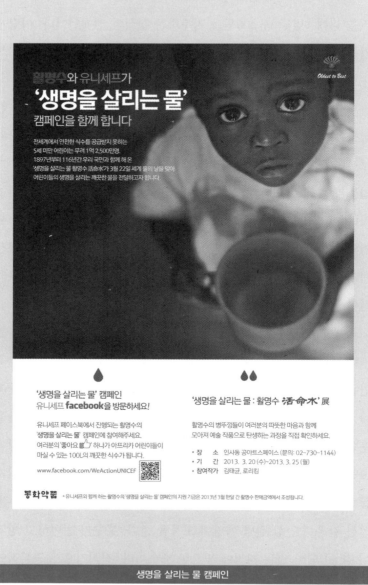

생명을 살리는 물 캠페인

에 있다. 우물은 작은 마을의 물 부족을 해결할 수 있지만 과학적인 수자원 개발 및 관리는 한 도시 혹은 국가의 수자원 인프라를 개선하여 근본적인 문제를 해결하는 방법이 된다.

활명수는 2013년부터 아프리카의 식수 지원 사업인 '생명을 살리는 물' 캠페인을 진행하고 있다. '생명을 살리는 물' 캠페인은 '활명수(살릴 活, 생명 命, 물 水)'라는 제품 본연의 뜻을 살려, 식수 부족으로 생명의 위협을 받고 있는 전 세계 어린이들에게 깨끗한 물을 전달하고, 나아가 수질 오염과 물 부족의 심각성을 알리는 사회공헌활동이다. 2014년 사업의 경우 유니세프 위액션 페이스북과 카카오스토리 플러스를 통해 활명수 탄생 117주년의 의미를 담아 '좋아요'와 '공유하기' 1회당 117리터의 깨끗한 물이 적립되었다. 캠페인에 대한 국민의 높은 관심으로 시작 3일 만에 10만 6951건의 '좋아요'와 '공유하기'를 기록, 목표치인 1250만 리터의 깨끗한 물 적립을 달성했다. 조성된 기금은 유니세프의 식수·위생 사업을 통해 물 부족과 수질오염에 따라 생명을 위협받고 있는 아프리카 물 부족 국가 어린이들에게 깨끗한 물을 제공하는 데 사용되었다.[169]

활명수와 활명수 모기업 동화약품은 1920년대부터 재난 구호사업 등에 참여한 전통이 있다. 태풍이나 홍수 같은 국가적 재난이 일어나면 의약품 및 성금 기부에 앞장서 왔다. 그때와 달라진 점이 있다면 당시는 고통받는 조선 민중이 그 대상이었다는 것이고, 지금은 우리에겐 다소 미지의 땅인 아프리카가 대상이라는 데 있다. 때와 장소는 달라졌지만 고통받는 이들과 함께하려는 활명수의 마음에는 변함이 없다.

　물을 통한 활명수의 사회공헌사업은 '생명을 살리는 물'이라는 활명수의 이미지와 부합한다. 앞으로는 이를 바탕으로 다양한 사업을 코즈마케팅 사업으로 해볼 수 있다. 활명수 한 병을 사면 아프리카 물 부족 지역에 일정한 기부가 된다든지 또는 활명수 한 병을 사면 그 양만큼 물이 적립되는 '1 for 1' 프로그램도 해볼 만하다. 우리에게는 활명수가 치료의 물healing water이지만, 우리가 기부한 물은 누군가에겐 생명을 살리는 물life saving water이 될 수 있기 때문이다.

1897
대한민국,
활명수에 살다

7

활명수
경영학개론

브랜드 라이벌 1

영어로 하면 모두 'living life'

活命水

이방원과 정도전, 삼성과 애플, 항우와 유방 등 이들의 공통점은 무엇일까? 모두 라이벌 관계다. 라이벌은 경쟁이 중심이 된 세계의 단면을 드러낸다. 지나온 역사 속에서 라이벌은 언제나 있었고 앞으로도 그럴 것이다. '라이벌Rival'은 라틴어 리버River에서 나왔다. 강을 사이에 두고 생활하다 홍수로 강이 범람하면 생존하기 위해 서로 힘을 합치고, 가뭄이 들어 강물이 마르면 독차지하기 위해 서로 싸우기도 했다는 말이다. 그래서 라이벌은 경쟁자이기도 하고 협력자이기도 하다. 영웅호걸 사이의 라이벌이나 기업이나 국가 간 라이벌의 경쟁관계는 특정 지역이나 공동체의 운명을 좌우하기도 한다. 시장의 판도가 바뀌기도 하고, 세계의 지도가 달라지기도 하며, 이전과 다른 새로운 역사가 만들어지기도 한다. 한국 기업의 역사에서도 그간 수많은 라이벌이 존재해왔다. 삼성전자와 LG전자,

에버랜드와 롯데월드, 농심과 삼양 등 다양한 라이벌이 시장의 한복판에서 끊임없이 경쟁하며 발전해왔다. 경쟁에서 밀려난 기업들은 사라지기도 했다.

1897년 액상 소화제라는 새로운 제품 카테고리를 창조하며 세상에 태어난 활명수 역시 많은 경쟁자를 겪었다. 활명수의 인기가 높아지자 경쟁업체들이 활명수와 비슷한 액상 소화제를 만들어 시장에 내놓기 시작했다. 사실 초창기 활명수의 라이벌은 경쟁 상대라기보다 '유사 상표'의 범람 정도로 봐야 한다. 하지만 이때 나온 활명수의 유사 상표는 수십 종에 달했다. 일제강점기에 활명수의 가장 큰 경쟁 상대는 활명수 모기업 동화약방의 경쟁 상대이기도 했던 제생당약방의 '활명액'과 화평당약방의 '회생수'였다. 활명수의 유사상표들은 대부분 활명수처럼 '생명을 살린다'는 의미를 담고 있다. 영어로 옮긴다면 'life saving'라는 의미를 갖고 있는 셈이다.

활명액은 소화제와 연관이 없는 여성의 상반신 나체 그림을 광고에 넣어 주목을 끌기도 했다. 1923년 8월 27일자 《동아일보》 광고에서 활명액은 제품에 대한 설명과 아울러 구매 요강을 정리했다. 전국 각지 약방에서 활명액이 팔리고 있으며 "사실때는 상표를 주의하오"라는 문구까지 넣으면서 말이다. 아마도 이 표현은 부채표 활명수를 벤치마킹한 듯하다. 1923년 7월 17일자 《동아일보》 광고를 보면, 위장병에 이상적인 양약이 있는데 그것이 바로 활명액이고 왜 그러한지를 의학적 지식을 활용해 논리적으로 풀어나간다. 하지만 활명액은 1920년대 중반 이후 자취를 감추고 만다.

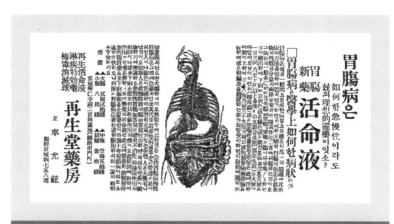

《동아일보》 1923년 8월 27일자

　　제생당약방의 활명액이 다소 자극적인 광고를 했던 반면 화평당
약방의 회생수는 다소 감성적인 접근의 광고를 했다. 1920년 7월
20일자 《동아일보》에 실린 광고는 꽤 창의적이고 신선한 느낌을 준
다. 길거리 광고판에 '기사회생의 사대성약'이라는 주제로 화평당
약방이 판매하는 4가지 약을 소개하는 콘셉트다. 기사회생의 사대
성약은 회생수를 비롯해 팔보단, 소생단, 하이산 등이다. 광고 게시
판 주변에 사람들이 광고를 보고 있거나 벤치에 앉아 쉬고 있는 그
림을 넣어 상당히 편안하면서도 감성적인 느낌을 준다. 회생수의
또 다른 광고도 감각적인 면이 돋보인다. 1929년 7월 25일자 《동아
일보》에 실린 회생수 광고를 보면 한자 '回生水'를 디자인한 서체
가 돋보인다. 시각적으로 집중도가 높을 뿐 아니라 미적 감각도 잘
살렸다. 하지만 회생수 역시 1920년대까지 판매되다가 1930년대에

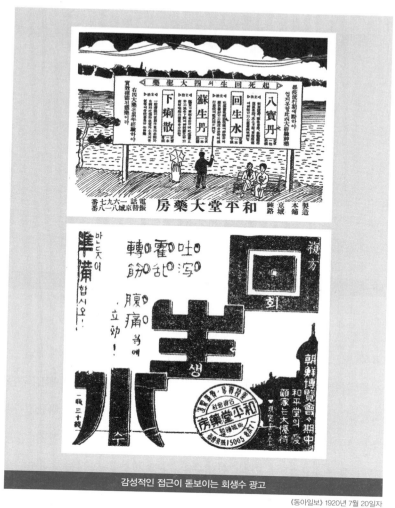

감성적인 접근이 돋보이는 회생수 광고

《동아일보》 1920년 7월 20일자

사라졌다.

그렇다면 활명수는 일제강점기에 어떤 광고 전략을 취했을까?

활명수의 광고를 보면 경쟁 제품인 활명액이나 회생수의 광고에

권위, 신뢰를 강조한 활명수 광고

《대한매일신보》(1910), 《동아일보》(1913, 1924, 1929)

비해 도드라지지 않는다. 활명액 광고는 자극적이거나 충격적인 소
재를 활용했고 회생수 광고는 감성적 접근이 돋보인 반면 활명수는
차분하면서도 권위와 신뢰를 주는 메시지로 접근했다. 부채표를 강
조한 1929년의 《동아일보》 광고는 일제강점기에 내보낸 활명수 광
고의 정수라고 할 수 있다. 활명수는 경쟁 제품을 의식하지 않고 믿
을 수 있는 전통 제품이라는 사실만을 강조했다.

1945년 해방 이후 전쟁의 혼란과 전후 복구 과정 속에서 활명수
모기업 동화약방은 내실을 다지고 있었지만, 대외홍보에는 상대적
으로 힘을 기울이지 못했다. 이때를 기회로 삼아 액상 소화제 분야
의 후발 주자인 동아제약의 '생명수生命水'가 신문광고 등을 통해 적

극적인 마케팅 전략을 펼쳤다.

활명수와 제품명마저 비슷했던 생명수는 기존 활명수의 포지셔닝을 빠르게 대체하며 브랜드 역량을 키워나갔다. 생명수의 도전에 대응해 활명수는 제품 생산을 정상화하고 영업과 마케팅에 활력을 불어넣어 생명수로 넘어가고 있던 기존 활명수의 포지셔닝을 회복했다.[170]

1950년대 활명수와 생명수의 브랜드 라이벌 대전은 전쟁 직후라는 특수 상황에서 기존의 시장 리더인 활명수가 재정비의 시간을 갖는 동안 후발 주자였던 생명수가 액상 소화제 리더의 포지션에 도전한 사례였다. 동아제약은 1966년까지 생명수 생산을 계속

탄산가스를 첨가한 액상 소화제 가스트론

하다가 1967년부터 생산을 중단하고 액상 소화제에 탄산가스를 첨
가한 새로운 브랜드 '가스트론'을 출시한다. 활명수의 브랜드 파워
가 워낙 막강해서 후발 브랜드 '생명수' 대신 시장의 새로운 트렌드
가 되어 가고 있던 탄산가스를 주입한 액상 소화제 분야에 진출한
것이다.

브랜드 라이벌 2

탄산가스 전쟁

1965년 삼성제약이 '까스명수'를 세상에 내놓으면서 액상 소화제 시장에 적지 않는 변동이 일어난다. 까스명수는 브랜드명에서 알 수 있듯이 액상 소화제에 탄산가스를 넣어 사람들의 관심을 끌었다. 발포성 액상 소화제의 시작은 1963년 성보제약이 출시한 '까스마인'이었지만, 자금력과 판매력의 열세로 큰 빛을 보지 못했다.[171]

그러나 삼성제약이 내놓은 발포성 소화제 까스명수는 까스마인

까스마인 광고

과 달리 소비자의 선호로 이어졌다. 까스명수는 매출이 증가하며 액상 소화제 시장의 새로운 강자로 부상하기 시작했다. 탄산가스를 넣은 발포성 식음료의 대중적 인기는 1950년 중반부터 시작되었다. 한국 탄산음료의 대표 격인 칠성사이다의 경우 1950년에 시판된 이후 꾸준히 성장하고 있었다. 세계적인 탄산음료의 대명사 코카콜라는 한국 시장을 관망하다 1968년이 되어서야 본격 진출한다. 하지만 공식 진출 이전에 미군부대 등을 통해 상당량의 코카콜라가 시중에 비밀리에 유통되며 인기를 누리고 있었다.[172] 까스명수는 이러한 탄산음료의 인기를 액상 소화제와 융합하여 새로운 붐을 일으키며 발포성 소화제라는 새로운 상품 카테고리를 만들었다.

또한 '까스명수'는 1965년 제품을 출시할 때부터 당대 최고의 인기 배우였던 합죽이 김희갑(1923~1993, 당시 42세)을 모델로 등장시켜 브랜드 인지도를 높였다. 부드러우면서 익살맞은 중견 배우 김희갑의 캐릭터는 신생 브랜드 까스명수의 이미지를 각인시키는 데

까스명수 광고

삼성제약

큰 효과를 발휘했다. 까스명수의 초기 광고 문구인 "꽁 맥힌게! 확 뚫립니다!"는 김희갑의 익살스런 말투를 연상시키며 브랜드의 친밀감을 높였다. 김희갑은 1965년부터 1968년까지 4년 동안 까스명수 광고 모델로 등장했는데, 이때가 그의 연기 인생에서 황금기이기도 했다. 1967년에 김희갑이 주연한 영화 〈팔도강산〉은 최고의 흥행을 기록하며 그를 최고의 스타 반열에 올려놓았다. 1968편 영화 〈팔도강산〉 시리즈의 속편인 〈팔도강산 세계를 가다〉 해외 촬영 시 김희갑은 브라질 현지에서 까스명수 광고를 찍기도 했다. 이처럼 까스명수는 김희갑의 유명세를 활용한 '셀렙마케팅celeb marketing'[173] 전략을 구사하기도 했다.

까스명수 매출의 성장세가 워낙 가팔라 당시 70년 전통의 활명수를 위협할 정도였다. 발포성 소화제의 약진은 거스를 수 없는 시대적 변화였기에 활명수 모기업 동화약품도 그것을 받아들일 수밖에 없었다. 하지만 그럴수록 동화약품 경영진의 시름은 깊어만 갔다. 후발 제품에 대한 벤치마킹은 역사와 전통을 부정하는 것으로 보는 회사 내부의 기류가 강했다. 이는 한국 최초의 제약회사이자 최초의 액상 소화제를 만든 회사의 자존심의 발로이기도 했다. 한편 탄산가스를 주입한 제품을 출시할 경우 소비자들에게 기존 활명수와의 관계를 어떻게 설명해야 하며 신제품 이름에 활명수란 이름을 붙여야 할지 말아야 할지에 대한 갑론을박도 있었다.

이러한 상황에서 당시 동화약품의 상무였던 윤광열은 "옛날 약은 입에 썼으나 요즘 약은 먹기 좋게 당의를 입힌 것이 많다. 그렇다고 약효가 변하는 것은 아니다. 그러므로 활명수에 탄산까스를 주입해 까스활명수를 만들어도 본래 제품에 청량감만 더한 것일 뿐 약효에 변화가 있는 것은 아니지 않는가"라고 하며 경영진을 설득했다. 그리고 윤광열 상무는 시장의 새로운 트렌드에 발맞춘 발포성 소화제인 까스활명수의 개발을 주도해나갔다.[174]

이로써 활명수 탄생 70년이 되는 1967년 4월, 동화약품은 탄산가스를 주입한 발포성 액상 소화제 '까스활명수'를 출시하게 된다.[175] 50ml 용량에 가격은 20원으로 기존 활명수와 같았다. 1967년 7월 21일자 《매일경제》에 탄산가스를 주입한 까스활명수가 기존 활명수와 함께 광고에 실렸다. 탄산가스의 기포를 그림으로 그려넣었는데 당시 가스를 주입한 발포성 음료 광고는 부글부글하는 기포를 그려넣는 것이 하나의 트렌드였다. 1965년 삼성제약 까스명수의 첫 신문광고, 1967년 동아제약 생명수의 후신인 가스트론의 첫

까스활명수 광고

신문광고, 그리고 1967년 까스활명수의 첫 신문광고에도 액체 속에 부글거리는 기포가 그림으로 표현되어 있다.

1967년 4월 까스활명수가 출시되자 액상 소화제 시장에서 다시 한 번 치열한 마케팅 전쟁이 벌어졌다. 탄산가스가 들어간 발포성 소화제라는 새로운 제품 카테고리를 만들어 이를 선점하고 액상 소화제 전체 시장에서 활명수와 경쟁하고 있던 삼성제약의 까스명수 역시 까스활명수에게 쉽게 시장을 내어주려 하지 않았다. 1967년 4월 까스활명수가 세상에 처음 선보인 바로 그달부터 까스명수는 광고를 통해 방어 전략을 취하기 시작한다. 1967년 4월 4일자《경향신문》 광고에는 "'까스명수'를 사실 때는 왕관표를 확인하세요" 란 광고 문구가 등장한다.

'부채표 까스활명수'에 대응해 '왕관표 까스명수'라는 차별화 전략으로 발포성 소화제 분야의 선점을 지키기 위한 삼성제약의 대응

왕관표를 강조한 까스명수 광고

《경향신문》 1967년 4월 4일자

이었다. 이러한 전략은 일제강점기부터 줄곧 이어진 '부채표 활명수'의 브랜드 전략을 벤치마킹한 것이기도 하다. 아무튼 삼성제약은 광고에서 '왕관표'를 강조하는 차별화 전략을 까스활명수가 시장에 출시된 1967년 4월부터 본격화한다.

1967년 4월 8일자 《동아일보》에는 "30원이 아닌 것은 까스명수가 아닙니다"라는 문구를 강조한 광고가 등장한다. '왕관표 까스명수'의 가격이 30원임을 강조한 것이다. 직전 광고까지만 해도 50ml 용량의 까스명수 가격은 20원으로 막 출시된 '부채표 까스활명수'의 가격과 동일했다. 그런데 까스명수는 까스활명수 출시 시점에 맞춰 가격을 50퍼센트 인상했다. 까스명수는 가격 인상을 통해 발포성 소화제 시장에서 브랜드 프리미엄을 생각하며 차별화를 꾀한 것이다.

발포성 소화제 시장을 개척한 30원짜리 '왕관표 까스명수'냐 아

까스활명수를 견제하며 가격을 인상한 까스명수

《동아일보》 1967년 4월 8일자

니면 액상 소화제 시장의 전통 강자인 활명수의 자매품 20원짜리 '부채표 가스활명수'냐, 결국 공은 소비자에게로 넘어갔다. 과연 소비자들은 어떤 선택을 했을까? 결론적으로 까스명수의 가격 인상 전략은 3개월 만에 끝나고 만다. 까스명수가 발포성 소화제 시장의 리더이긴 했지만, 가격 인상이 지속적인 브랜드 충성도로 이어지지는 않았다. 액상 소화제는 전형적인 '저관여 제품low involvement product'[176]으로 소비자는 상품 가격에 민감하게 반응한다. 브랜드가 제공하는 뚜렷한 뭔가가 없을 때 더욱 그러하다. 결국 1967년 7월 삼성제약은 광고를 통해 까스명수를 이전 가격인 20원으로 낮춰 공시한다.[177]

한편 까스명수는 1967년 6~7월에 "귀하는 속고 있지 않습니까?" "귀하는 현명하십니다"라는 광고를 집중적으로 게재하며 경쟁자가 많아진 발포성 소화제 분야에서 차별성을 강조하려 했다. 광고에 "까스명수의 수요가 격증激增하자 폐사弊社제품의 포장과 제품명을 모방한 상품이 시중에 범람하고 있을 뿐더러… 까스명수를 사실 때 꼭 상표와 왕관표를 확인해 주십시오"[178]라는 문구가 등장한다. 이는 발포성 소화제 시장에 새로 진입해 까스명수와 각축전을 벌이고 있던 까스활명수를 견제하기 위한 표현인 듯싶다. 동화약품이 발포성 소화제 시장에 진출한 1967년 4월 이전까지 삼성제약은 이러한 광고를 내보낸 적이 없기 때문이다.

1967년 8월에 이르면 까스명수는 "포장이 바뀌었읍니다!"라고 광고를 내보낸다. 까스명수 병의 포장 디자인을 바꾼 것이다. 기포

제품의 포장 변화를 알리는 광고

가 들어간 기존 그림을 빼고 왕관 그림 옆에 한글로 '왕관표'라고 이름을 넣었다. 까스활명수의 출시로 탄산가스가 들어간 발포성 소화제로는 차별화가 되지 않으니 대안으로 '왕관표'를 강조했다고 볼 수 있다.

삼성제약은 1967년 4월부터 9월까지 6개월간 "'까스명수'를 사실 때는 왕관표를 확인하세요" "30원이 아닌 것은 까스명수가 아닙니다" "귀하는 속고 있지 않습니까?" "포장이 바뀌었습니다!"라는 광고를 집중해서 내보낸다. 보통 신문광고는 하나의 콘셉트와 주제를 일정 기간 수차례 반복한다. 하지만 까스명수는 거의 같은 시점에 여러 콘셉트의 광고를 번갈아 진행했다. 이 기간은 까스활명수가 출시되어 시장에 진입한 시기와도 일치한다. 이는 삼성제약이 브랜드의 명운을 걸고 까스명수의 왕관표 상표 강조, 가격 인상으로 프리미엄 이미지 구축, 병 포장 디자인 차별화 등의 전략을 전

면적으로 구사해 까스활명수를 견제하려 했음을 의미한다. 물론 이 기간에도 당대 최고 배우 김희갑을 모델로 한 이미지 광고는 계속 되었다.

그렇다면 당시 활명수 모기업 동화약품은 어떤 마케팅 전략을 취했을까? 활명수는 까스명수처럼 적극적인 광고를 하지 않았다. 1950년 한국전쟁 이후 동화약품은 신문을 비롯한 인쇄 매체 광고를 거의 하지 않았다. 간헐적으로 라디오나 TV 광고를 했을 뿐이다. 하지만 당시 TV와 라디오의 보급률이 높지 않아서 광고의 파급효과는 신문에 비해 낮았다. 활명수가 다시 신문 매체 광고를 시작한 것은 1965년 삼성제약의 까스명수가 인기를 끌면서 활명수의 시장 지위가 위태로워지면서부터다.

까스활명수가 세상에 나오기 전인 1966년 10월 20일자 《동아일보》에 실린 활명수 광고를 보면 "'유행流行'은 오고가도 급체·주체에는 뭐니뭐니해도 역시 활명수!!"라는 문구를 확인할 수 있다. 여기서 '유행流行'이란 새로운 트렌드였던 탄산가스를 주입한 발포성

전통을 강조한 활명수 광고

《동아일보》 1966년 10월 20일자

소화제의 인기였으리라 생각된다. 당시 활명수 모기업 동화약품은 까스활명수 제품을 개발 중이었지만, 이는 시대의 흐름에 따라 소비자의 기호에 맞춰 좋은 제품을 만들고 싶었을 뿐 일시적인 유행에 편승하려는 뜻은 아니었다.

이 때문에 1967년 탄산가스를 주입한 발포성 소화제 '까스활명수'를 출시하고서도 이를 독자적으로 광고하지 않았다. 동화약품은 기존 활명수 광고에 까스활명수를 자매품으로 소개하며 발포성 소화제 브랜드로의 확장 전략을 취했다. 1968년 2월 14일자 《매일경제》에 실린 광고를 보면 '활명수' '자매품 까스활명수'를 같이 소개하고 있음을 알 수 있다. 70년 전통 활명수의 브랜드 파워를 신생 까스활명수에 이식한 셈이다. 초창기 까스활명수 광고는 대부분 이런 형식으로 진행되었다. 경쟁 상대인 까스명수가 차별화 포인트로 까스활명수보다 먼저 생산된 발포성 소화제, 왕관표, 배우 김희갑

70년 전통의 브랜드 파워를 바탕으로 활명수는 브랜드 확장 전략을 취했다.

《매일경제》 1968년 2월 14일자

의 인기를 활용한 브랜드 전략을 취한 반면 활명수는 70년 역사와 전통, 부채표의 신뢰와 품질로 차분히 대응하며 신생 까스활명수에 기존 부채표 활명수의 브랜드 파워를 연결시켰다.

액상 소화제 시장의 리더 자리를 놓고 '부채표 활명수'와 '왕관표 까스명수'는 각기 다른 마케팅 전략 경쟁을 펼쳤다. 1969년 시장의 무게중심은 '부채표 활명수'로 기울었다. 1965년 이후 4년간 액상 소화제 시장에 도전해 한때 시장의 리더 그룹의 일원이 된 까스명수였으나 70년간 다져진 부채표 활명수의 브랜드 파워의 벽을 넘을 수는 없었다. 그럼에도 까스명수는 지금까지 '한국 최초의 탄산소화제'라는 문구를 제품 박스에 넣으며 액상 소화제 시장의 리더 활명수에게 계속 도전하고 있다.

1965년 출시된 발포성 소화제 삼성제약 까스명수의 돌풍, 1967년 까스활명수의 출시, 그리고 시장의 리더 자리를 놓고 벌어진 까스활명수와 까스명수 사이의 각기 다른 마케팅 전략은 일명 '탄산가스 전쟁'으로 정의할 수 있다. 이 사례는 한국 기업 전략사에서 손꼽을 만한 역사의 한 장이기도 하다.

이후로도 활명수에 도전하는 다양한 액상 소화제 브랜드가 출시되었다. '솔표'로 유명한 조선무약이 1979년 액상 소화제 '위청수'를 출시하며 활명수에 도전장을 내민다. 조선무약은 한방생약업체로서의 강점을 살린 위청수와 공격적인 마케팅을 바탕으로 한때 액상 소화제 시장 2위 자리까지 오르기도 했다.[179] 하지만 지속적인 마케팅 전략의 부재와 모기업 조선무약의 경영상 어려움으로 지금

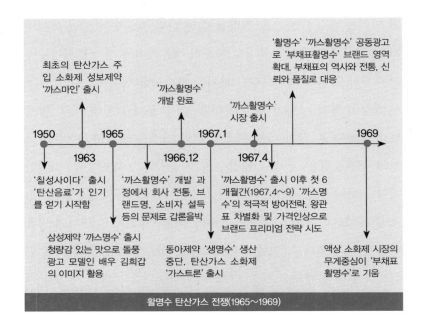

활명수 탄산가스 전쟁(1965~1969)

위청수는 시장에서 찾아보기 어렵다.[180] 시장의 환경은 늘 바뀐다. 그래서 한 세대인 30년 이상을 한 업계에서 버티면 흔히 장수했다고 말한다. 그사이 수많은 경쟁자가 사라지고 기업 스스로 다양한 위기 상황을 경험하기 때문이다. 현재 액상 소화제 시장에서 활명수의 시장점유율은 70퍼센트 수준이다. 다른 경쟁자가 범접할 수 없는 부동의 1위다. 하지만 지금 1등이라고 앞으로 계속 1등을 한다는 보장은 없다. 우리는 주변에서 영원히 1등을 할 것 같은 브랜드가 밀려나는 현실을 자주 보았다. 한때 세계시장을 석권한 일본 전자업계가 우리 기업에게 선두 자리를 내놓았듯이 영원한 1등은 없다. 1980년대 한국인들은 소니의 전자제품을 부러워했지만 2010년대 한국인들은 소니를 삼성 다음으로 생각한다. 시대의 변화를 따라잡지 못하면 뒤쳐질 수밖에 없다. 시장에서 지속해서 1등을 하려면 '내가 1등이고 나는 이긴다'는 위험에 찬 생각을 버리는 게 제일 중요하다.

만약 동화약품이 1967년에 70년의 전통에 푹 빠져 탄산가스를 주입하지 않은 활명수만을 고집했더라면, '까스활명수'에서 '활명수'란 이름 대신 전혀 다른 브랜드 네임을 붙였더라면, 그리고 무엇보다 새로운 시대의 흐름을 읽으며 '까스활명수' 탄생에 기여한 윤광렬 명예회장이 없었더라면, 오늘의 활명수는 과연 어떻게 되었을까?

활명수 경제학 1

가치와 가격

活
命
水

1897

'경제Economy'라는 단어의 어원은 그리스어 '오이코노미아oikonomia'
인데, 이는 '오이코스oikos'와 '노모스nomos'의 합성어다. '오이코스
oikos'는 '가정household'을 의미하고 '노모스nomos'는 '경영 또는 관
리', 즉 '매니지먼트management'라는 의미를 지니고 있다. 다시 말
해 '경제'는 '가정이나 공동체를 관리한다'는 의미에서 나왔다. 한
편 '경제經濟'는 《장자莊子》의 '경세제민經世濟民'에서 나왔다. 이는 '세
상을 다스리고 백성을 구제한다'는 의미를 담고 있다. 경제란 단어
만 놓고 보면 동양인이 서양인보다 더 큰 사고를 지닌 듯하다.[181] 인
류의 역사를 보면 새로운 사상과 제도, 기술의 출현에 따라 경제는
아메바처럼 변형을 거듭해왔다. 보이는 것에서 보이지 않는 것으
로, 물질적인 것에서 문화적인 것으로, 공급자에서 수요자 중심으
로, 개인적인 것에서 사회적인 것으로, 노동 집약적인 것에서 지식

집약적인 것으로, 단기적인 것에서 장기적인 것으로 가치의 원천을 확장해왔다. 역사의 흐름 속에서 경제 주체들은 새로운 가치의 원천을 발견하기 위해 지속적으로 혁신을 이뤄냈다.[182]

활명수의 지난 120년 역사에서도 나름의 경제 흐름을 엿볼 수 있다. 일명 '활명수 경제학'이다. 활명수 경제학의 가장 우선시되는 속성은 혁신, 즉 창조적 파괴다. '창조적 파괴creative destruction' 란 기술혁신으로 낡은 것을 도태시키고 새로운 것을 창조하고 변혁을 일으키는 과정으로 미국 경제학자 조지프 슘페터Joseph Alois Schumpete(1883~1950)가 제시한 개념이다. 슘페터는 변화의 역동성을 가져오는 가장 큰 요인으로 창조적 혁신을 주창했으며 무엇보다 기업가의 창조적 파괴 행위를 강조했다. 그는 1912년에 발표한 《경제발전론》에서 이 이론을 주창했는데, 25년 전 서구 사회에 잘 알려져 있지 않은 동아시아 조선 한양의 서소문 밖 동화약방에서 창조적 파괴가 진행되고 있었다. 전통의 의학지식과 새로운 제약기술이 융합하여 탄생한 활명수는 탁월한 약효를 자랑했을 뿐 아니라 동화약방 본점 및 전국 각 영업소에서 판매하여 소비자의 구매 편의를 높였다. 기존의 탕약과는 완전히 다른 콘셉트의 신약으로 액상 소화제 시장에서 혁신적인 창조적 파괴를 이뤄냈다. 활명수는 창조적 파괴를 통해 크고 작은 변화와 가치를 만들어냈다.

활명수 경제학의 큰 속성은 가격의 변동이다. 초창기 활명수는 지금과 비교해 상대적으로 비쌌다. 1910년 2월 4일자 《대한민보》 지면에 동화약방에서 판매하는 상품들의 가격을 기록한 정가록定價錄

광고가 실렸다. 이를 보면 활명수의 가격이 40전이었음을 알 수 있다. 당시 40전을 쌀 가격과 비교해 오늘날 가치로 환산해보면 대략 1만 8000원 수준이다.[183] 초창기 활명수는 왜 이렇게 비쌌을까? 가장 큰 이유는 당시 국내에서 생산되는 약품 대부분이 가내 수공업 형태로 생산되었기 때문이다. 활명수의 경우 재료의 상당 부분이 국내에서 재배되지 않는 수입 약재였기 때문에 기본적인 원가 부담이 컸다. 지금처럼 국가 간 무역이 활발하지 않은 시기여서 수입산 재료를 구매하기 위해서는 높은 비용을 지불할 수밖에 없었다. 오늘날에 비해 높은 약값은 비단 활명수나 동화약방만의 문제는 아니었다. 경쟁 관계에 있던 제생당약방이나 화평당약방의 제품 역시 오늘날 기준으로 보면 비쌌다. 약방은 대부분 비슷한 약재 구매, 생산, 유통 시스템을 갖추고 있었기에 제품 가격 역시 대동소이하게 책정되었다. 더구나 국가의 보건의료 시스템이 제대로 갖춰져 있지 않았고, 국가가 주요 상품의 물가를 관리하는 제도적 장치도 미비하던 때라 사람들이 피부로 느끼는 약값은 비쌀 수밖에 없었다.

활명수는 최초의 액상 소화제 제품이었고, 액상 소화제라는 상품 카테고리의 효시였다. 기존에 없던 제품이다 보니 동화약방은 활명수를 만들어놓고 어떻게 가격을 매겨야 할지 고심했을 것이다. 초창기 활명수 가격은 상처나 종기를 치료하는 약이나 두통, 위통 같은 통증을 가라앉히는 약에 비해 가격이 높았다. 초창기 동화약방의 3대 히트상품은 소화제 활명수, 상처를 치료하는 백응고, 통증을 가라앉히는 인소환이었는데, 1910년에 인소환이 10전, 백응

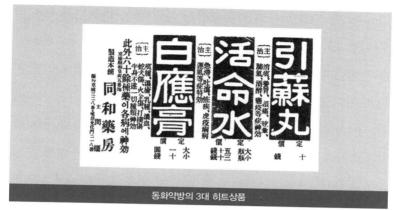

동화약방의 3대 히트상품

《동아일보》 1924년 6월 24일자

고 소형이 10전, 활명수가 40전이었다.[184]

오늘날 기준으로 봐도 소화제 활명수는 다른 약들에 비해 비쌌다. 활명수 제품의 재료를 가루로 만든 '활명산活命散'이라는 제품도 있었는데, 이 제품의 가격은 30전으로 활명수보다는 10전 저렴했다. 오늘날 시세로 보면 활명수가 1만 8000원, 활명산이 1만 4500원 정도에 해당한다. 가루 소화약인 활명산보다 활명수가 더 비쌌던 이유는 서양식 제조법인 액체 형태로 만드는 액제화液劑化 비용과 생산된 활명수를 담는 용기容器 비용 때문일 것이다. 제품이 액상이다 보니 포장을 위한 용기 비용이 추가될 수밖에 없었다. 초창기 활명수가 다른 약품에 비해 고가였던 이유는 수입산 약재를 포함한 재료 원가, 액제화 비용 및 용기 비용, 그리고 액상 소화제 제품군의 리더로서의 프리미엄 때문이라고 볼 수 있다.

활명수는 일제강점기인 1920~1930년대에 대형 60ml 50전,

30ml 소형 30전으로 비교적 가격이 일정했다. 1924년과 1933년 《동아일보》 광고에 나온 판매가격이 같다.[185] 1920년대~1930년대 중반까지 한반도 내에는 물가가 폭등할 만한 일이 별로 없었다. 1929년 미국발 세계대공황의 여파가 없었던 것은 아니나 동아시아 지역은 미국과 유럽에 비해 상대적으로 충격이 크지 않았다. 1931년 일본의 만주 침공과 만주국 건설은 오히려 개발과 투기 붐을 조장하기도 했다. 세계대공황은 세계 원자재 값의 폭락을 야기했는데, 생산에 필요한 약재의 일부를 수입에 의존하던 활명수로서는 원자재 가격 시세 하락이 원료 수입이라는 측면에서는 이점으로 작용했다. 전반적인 경제 상황은 좋지 않았지만 말이다.

1933년 7월 24일자 《동아일보》 지면에 실린 활명수 광고를 보면 가격을 30전, 50전, 1원, 3원, 이렇게 네 가지로 구분해 표기하고 있다. 용량의 차이 때문에 그러했는데, 30ml는 30전, 60ml는 50전, 140ml는 1원, 500ml는 3원에 판매되었다. 30ml 제품은 10ml당 10전인 셈이지만, 500ml 제품은 10ml당 6전이어서 30ml 제품에 비해 40퍼센트나 저렴했다.[186] 이전에는 소형 30전, 대형 50전짜리 두 종류로만 판매되었는데, 네 가지 용량으로 제품군이 늘어난 것으로 보아 활명수의 인기가 높아지면서 대량으로 구매하는 소비자가 많아졌기 때문이 아닌가 싶다.

활명수의 판매가격인 30전, 50전, 1원, 3원으로 그 당시 어떤 다른 제품을 구매할 수 있었을까? 소설가 이태준(1904~1970)의 작품 〈고향〉(1931), 〈성모〉(1935) 등에 나오는 물가를 살펴보자. 중국음식

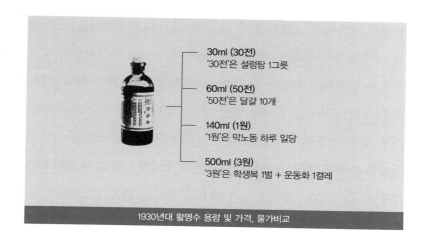

30ml (30전)
'30전'은 설렁탕 1그릇

60ml (50전)
'50전'은 달걀 10개

140ml (1원)
'1원'은 막노동 하루 일당

500ml (3원)
'3원'은 학생복 1벌 + 운동화 1켤레

1930년대 활명수 용량 및 가격, 물가비교

3인분과 요리가 2~3원, 달걀 1개가 5~6전, 운동화 1켤레가 1원 60전, 여관 1일치 숙박료가 90전 정도였다.[187] 또한 30전으로는 설렁탕 1그릇을 먹을 수 있었고, 50전으로 달걀 10개를 살 수 있었다. 1원은 막노동 일꾼의 하루 일당이었으며, 3원으로 학생복 1벌과 운동화 1켤레를 살 수 있었다. 1930년대 설렁탕 1그릇 가격과 활명수 30ml 소형 용량의 가격이 똑같다. 지금 기준으로 하면 활명수 30ml 소형 한 병이 거의 8000원 수준임을 알 수 있다. 그런데 1930년대와 지금의 활명수는 용량에 차이가 있다. 요즘 판매되는 활병수 병의 용량은 75ml로 1930년대 병 용량의 2.5배에 해당한다. 그러므로 1930년 75ml 용량의 활명수 한 병이 대략 60~70전에 해당하는 것이어서 설렁탕 가격으로 견주어보면 대략 1만 6000원~1만 8000원 수준이 된다.

1940~1950년대 중반까지 활명수의 가격과 생활 물가를 엄밀히

비교할 객관적인 자료가 거의 없고 타 물가와 비교한다는 것 자체가 애매하기는 하다. 1937년 일본과 중국 사이에 중일전쟁이 발생하면서 한반도는 일본의 배후 병참기지의 역할을 해야 했고, 대부분의 생활 물자들은 통제를 받는 상황이었다. 그리고 1945년 해방 이후 정부 수립 과정의 혼란, 한국전쟁 동안의 산업시설 및 사회간접자본의 파괴 등으로 정상적인 생산과 소비활동이 거의 불가능한 특수 상황이었다. 경제는 침체 일로를 걸었고 물가상승으로 인한 인플레이션과 연이은 화폐개혁 등으로 우리 경제는 조용할 날이 없었다. 이런 상황 속에서도 활명수는 계속 생산되었으나 원료 수입, 생산, 유통 과정이 순탄하지만은 않았다. 한마디로 이 기간은 우리 경제에도 활명수에도 암흑기였다.

활명수 경제학 2

'활명수─설렁탕' 지수

活
命
水
1897

한국 경제와 활명수가 다시 기지개를 켜기 시작한 때는 1953년 휴전 이후 전후복구 과정을 거치면서부터다. 1960년대 후반부터 활명수는 부채표라는 상표의 우산 아래 전통의 활명수, 탄산가스를 넣은 까스활명수, 그리고 프리미엄 브랜드인 알파활명수, 이렇게

부채표 활명수 브랜드 그룹

동화약품

세 종류의 상품으로 '부채표 활명수' 브랜드그룹을 형성한다.

1968년 당시 신문에 보도된 활명수의 가격을 보면 전통 활명수와 까스활명수가 한 병에 20원으로 같았고, 알파활명수는 50원이었다. 알파활명수가 다른 활명수에 비해 배 이상 비쌌다. 당시의 물가 기준으로 설렁탕 한 그릇이 70~80원 수준[188]일 때여서, 지금 시세로 환산하면 활명수 한 병 값이 2000~2300원이 된다. 1960년대 이후 우리나라는 경제성장과 더불어 전반적으로 물가가 상승했다. 특히 1970년대부터는 물가가 가파르게 올랐다. 1970년대 초 대비 1980년대 초 물가는 대다수 품목에서 3~5배 이상 상승했다. 까스활명수는 1970년대 초반 30원에서 1983년 120원으로 올랐다. 알파활명수는 1970년대 초반 60원에서 1983년 200원까지 올랐다. 활명수의 가격이 이렇게 오를 수밖에 없었던 이유는 그만큼 제품생산 단가가 올랐기 때문이다.

1970년대 초반 몰아닥친 석유파동으로 에너지 수입 비용이 크게 치솟았다. 덩달아 인건비, 재료비 등 생산에 들어가는 비용과 유통, 판매, 관리 비용이 증가했다. 생산원가가 높아지자 제품의 가격도 덩달아 올랐다. 활명수 모기업 동화약방에서는 1971년 활명수, 1972년 알파활명수에 대한 가격 인상을 단행하고 광고로 이를 알렸다. 활명수 가격이 20원에서 30원으로 사실상 50퍼센트 인상된 것이라 소비자의 혼란 역시 컸을 것이다. 요즘 기준으로 본다면 2000원에서 3000원으로 오르는 수준 정도다.

시대별 활명수의 가치는 당시 기준이 되는 물가와 비교하면 더

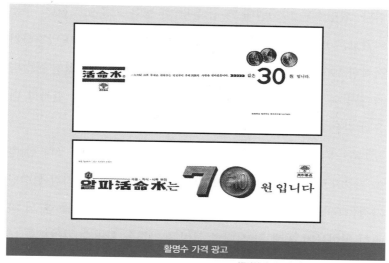

활명수 가격 광고

《동아일보》 1971년 11월 5일자, 1972년 8월 25일자

욱 자세히 알 수 있다. 그렇다면 기준 물가를 무엇으로 해야 할까? 이때 '짜장면'과 '설렁탕' 가격이 자주 활용된다. 주변에서 쉽게 접할 수 있고 모두가 즐겨 먹는 음식이기 때문이다. 활명수 가격도 짜장면과 설렁탕 가격과 비교해볼 수 있다. 그런데 짜장면이 대중 음식으로 자리 잡기 시작한 시기는 1950년대 이후부터다. 하지만 설렁탕은 조선시대 때부터 있어 왔다. 19세기 후반 발간된 《독립신문》에 설렁탕 관련 기사가 등장할 정도다. 그러므로 활명수와 가격을 비교하는 대상으로 짜장면보다는 설렁탕이 더 적합하다고 볼수 있다. 더구나 설렁탕은 1975년부터 정부의 주요 물가조사 품목에 지정되어 매년 그 가격이 기록되어 지수로 산출된다. 설렁탕은 1920년대 1그릇에 20전 정도였고, 2015년에 대략 8000원 정도

한다. 활명수는 1920년대 75ml 용량 한 병을 기준으로 60전 수준이었고, 2015년에는 800원이다. 사회가 안정되고 경제가 발전하기 시작한 1960년대 이후부터 언론에 보도되거나 광고에 실린 설렁탕과 활명수 가격과 설렁탕 가격을 활명수 가격으로 나눈 결과를 다음과 같은 도표로 정리할 수 있다.

1965년부터 2016년까지 50년간 활명수 가격은 75ml 용량 한 병을 기준으로 23원에서 800원으로 34.8배 올랐다. 같은 기간 설렁탕 가격은 60원에서 8000원으로 133배 올랐다. 가격 격차를 좀 더 자세히 알아보기 위해 각 시대별 설렁탕 가격을 활명수 가격으로 나누어볼 수 있다. 이러한 두 상품 가격의 50년간 비율 차이를 일명

연도	활명수 75ml(원)	설렁탕 1그릇(원)	설렁탕/활명수
1965년	23	60	2.61
1967년	30	80	2.67
1971년	45	150	3.33
1974년	50	320	6.4
1976년	53	420	7.92
1983년	150	1400	9.33
1989년	220	2000	9.09
1993년	330	3500	10.6
1996년	500	4500	9
2002년	500	5000	10
2008년	600	6500	10.84
2012년	700	7500	10.71
2015년	800	8000	10

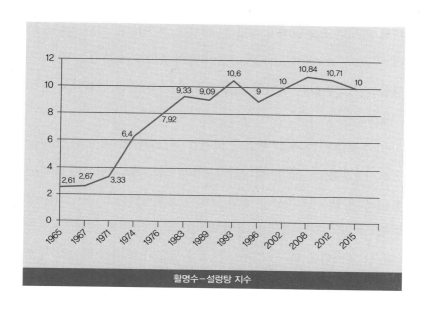

활명수-설렁탕 지수

'활명수-설렁탕 지수'라고 할 수 있겠다. 활명수-설렁탕 지수가 올라간다는 의미는 설렁탕의 가격 상승폭이 활명수보다 크거나, 일반적이지 않은 일이지만 설렁탕의 가격 하락폭이 활명수보다 작다는 의미다. 이와 반대로 활명수-설렁탕 지수가 내려간다는 의미는 활명수의 가격 상승폭이 설렁탕보다 크다는 것을 의미한다.

활명수-설렁탕 지수는 1965년 2.61에서 시작하여 1971년 3.33으로 소폭 상승하다가 이후 1983년 9.33으로 가파르게 상승한다. 설렁탕의 가격 상승폭이 활명수를 훨씬 앞질렀기 때문이다. 1970년대 우리나라의 물가는 전반적으로 올랐지만, 설렁탕의 가격 상승세가 활명수의 그것에 비해 몇 배에 달한다. 1983년 이후 활명수-설렁탕 지수는 9~10선에 안정적으로 걸려 있다. 1970년대 중반부터 1980년대 초반까지 활명수-설렁탕 지수가 왜 이리 높아졌을까? 다시 말해, 왜 설렁탕은 가격이 많이 오르고 활명수는 적게 올랐을까? 그 원인은 기업의 대내 환경과 대외 환경 변화에서 찾을 수 있다.

먼저 1960년대 후반 활명수 모기업 동화약품의 내부 환경을 살펴보자. 공장 신·증축, 생산설비 현대화 등으로 대량생산이 가능해졌고, 이를 통해 가내 수공업 형태의 전통적인 고비용 구조를 상쇄할 수 있었다. 전문적인 용어로 말하자면 '규모의 경제economy of scale'를 이뤘다고 할 수 있다. 즉 생산 규모가 확대됨에 따라 평균 생산비용이 절감되고 이익이 늘어나는 것을 말한다. 제조업은 대부분 규모의 경제라는 특성을 띤다. 활명수 역시 그렇다. 반면 설렁탕은 상황이 다르다. 설렁탕을 파는 음식점은 대부분 가내 수공업 형태를 유지한다. 규모 차이가 있으나 흔히 말하는 자영업 분야다. 임대료, 인건비, 재료비 등 고정비용이 많이 들어가 공장의 대량생산보다 이익을 남기기 어려운 구조다. 1970년대 초반부터 활명수와 설렁탕의 가격 상승폭에 차이가 벌어진 큰 이유 중의 하나를 이러한 구조적인 요인에서 찾을 수 있다. 물론 현대식 생산 시스템을 구축하고 설렁탕을 대량생산하는 곳도 있다. 대표적으로 홈쇼핑에서 판매하는 설렁탕이 그러하다. 이런 곳에서 판매하는 설렁탕은 시중 음식점 가격의 40~50퍼센트 수준으로 유지된다. 활명수 역시 현대식 생산 시설이 아닌 전통 가내 수공업 형태로 제조하여 판매한다면 지금 가격의 2~3배 이상은 족히 뛸 것이다.

1970년대 활명수-설렁탕 지수가 높아진 또 다른 원인은 대외 환경인데, 그 대표적인 사례 가운데 하나가 정부의 물가통제다. 1970년대 초반 석유파동이 일어나자 정부는 강력한 물가통제 정책을 시행했다. 활명수와 설렁탕 모두 소비자의 경제 생활과 밀접한 상품들이어서 가격을 무턱대고 올려 받을 수는 없다. 설렁탕을 비롯한 대중 음식의 경우 아예 정부에서 일정한 가격을 정했다. 행정 기관과 식당 업주들 사이에 가격 관련 협약을 맺기도 했다. 하지만 실효성 없이 말로만 그치는 경우가 잦았다. 1970년대 신문을 보면 협약이 지켜지고 있지 않다는 기사가 자주 실렸다. 정부에서 이를 통제하려 해도 뜻대로 되지 않았다. 전국의 요식업소를 일일이 통제한다는 것 자체가 물리적으로 불가능했기 때문이다.

반면 활명수와 같은 제조업체는 음식점에 비해 강력한 통제를 받았다. 그 대표적인 사례가 독과점 품목 지정이다. 활명수는 1977년 4월부터 1979년 4월까지 2년간 정부로부터 건위소화제 부문 독과점 품목으로 지정되어 가격 통제를 받았다. 독과점 품목으로 지정될 경우 가격 인상 요인이 발생하면 정부에 신고를 해야 했고, 정부에서 적절하지 않다고 판단하면 인상 이전으로 가격을 인하해야만 했다. 1977년에 활명수와 같이 독과점 품목에 오른 제품은 동아제약의 박카스, 삼성전자와 금성사(현재 LG)의 TV, 냉장고, 세탁기, 선풍기, 남양유업의 분유, 해태 아이스크림 등이다.[189] 이처럼 1970년대 활명수-설렁탕 지수가 높은 이유를, 활명수가 정부의 대표적인 물가 통제 품목 중 하나였다는 대외적 요인에서 찾을 수 있다.

1970년대 당시 정부의 강력한 물가억제 정책이 통용되지 않는 곳도 있었다. 유원지의 바가지요금이 그것이다. 바가지요금은 시세보다 훨씬 높은 가격에 상품을 파는 것이다. 소비자가 다양한 선택을 할 수 있는 경우라면 바가지요금은 존재할 수 없다. 오히려 더 싸게 팔려고 노력한다. 하지만 경쟁자가 없는 독점 상황에서는 요금이 자연스럽게 비싸진다. 영화관 스낵코너에서 파는 팝콘과 콜라가 다른 곳에 비해 비싼 이유 중에 하나가 소비자로서는 선택의 여지가 없기 때문이다. 유원지의 바가지요금은 휴가철마다 벌어지는 해묵은 과제이기도 하다.

활명수가 독과점 품목으로 지정되어 정부의 강력한 물가통제를 받던 시기, 1978년 5월 1일자 《동아일보》에 행락철을 맞아 전국의 유원지에서 벌어진 탈선 행태를 보도하는 기사가 실렸다. 당시 5월 대통령 선출기구인 '통일주체국민회의' 대의원 선거를 앞두고 출마 후보자들의 선심성 관광 행태가 도를 넘었고 유원지의 서비스 수준도 낙제점이라는 문제가 보도되었다. 특히 4월에 열린 경남 진해 군항제의 바가지 상혼을 고발했는데, 임시로 허가된 매대에서 활명수가 50원에서 100원, 사이다가 120원에서 240원, 맥주 한 병이 350원에서 700원으로 팔려 정가의 두 배 요금을 받았다고 한다.[190] 정부의 강력한 의지에도 불구하고 짧게나마 독점이 발생할 수밖에 없는 공간에서는 바가지요금이 횡행했다. 비싼 가격에도 소비자들은 선택의 여지가 없었다. 유원지에 와서 먹은 게 잘못되어 속이 안 좋은 경우 평소 두 배의 값을 내고서라도 활명수를 사 먹어야 했다.

동서고금을 막론하고 아무리 단속해도 목 좋은 곳에 있는 상인들의 독점은 막을 수가 없는 법이다.

경제는 곧 수요와 공급의 흐름이고, 생산-유통-소비 과정을 거쳐 그 흐름이 진행된다. 활명수는 창조적인 파괴를 통해 생산의 혁신을 이루었고, 소비자들의 잠재적 소비를 깨우며 성장을 이루었다. 120년 가까이 이어져 오며 한국 경제의 한 축으로 나름의 몫을 해왔다. 지금도 활명수는 수요와 공급의 균형점에서 소비자와 소통하고 있다. 앞으로 활명수-설렁탕 지수는 과연 어떻게 바뀔 것인가?

활명수와 함께한
스타들

活
命
水

1897

1980년 12월 1일 서울을 비롯한 전국 대다수 도시의 전자제품 대리
점 앞에 사람들이 북적였다. 대리점에 놓인 TV 화면을 손가락으로
가리키면서 사람들은 저마다 얘기꽃을 피웠다. 이날 오전 10시 30분
부터 KBS가 '수출의 날' 기념식을 천연색으로 중계하고 있었기
때문이다. 이는 한국 최초의 컬러TV 방송이었다. 이날 방송 이후
KBS는 하루 4시간씩 시험방송을 이어갔다. 국내 컬러TV 방송은
1951년 6월 미국 CBS가 사상 최초로 컬러TV 방송을 시작한 지 29년
뒤에 이뤄진 것으로 세계에서 81번째였다.[191] 컬러TV는 단순히 TV
화면이 흑백에서 천연색으로 바뀌었다는 차원을 뛰어넘어 일종의
문화충격이었다. 광고 상품이나 TV 출연자의 옷차림이 현란한 천
연색으로 바뀜으로써 국민의 색채감이나 일상생활에도 큰 영향을
주었다. 또 흑과 백으로만 보이던 단순한 세상이 자연 그대로의 모

컬러 이미지로 청량감을 강조한 활명수 지면 광고

《경향신문》 1974년 8월 10일자

습으로 다가왔다. 이러한 색채의 변화는 한국인의 색상에 대한 감각을 무채색에서 유채색으로 바꿔놓았다. 광고, 패션, 자동차 등 모든 분야에서 색의 혁명이 이루어졌다.

컬러 시대에 대비한 활명수의 고민은 1970년대부터 이루어졌다. TV의 컬러화는 1980년에 시작되었지만, 한국 사회에는 1960년대 말부터 미디어의 컬러화가 진행되고 있었다. 1974년 8월 10일자 《경향신문》 광고를 보면, 활명수가 기존 제품의 기능을 강조하는 광고와는 차원이 다른 "자연은 조화, 건강은 조절"이라는 문구를 강조한 컬러 이미지 광고를 내보냈음을 알 수 있다. 시원한 계곡 사진에 한자 '맑을 량凉' 자를 넣어 활명수의 청량감을 더했다. 기존 활명수 광고는 과음이나 과식처럼 활명수가 필요한 상황 혹은 '건강한 위腸'를 주제로 한 내용이 대부분이었다. 그런데 이 광고는 자연과 조화된 맑고 신선한 활명수의 브랜드 이미지만을 강조했다. 기존의 다른 액상 소화제 광고에서는 찾아볼 수 없는 파격이었고, 활명수만의 브랜드 차별화 전략이었다.

1980년에 컬러 방송이 본격적으로 시작되자 제품의 효능만 강조하던 데서 탈피하여 다양한 색상과 이미지를 입힌 광고가 급증했다. 또한 대부분의 광고에서 모델을 적극적으로 활용하기 시작했다. 활명수 역시 컬러TV 방송이 시작된 이후 광고 모델을 적극적으로 기용했다. 컬러 방송 시대에 활명수의 첫 광고 모델로 뽑힌 이는 배우 장용이었다. 장용은 1982년 알파활명수 광고에 출연한 적이 있다. 당시 37살이었던 그는 전형적인 30대 후반의 샐러리맨이자 어린아이를 둔 가장家長의 이미지였다. 알파활명수의 타깃이 주로 30~40대 직장인이어서 장용의 이미지와 조화를 이룰 수 있었다. 장용이 출연한 드라마는 직장을 배경으로 한 장면이 많아 자연스레 술자리나 술에 관한 이야기도 제법 나왔다. 이 시기 광고 문구는 "알파 활명수는 신경을 많이 쓰시는 분 술 드시는 분에게 잘 듣습니다"였다. 배우 장용은 2년 뒤인 1984년에도 알파활명수 광고 모델로 출연하게 된다. 장용의 샐러리맨 이미지는 1987년 직장인의 애환을 다룬 KBS 드라마 〈TV손자병법〉에 출연하며 정점을 찍는다.

1985년 알파활명수 광고에는 코미디언 배일집과 야구인 김동엽

알파활명수 TV광고 모델, 코미디언 배일집과 야구인 김동엽

동화약품

이 모델로 참여했다. 당시 이들은 인기스타였다. MBC 코미디 프로
그램 〈웃으면 복이와요〉 등에 출연하며 남녀노소를 불문하고 큰 인
기를 끌었던 38살의 코미디언 배일집은 부드러우면서도 익살맞은
특유의 표정을 알파활명수 광고에서 유감없이 보여주었다. 그는 광
고에서 "신경성엔 알파, 알파활명수"라고 외쳤다. 알파활명수 광고
에는 당대 최고의 인기를 구가하던 프로야구가 배경으로 등장하기
도 했다. 당시 모델은 48살 프로야구 MBC청룡(현재 LG트윈스)의 감

독 김동엽(1938~1997)이었다. 서울이 연고지였던 청룡팀은 김재박 같은 스타 선수가 많아 큰 인기를 누리고 있었다. 김동엽 감독은 늘 빨간 장갑을 끼고 다녀 '빨간 장갑의 마술사'라는 애칭이 붙기도 했다. 김동엽 감독은 광고에서 "홈런 한방 생각만 해도 시원합니다. 속이 답답하고 거북할 때 시원한 홈런 한방. 알파활명수"라고 외쳤다.

1986년에는 배우 이순재(당시 51세), 방송인 김혜영(당시 24세)의 대화식 광고가 등장한다. 50대인 이순재가 70~80대 할아버지 분장을 한 모습이 눈에 띈다. 1986년 제작된 이 광고는 30년 가까이 흐른 뒤 tvN 예능 프로그램 〈꽃보다 할배〉 속의 이순재를 시간여행을 해서 먼저 만난 느낌이다. 광고에 함께 출연한 김혜영은 3년 전인 1983년 21살의 나이로 까스활명수 광고에 출연한 전력이 있다.

알파활명수 TV광고 모델, 배우 이순재

동화약품

MBC라디오 〈싱글벙글쇼〉를 오랫동안 진행해온 중견 방송인이지만, 그 당시 김혜영은 보기 드문 신선한 마스크의 코미디언이었다. 1983년 까스활명수 광고에는 김혜영과 도날드덕 인형이 등장한다. 이는 1981년 컬러 방송이 시작된 이후 미국 디즈니 애니메이션의 인기를 반영한 시도였다.

전통적으로 장년층을 타깃으로 광고를 진행해온 활명수는 거의 10년 주기로 20대 연예인을 광고 모델로 등장시켰다. 1980년대 초중반에는 방송인 김혜영이 20대 모델이었고, 1994년에는 21살의 배우 이정재가 활명수 광고 모델이 되었다. 이정재는 활명수 광고 직전에 방영된 KBS 드라마 〈느낌〉에서 터프하고 강렬한 캐릭터를 선보였는데, 활명수는 그의 강한 모습을 살리면서도 단정한 스타일로 광고 메시지를 전달했다. 광고에서 배우 이정재는 "젊은 세대라고 항상 새로운 것만 찾지는 않죠. 할머니도 아버지도 또 저도. 소화제는 까스활명수죠"라고 말한다.

2005년에는 아이돌그룹 '신화' 멤버이자 KBS 드라마 〈슬픔이여 안녕〉에 출연하고 있던 26살의 김동완이 활명수 광고 모델로 등장했다. 김동완은 드라마에서 긍정의 마인드로 자신에게 닥친 역경을 극복해가는 캐릭터로 인기를 모았다. 활명수 광고는 그의 이미지를 그대로 활용했다. 김동완은 광고에서 "난 까스활명수 같은 남자. 까스활명수처럼 시원하고. 까스활명수처럼 부드럽고. 무엇이든지 다 소화시킬 수 있으니까. 까스활명수 닮았데요"라고 말한다. 자신의 캐릭터를 까스활명수에 비유했는데, 이런 직유적 표현은 이

활명수 광고 모델, 아이돌그룹 멤버 김동완

까스활명수-큐 광고(2005)

전 활명수 광고에서는 볼 수 없었다.

2007년에는 상큼하고 발랄한 23살의 배우 이윤지가 모델로 나온다. 이윤지는 KBS 드라마 〈열아홉 순정〉, MBC 드라마 〈내 곁에 있어〉에서 보여준 톡톡 튀는 신세대 젊은 여성의 모습 그대로 활명수 광고에 등장했다. 이윤지는 광고에서 "엄마! 젊다고 다 소화되는 것 아니거든. 더부룩하고 답답하고 꽉 막혀. 그러니까 아무거나 먹으라고 하지 마. 11가지 생약성분 나도 까스활명수 좋은 것 안다구"라고 말한다. 2015년에는 25살의 배우 신세경이 모델로 등장한다. SBS 드라마 〈냄새를 보는 소녀〉를 통해 기존의 차가운 이미지를 쾌활한 이미지로 바꾸며 활명수 모델로 캐스팅되었다. 신세경은 이 광고에서 "아 배불러… 활명수가 빠르네. 소화에는 역시 활명수"라고 말한다. 이처럼 활명수 광고에 20대 연예인 모델을 대거 발탁한 것은 활명수에 익숙하지 않은 젊은 세대에게 활명수를 알리려는 포석이기도 했다. 한편 장년층에 친숙한 브랜드 이미지에서 젊은 감각으로 변화를 주려고 하는 시도이기도 하다. 1983년 21살의 활명수 모델 김혜영, 2007년 23살의 활명수 모델 이윤지, 2015년 25살의 활명수 모델 신세경, 시대는 다르지만 신선하고 발랄한 젊은 여성 이미지를 통해 친근하게 다가가려는 광고 전략의 단면을 엿볼 수 있다.

활명수 광고 모델, 배우 이윤지

까스활명수─큐 광고(2007)

과거 활명수 광고에는 중년 여성과 부부 모델이 등장하기도 했다. 1986년 배우 김형자(당시 36세)와 1989년 개그맨 최양락(당시 27세) –팽현숙(당시 24세) 부부가 그 대상이었다. 배우 김형자는 1986년 활명수 광고에서 방송인 김혜영과 함께 중년의 주부를 대표한다. 1989년 신혼이었던 개그맨 커플인 최양락–팽현숙 부부는 특유의 넉살로 까스활명수와 부채표에 대해 재치 있게 표현했다.

이후 1996년에는 중견 남성 배우인 김무생(1943~2005, 당시 53세), 1997년에는 배우 한진희(당시 48세)가 활명수 광고에 출연했다. 배우 김무생은 특유의 중저음 목소리로 "백년을 이어온 까스활명수"라고 이야기하여 활명수에 대한 신뢰를 한층 드높였다. 반면 배우 한진희는 다소 코믹한 표정과 몸짓으로 부채표를 강조하며 활명수의 친근한 이미지를 더해주었다. 중후한 외모의 한진희는 원래 정통 멜로 연기를 해온 배우였지만, 1993년 이후 우리나라 최초의 시트콤인 MBC 〈김가이가〉에 출연해 익살스런 연기로 새롭게 주목을 받고 있었다.

2002년에는 아나운서 출신 방송인 손범수(당시 38세)가 모델로 출연하는데, 그는 광고 내내 '부채'를 찾아 헤맨다. 그리고 광고 마지막에 "부채표가 아닌 것은 활명수가 아닙니다"라고 말하여 100년 이상 이어온 활명수의 차별된 상표를 사람들에게 각인시켰다. 손범수는 활명수 광고 모델 중 유일한 아나운서 출신의 방송인이었다. 반듯한 외모와 신뢰감을 주는 그의 목소리는 청년층과 중장년층을 막론하고 호감을 주기에 충분했다.

1982년부터 2015년까지 활명수 광고에 출연했던 모델의 나이와 이미지, 광고 콘셉트를 분류하면 하나의 포지셔닝 맵을 그릴 수 있다. 가로축은 나이에 따라 청년층, 중장년층으로 나눌 수 있다. 세로축은 광고 콘셉트가 새로움을 추구했는지 아니면 전통과 역사에 대한 메시지를 강조했는지에 따라 나눌 수 있다. 먼저 20대 여성 모델과 20대 남성 모델은 새로움을 추구하는 청년층을 타깃으로 했다. 남성 모델들보다 여성 모델들이 더 신선한 이미지와 감성적인 메시지를 제시했다. 남성 모델의 경우 이정재는 역동적으로 김

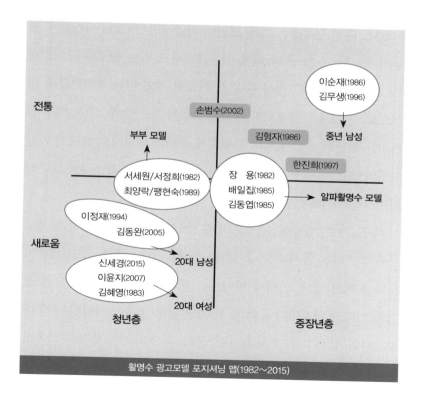

활명수 광고모델 포지셔닝 맵(1982~2015)

동완은 그에 비해 부드러움으로 소비자에게 접근했다.

1989년, 1993년 두 번에 걸쳐 부부 모델을 기용한 것은 청년층에서 중장년층으로 진입하는 소비자에 대응하는 포지셔닝이었다. 지금은 생산되지 않고 있으나 1980년대 초중반 장용, 배일집, 김동엽 등이 출연한 '알파활명수' 광고는 술자리가 잦은 30~40대 남성을 타깃으로 했다. 특히 당대 최고의 인기 스포츠였던 야구를 소재로 한 알파활명수 광고에 출연한 김동엽은 광고 콘셉트의 신선함을 배가시켰다. 배우 김무생과 이순재는 활명수의 전통적인 소비층인 중장년을 대상으로 했다. 그들이 전달한 메시지는 '역사와 전통'이었다. 배우 김무생은 비록 고인이 되었지만, 여전히 왕성하게 활동하며 '새로운 노년'의 이미지를 그려내고 있는 원로배우 이순재는 그간 활명수 광고에서 한 번도 시도된 적이 없는 중장년층을 대상으로 한 새로운 콘셉트의 광고에 적임자라고 할 수 있다. 배우 김형자는 활명수 광고에 거의 유일하게 중년의 이미지로 출연한 여성 모델이었고, 배우 한진희는 코믹한 중년을 연기해 활명수의 친근한 이미지를 부각해준 모델이었다.

배우, 가수, 방송인, 스포츠 선수 등 우리가 흔히 말하는 예체능 분야의 스타는 동시대를 살아가는 사람들에게 기쁨을 주고 대중의 사랑을 먹고 산다. 스타의 이미지는 대중이 원하고 표현하고픈 정서와 가치의 반영이기도 하다. 1980년 컬러 방송이 시작된 이래 대중문화의 힘은 더욱 커졌고, 대중문화 속 스타의 영향력은 더욱더 확대되고 있다. 1980년 이래 활명수 광고에 등장한 스타는 화려한 환상 속 존재가 아니라 우리 이웃에 살고 있을 법한 사람이 대부분이었다. 우리는 그들을 통해 소소한 일상의 기쁨과 애환을 맛보았고, 내일의 희망과 꿈 그리고 젊음의 신선함과 열정을 경험했다. 그것은 곧 120년을 이어온 활명수의 이야기이기도 하다.

편의점의 사회학,
편의점의 '까스活'

24시간 불이 꺼지지 않는 '편의점'은 우리 생활 속 일부분이다. 편의점이라는 단어가 한국 사회에 처음 등장한 시기는 1989년이다. 당시로써는 이 용어가 워낙 생소해 '서구식 소매점' '현대화된 구멍가게'라는 설명이 따라붙기도 했다. 1989년 세븐일레븐이 서울 송파구 올림픽선수촌아파트에 첫 점포를 개설했다. 올림픽선수촌아파트는 1988년 서울올림픽 당시 선수촌으로 활용된 후 일반인들이 입주한 터전이었다. 1989년 기준으로 보면 쾌적한 최신식 생활공간이었고 입주민의 생활수준은 중산층 이상이었다.

이렇게 시작된 한국의 편의점은 1990년에 이르러 패밀리마트(현재 CU)와 미니스톱, LG25(현재 GS25) 등이 잇달아 시장에 뛰어들면서 판이 커졌다. 편의점은 1990년대를 거치며 급속도로 늘어났다. 2014년 말 기준으로 점포가 2만 7000개까지 늘어났다. 아침을

굶고 일터로 향하는 직장인, 김밥과 도시락으로 점심을 해결하는 학생, 늦은 밤 귀가하며 숙취를 해소하는 이들로서는 24시간 불이 꺼지지 않는 편의점이 없는 세상이란 이제 상상하기 어려울 정도가 되었다.

2000년대에 들어 편의점은 고도 성장기를 맞는다. 경쟁이 가열되며 편의점 업체들은 상품 판매를 뛰어넘어 다양한 생활 서비스를 도입하기 시작했다. 현금자동입출금기ATM가 편의점 안에 들어서면서 사람들은 은행에 가지 않고도 편의점에서 간단한 금융 서비스를 이용할 수 있게 되었다. 또한 2001년에는 택배 서비스가 시작되었고, 2002년에는 온라인 쇼핑몰에서 산 물건을 대신 받아주는 픽업 서비스가 도입되기도 했다. 2000년대 후반에 다양한 편의점은 보험 판매와 항공권 예약, 상하수도 요금 및 국세 수납 서비스도 맡았다. 이 외에도 알뜰폰 판매와 해외직구(직접구매) 대행 서비스, 식당형 편의점 도입에 이르기까지 다양한 시도가 계속 이뤄지고 있다.[192]

원래 편의점과 같은 일반 판매시설에서는 활명수와 같은 일반의약품을 판매할 수가 없었다. 일반의약품은 특별한 경우가 아니면 오직 약국에서만 구매할 수 있다. 하지만 라이프스타일의 변화로 소비자들은 편의점에서도 간편하게 활명수를 구매하고 싶어 했다. 정부는 이러한 시대의 흐름을 받아들여 2011년 드링크제, 액제 소화제, 외용연고 등 48개 품목의 일반의약품을 편의점에서 판매할 수 있도록 의약외품으로 지정했다. 그런데 소화제의 경우 활명수의 경쟁 상품인 '까스명수'는 의약외품 분류가 되었으나 '까스활명수'

는 일반의약품으로 남았다. 또한 상처치료제 '마데카솔'은 의약외품이 된 반면 동화약품의 '후시딘'은 일반의약품으로 남았다. 보건당국이 까스활명수를 외약외품으로 전환하지 않은 이유는 활명수의 생약성분 중 일부는 효과가 검증된 의약품에서만 사용할 수 있기 때문이라고 한다.

하지만 소비자의 구매 편의성에 대한 요구가 계속 이어지자 동화약품은 이를 수용하여 의약외품으로 전환된 제품 중 부채표 까스活을 출시한다. 까스活의 탄생은 편의점과 대형마트의 대중화로 인한 소비 형태의 변화와 이에 따른 액제 소화제 시장의 트렌드와 현행법에 맞게 동화약품이 활명수의 브랜드를 적절하게 공유하는 전

활명수 삼형제

략을 구사한 것이다.

정부는 2012년부터 편의점에서 감기약, 해열제 같은 안전상비의약품의 판매를 허용했다. 편의점이 과학적으로 판매 및 재고 관리를 하다 보니 비상약과 연관된 다양한 빅데이터가 형성되었다. 2013년 1~3월까지 편의점 CU의 안전상비의약품 판매 동향을 보면 대다수 안전상비의약품의 남성 구매 빈도가 높았던 반면 진통해열제의 경우 여성이 58.7퍼센트로 남성에 비해 17.4퍼센트 높게 나타났다. 또한 어린이용 진통해열제의 경우 주말이 평일 대비 약 180퍼센트 매출 신장률을 보였고, 야간(22~06시)의 구매 빈도도 65퍼센트 높게 나타나 긴급 구매의 경우가 다른 상품에 비해 높은 것으로 나타났다. 성인은 아픈 경우 약국이나 병원이 열 때까지 참는 경우가 많지만, 아이가 아프면 부모가 급하게 약을 찾는 경우가 많아 약국이 문을 닫는 야간에 구매 빈도가 높은 것으로 보인다. 소화제의 경우 다른 입지에 비해 리조트, 휴게소, 터미널 등 휴양지와 가까운 특수 입지에서의 판매율이 가장 높았다.[193]

편의점과 대형마트에서 생성되는 고객 주문의 빅데이터는 판매 전략과 신상품 개발에 효과적으로 대응할 수 있게 해준다. 주말에 아내 대신 마트를 찾은 30대 남성들이 맥주와 기저귀를 같이 구매하는 경우가 많아지자, 일부 판매 시설에서는 아예 맥주와 기저귀를 같이 전시하는 사례가 생기기도 했다. 단맛을 좋아하는 20~30대 여성들의 기호를 빅데이터를 통해 철저히 분석한 뒤 출시하여 성공을 거둔 과자가 바로 '허니버터칩'이다. 현재 편의점에서 판매되고 있는 소화제 까스活도 나름의 빅데이터 분석을 병행한다면 함께 구매하는 다른 상품들과의 연관성을 찾아내어 판매 증진 효과를 기대할 수도 있고, 새로운 콘셉트의 제품을 개발해낼 수도 있을 것이다.

편의점은 우리 주변에서 24시간 운영되는 유통 채널로서 심야 안전상비의약품 판매와 같이 국민의 편의를 증진하고 돕는 사회적 인프라 기능을 충실히 수행하고 있다. 또한 심야에 지역사회의 안전 사랑방 역할도 겸하고 있다. 1인 가구가 증가하는 상황에서 편의점은 이제 '유통업의 꽃'으로 불린다. 대형마트에 가서 싸게 많이 구입하기보다 집 근처 편의점에서 소용량 제품을 사서 쓰는 이들이 늘고 있기 때문이다. 편의점이 현대판 '만물상'으로 진화하는 현상은 앞으로도 계속될 것으로 보인다. 소비자의 필요를 채워주고 답답한 현실을 위로하면서 말이다. 오늘도 답답한 속을 달래기 위해 편의점 매대에서 까스活을 찾는 이들이 있다.

활명수 디자인

活命水
1897

2001년 개봉한 마이클 베이 감독의 영화 〈진주만〉은 제2차 세계대전을 배경으로 한 대표적인 영화 중 하나다. 일본의 진주만 폭격 이후 병원에 실려 온 군인들에게 수혈하기 위해 임시로 코카콜라 병에 건강한 군인들의 피를 받는 장면이 나온다. 역사적 사실을 바탕으로 한 이 장면은 전쟁 중에 코카콜라가 미군 병사들과 얼마나 가까이 있었는지 단적으로 보여준다.

1886년 처음 선보인 코카콜라는 원래 청량음료가 아닌 의약품이었다. 1885년 미국 남부 애틀랜타의 약제사였던 존 펨버튼John Stith Pemberton이 프랑스의 만병통치약을 모방해 '프렌치 와인 코카'라는 매약(일반 약국에서 쉽게 구입해 복용할 수 있는 약)으로 만든 것이 시초였다. 19세기 후반과 20세기 초반에 금주법이 시행되고 매약에 대한 제재가 강화되자 코카콜라는 음료로 변신한다. 이후 탄산음료 매장에서 미국인이 즐겨 찾는 문화 아이콘으로 자리 잡았다. 탄산음료로 인기를 끈 코카콜라는 판촉, 무료 시음 등 공격적인 광고와 마케팅에 힘입어 급성장했다. 무엇보다 코카콜라는 제2차 세계 대전에 참전한 병사들의 사기 진작용 군수품으로 선정되어 국가적인 지원을 받으면서 세계로 뻗어나갔다.[194] 사실 코카콜라는 99퍼센트가 설탕과 물로 이뤄진 탄산음료다. 원료만 보면 그냥 액체에 불과하다. 하지만 허리가 잘록한 병에 담기고 빨간색과 흰색을 대비한 로고가 붙으면 전 세계인이 사랑하는 '음료'로 탈바꿈한다. 1915년부터 사용된 코카콜라 병은 20세기를 대표하는 디자인 제품으로 꼽히고 있을 뿐 아니라 미국 문화의 경계 없는 침투를 상징하면서 브랜드 파워란 바로 이런 것임을 보여주었다.[195] 오늘날의 코카콜라를 만든 것은 바로 마케팅과 디자인의 힘이다.

제품이 생산되면 판매를 위해 포장을 한다. 이 부분에서 대개 제품의 기능과 미적인 부분을 고려한다. 흔히 이것을 디자인이라 말한다. 코카콜라 병은 실용성과 예술성을 동시에 갖춘 수작이지만, 일반적으로 음료를 담는 용기는 실용적인 부분에 초점을 맞추어왔다. 우리나라에서 가장 오래된 브랜드인 활명수 역시 초창기에는 미적인 부분보다는 실용성에 초점을 맞춰 용기를 사용해왔다. 1897년 초창기 활명수 병의 디자인은 투박한 모양에 코르크 마개를 이용하여 밀봉하는 구조였다. 처음부터 규격화된 병 모양과 라벨이 있었던 것은 아니었다. 활명수 병 디자인이 체계화되기 시작한 때는 일제강점기부터다. 기준 용량을 바탕으로 규격화된 병을 만들기 시작

초창기 활명수

1968

1969

1971

1972

1982

1982

1987

1992

1999

2004

2007

2008

2009

현재

했고, 상표와 제품 설명이 적힌 라벨을 부착하기 시작했다.

450ml 용량의 활명수 병은 다양한 용도로 활용되었다. 물자가 귀한 시절이라 활명수 병만이 아니라 사용한 유리병들 역시 여러모로 재활용되었다. 간장이나 고추장 같은 식재료를 담아두기도 하고 농약이나 염산 같은 유해성 물질을 보관하는 데 쓰기도 했다. 이 때문에 활명수 병에 담아놓은 몸에 유해한 액체를 활명수로 오인하고 마신 사례가 언론에 종종 보도되기도 했다. 어려웠던 시절, 활명수 병은 마시고 버리는 단순한 용기가 아니었다.

1960년대에 이르러 활명수 용기 디자인은 점점 세련되어졌다. 특히 1960년대 중반 삼성제약의 까스명수와 '탄산가스 전쟁'을 벌이면서 활명수는 병 디자인에도 새로운 변화가 생겼다. 1969년 까스활명수 병을 보면 흰 배경에 빨간색 글자와 파란색 문양의 색이 어우러져 시각적인 강렬함이 돋보인다. 눈에 확 띄는 디자인이다. 경쟁자인 까스명수가 없었다면 그 당시 활명수 병의 디자인이 다르게 정해졌을지도 모를 일이다. 활명수 병은 1982년부터 오늘날과 같은 형태로 정착되었다. 병목 부분을 이전보다 슬림하게 처리하여 더욱 맵시 있어 보이게 했다. 1999년부터는 병 색상을 전반적으로 녹색으로 유지하고 있는데, 이는 환경과 웰빙을 강조하기 시작한 사회 분위기와 무관하지 않다.

활명수하면 자연스럽게 부채표 상표가 떠오른다. 부채표는 활명수의 초창기부터 함께했다. 동화약품이 부채를 상표로 선택한 것 또한 《시전詩傳》의 "紙竹相合 生氣淸風(지죽상합 생기청풍)" 즉 "종

부채표 CI 변천사

이와 대나무가 서로 합하여 맑은 바람을 일으킨다"는 뜻에서 비롯
되었으며 "민족이 합심하면 잘 살 수 있다"는 민족정신을 내포하고
있다.[196] 부채표 상표는 활명수 병 라벨에 브랜딩되어 100년 이상을
함께했다. 그 때문에 사람들은 활명수 하면 곧 부채표를 생각한다.
부채표라는 상표의 가치는 한결같았지만, 시대의 흐름에 따라 상
표 디자인은 조금씩 변화를 주었다. 1910년부터 2007년까지 사용
된 부채표 상표 디자인을 보면 부채 안에 회사명인 '동화'가 한자로
새겨져 있음을 알 수 있다. 그런데 2008년부터 사용한 부채표 상표
디자인에서는 '동화'라는 이름이 사라졌다. 이름이 없어도 부채를
보면 그것이 자연스럽게 동화라는 것을 인지하고 있기 때문이기도
하다. 그리고 'since 1897'이란 문구를 넣음으로써 장수기업 동화
만의 차별성을 나타냈다. 1897년에 시작된 역사적 전통은 그 어떤
기업도 표현할 수 없는 동화만의 가치라고 할 수 있다.

최근에 출시된 미인활명수의 디자인을 보면 아름다운 여성 이미

여성 소비자의 특성과 기호를 반영한 활명수의 변화

미인활명수(2015)

지 위에 새겨진 부채표를 확인할 수 있다. 사람들은 이 디자인 안에 담긴 활명수의 가치를 음미한다. 활명수는 시대의 흐름 속에서 소비자의 요구와 감각에 부합하는 디자인을 제공하고자 부단히 노력해왔다. 10년 뒤 20년 뒤 활명수 병과 라벨 그리고 부채표 상표는 과연 어떻게 변해 있을까?

헤리티지 마케팅

活命水
1897

영어 단어 'heritage(헤리티지)'는 '유산' '상속'의 의미를 지니고 있다. 마케팅에서도 헤리티지를 가미한 전략이 종종 활용되곤 한다. 헤리티지 마케팅이란 신흥 브랜드들과 차별화를 두기 위해 주로 전통이 있는 업체들이 기업이나 브랜드의 오랜 역사를 마케팅에 활용하는 방법을 말한다. 기업들은 브랜드의 가치가 담겨 있는 전시회, 박물관, 히스토리북 등을 통해 고객에게 색다른 경험을 제공한다. 이 과정에서 자연스럽게 기업의 브랜드 이미지가 소비자들에게 부각된다.[197] 오랜 전통이 있는 기업으로서는 확실한 차별화 전략이 된다. 아무리 신생 브랜드가 파격적인 마케팅 전략을 펼친다 한들 유구한 역사까지 대체할 수는 없다. 이러한 헤리티지 마케팅은 유럽의 명품업체들이 박물관이나 갤러리를 활용해 전시회를 열면서 처음 시작되었고, 현재 많은 글로벌 기업에 의해 시도되고 있다.

독일의 폴크스바겐·BMW·아우디·메르세데스 벤츠, 일본의 도요타·혼다, 미국의 포드·크라이슬러 등 자동차 업체들은 관련 박물관 운영을 통한 헤리티지 마케팅을 시도하고 있다.

헤리티지 마케팅은 고급 브랜드에 의해 시작되었지만, 현재는 역사와 경영철학, 가치를 전달하고자 하는 기업에 의해 다방면으로 활용되고 있다. 우리나라 기업들도 헤리티지 마케팅을 활용해 신흥 브랜드와의 차별화를 꾀하고 있다. CJ그룹은 모⊕ 브랜드 격인 '백설'을 내세워 '그때 그 맛'을 콘셉트로 1953년 이후 한국의 요리 소재와 밥상의 역사를 이어왔다는 광고를 내세우기도 했고, 2012년 현대자동차는 1976년에 출시한 포니 모델을 서울 영등포 타임스퀘어에 전시함으로써 현대만의 독특한 유산을 선보이려 했다. LG전자는 기업의 전신인 '금성사'의 업적인 한국 최초의 라디오, 텔레비전, 세탁기를 직간접적으로 노출하면서 기업의 역사가 곧 한국 전자산업의 역사임을 드러내고 있다.

하지만 한국 헤리지티 마케팅의 시초는 한국에서 가장 오래된 브랜드인 '부채표 활명수'라고 할 수 있다. 활명수가 세상에 태어난 지 70주년이 되던 해인 1967년에 동화약품은 《매일경제》 2월 16일자 활명수 광고에 "70년의 산 역사가 약효를 보증"한다는 문구를 집어넣었다.

활명수가 필요한 상황이라든지 약의 효능 혹은 제품의 기능에 대한 홍보에 주력하던 이전의 광고와 달리 처음으로 기업의 역사를 광고의 주요한 콘셉트로 잡은 것이다. 1967년은 해방된 지 20여

기업의 역사를 활용한 헤리티지 마케팅을 선보인 활명수 광고

《매일경제》 1967년 2월 16일자

년이 지난 때였고 한국전쟁이 끝난 지 14년밖에 안 된 시점이었다. 그 당시 창립한 지 20년이 넘은 기업의 수는 손에 꼽을 정도였다. 이러한 때 70년의 기업 역사를 광고에 활용했다는 것 자체가 확연한 차별화 포인트였다. 동화약품은 이 광고를 통해 기초적인 헤리티지 마케팅을 구현할 수 있었다.

활명수가 허준의 《동의보감》에도 나오지 않는 궁중 비법으로 만들었다는 것은 알 만한 사람은 다 아는 사실이다. 1960년대 이후 활명수는 관련 기사와 광고에서 전통의 궁중 비법을 강조하고 있다. 그렇지만 1960년대 이전 특히 조선 왕조의 추억이 남아 있던 일제강점기에는 활명수의 '궁중 비법'이나 '임금님이 마시던 소화제' 같은 내용을 넣은 광고를 한 적이 단 한 번도 없다. 대한제국 외부대신 출신인 이하영이 사장으로 있던 대륙고무신은 광고에 순종 임금을 지칭하던 '이왕李王'을 언급하며 관심을 끌었고[198] 아지노모도 역시 이왕가에 제품을 납품한다는 표현을 광고에 썼다.[199] 몰락한 왕조 그리고 일본의 귀족으로 전락한 조선의 왕가였지만, 그래

도 왕실은 권위를 상징했고 왕족이 특정 물건을 사용하거나 왕실에 물건을 납품한다는 사실 자체가 조선인들에게는 브랜드의 신뢰성을 높일 수 있는 기회였다. 그런데 왜 활명수는 일제강점기에 조선 왕조의 유산인 '궁중 한방 비법'을 활용한 헤리티지 마케팅을 시도하지 않았을까? 만약 했다면 당시 경쟁 상대이던 활명액이나 회생수와의 대결에서 쉽게 우위를 점할 수 있었을 텐데 말이다. 아마도 당시 활명수 모기업 동화약방의 민강 사장은 독립운동가의 한 사람으로서 차마 사라진 나라, 몰락한 왕조의 유산을 홍보 수단으로 삼기를 원치 않았을 것이다.

1960년대부터 헤리티지 마케팅을 시작한 활명수는 1976년 80주년에 즈음하여 왜 사람들이 활명수를 오랫동안 마셔왔는지에 대해 할머니가 마시던 활명수라는 콘셉트로 전통과 역사를 강조했다. 1981년 12월에 활명수는 1897년 착공해서 1899년 완공된 한국 최초의 철도인 '서울-인천 간 경인선 철도'에 빗대어 광고를 낸다. 전하려는 메시지에는 역사성과 제품 기능에 대한 의미가 담겨 있었다.

"'빠르고 값싸고 편리한' 기차는 문명이 가져다 준 경이로운 존재였습니다. 헌데 (경인선) 철도가 기공되었던 1897년. 문명이 가져다 준 선물은 기차뿐이 아니었습니다. 전화가 처음 가설되었으며 우리나라 최초의 양약 활명수가 만들어졌던 것이었습니다.

그 후 84년.

기차와 전화와 활명수는 현대화 과정을 밟으면서 더욱 편리하게 더욱 많은 사람에게 이용되어 오고 있습니다. 기차를 타실 때 같은 나이 활명수를 생각하십시오."

이후 활명수의 역사성이 다시 돋보이기 시작한 시점은 활명수 탄생과 모기업 동화약품의 창립 100주년을 맞이한 1997년이었다. 당시 한국은 IMF 외환위기 직전이라 사회적으로 미래에 대한 불안감과 지속 가능성에 대한 위기가 가득했다. 그럼에도 한국에서 가장 오래된 기업과 브랜드가 걸어온 한 세기를 기념하고자 하는 언론의 보도가 이어졌다. 《동아일보》와 《매일경제》는 1997년 9월 25일 경제면과 산업면에 동화약품 설립 100주년 기념일에 맞추어 동화약

동화약품 설립 100주년을 기념하여 활명수를 소개한 칼럼

《경향신문》 1997년 9월 26일자

품의 역사와 간판 브랜드인 활명수를 자세히 소개했다.《경향신문》
은 9월 26일자 지면에〈장수식품〉이란 칼럼을 통해 동화약품과 활
명수의 100주년을 기념했다. 독일의 아스피린과 한국의 활명수가
동갑내기 100살이며 효자상품인 것을 언급하면서 한국 최고에서
더 나아가 세계가 알아주는 명품이 될 것을 주문하기도 했다.[200]

활명수는 탄생 111년이 되던 2008년 다시금 브랜드의 역사성을
내세운 헤리티지 마케팅을 시도한다. 활명수는 텔레비전과 신문 광
고를 통해 조선시대 궁중 비법으로 만든 활명수, 독립운동 자금을
대던 활명수, 아스피린과 같은 나이 등을 콘셉트로 활용하며 브랜
드의 역사성을 강조했다.

특히 1879년 만들어진 P&G의 아이보리 비누, 1897년 활명수와
같은 해에 만들어진 아스피린과 활명수를 비교해 만든 활명수 광고

활명수의 역사를 강조한 광고

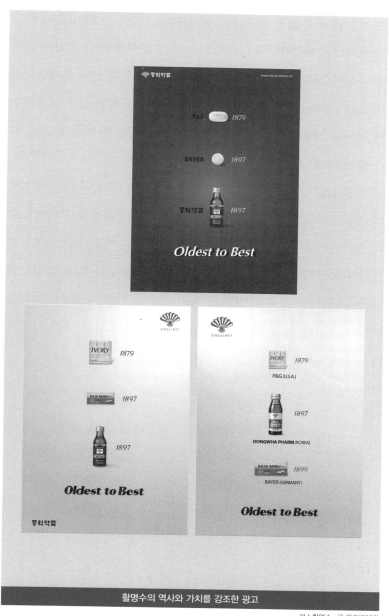

활명수의 역사와 가치를 강조한 광고

까스활명수-큐 광고(2009)

는 세간의 이목을 끌었다. 현란한 이미지나 카피가 없어도 이 광고가 의미하는 바는 너무나 명확하다. 바로 역사와 전통 그리고 신뢰와 품질이다. 아비보리 비누, 아스피린, 활명수의 각기 설립연도와 "Oldest to Best(가장 오래된 것에서 최고의 것으로)"라는 문구는 활명수가 거쳐온 세월과 가치를 말해준다. 우리나라에서 이런 광고를 할 수 있는 브랜드는 활명수가 유일하다.

우리나라 기업들의 헤리티지 마케팅은 이제 시작 단계다. 세계적인 기업들처럼 역사적 가치와 기업의 가치를 조화롭고 사업적으로 잘 풀어내기에는 서툰 면도 있다. 더구나 우리 기업들이 그동안 시도했던 헤리티지 마케팅은 역사성을 부각한 광고나 전시회 정도의 접근이 대부분이었다. 앞으로의 헤리티지 마케팅은 기존의 전략 그 이상이 요구된다. 활명수 역시 이러한 시대적 흐름에 따라 기업의 역사적인 가치를 시대정신에 맞게 잘 풀어내는 지혜가 필요하다.

생활 속의
산업문화유산

活
命
水
1897

1893년은 콜럼버스가 신대륙을 발견한 지 400주년이 되는 해였다. 이를 기념해 미국 시카고에서 세계만국박람회가 열렸다. 박람회가 내건 주제는 '미국의 기술 발전과 세계의 미래'였다. 개발된 지 오래지 않은 화려한 전구가 전시장을 수놓았고 각종 첨단제품이 미국이 주도하는 세계 경제의 미래상을 보여주었다. 미국 전역과 세계에서 3000만 명에 달하는 사람이 미래 세계를 보기 위해 시카고를 방문했다.[201] 당시 우리나라는 '대조선'이라는 국호와 태극기를 내걸고 박람회에 참여했다. 처음 진행하는 국제 박람회 행사였기에 사전 준비가 많이 부족했다. 당시 안식년 차 미국에 있던 배재학당의 교장 아펜젤러 선교사가 조선 대표단의 일원으로 박람회에 참가하고 있던 배재학당의 학생을 만나러 박람회장을 찾기도 했다.[202]

박람회가 끝나고 40년이 지나 1933년 시카고 만국박람회장 장소는 미국 중서부 기업인들의 도움으로 '과학과 산업'을 주제로 하는 시카고 '과학산업박물관Museum of Science and Industry'으로 다시 태어난다. 이 박물관은 원자력, 플라스틱 등 2000여 개의 산업 유물이 전시되어 있어 미국 산업 발달의 역사를 보여주는 교과서이자 생생한 교육의 장으로 기능하고 있다. 한편 미국 미시간 주 앤아버에는 세상에서 성공한 화려한 제품이 아니라 시장에서 실패한 제품들을 따로 모아놓은 '뉴 프로덕트 웍스New Product Works' 박물관이 있다. 일명 '실패박물관'이다. 이곳에는 시장에서 실패한 7만여 점의 제품을 전시하고 있는데, 전 세계 경영자와 마케터들이 이곳을 찾아 '실패의 교훈'을 얻어가고 있다.

'성공의 역사를 모아놓은 곳' 그리고 '실패한 제품을 모아놓은 곳' 어찌 보면 어울리지 않는 조합이지만, 여기에는 중요한 공통점이 있다. 바로 무엇 하나 소홀히 하거나 버리지 않고 차곡차곡 모아 놓았다는 사실이다. 특히 실패라는 쓰디쓴 기억과 아픔마저 기록과 보관을 통해 하나의 카테고리로 만들어 전시함으로써 '실패의 교훈'을 트렌드로 만든 발상이 실로 놀랍다. 지나온 역사의 유산을 소중히 여기고 그것을 문화적 자원으로 삼으면 미래 세대 발전의 자양분이 된다. 그렇다면 우리나라는 어떨까? 우리도 기록과 보관에 있어 남부럽지 않은 DNA를 갖고 있다. 조선시대 왕의 행적을 낱낱이 기록한 《조선왕조실록》이나 왕명의 출납을 관장하는 승정원에서 매일매일 취급한 문서와 사건을 빠짐없이 기록한 《승정원일기》 등은 세계적으로 주목받는 기록물이다. 공적인 기록뿐 아니라 우리 조상들이 개인적으로 남긴 기록물 또한 적지 않다.

하지만 19세기 후반 이후 우리의 기록과 보전에 대한 전통은 많이 약화된다. 국운도 기울었고 서양 문물의 유입과 전통문화의 쇠퇴, 그리고 일본의 압제 속에서 무언가 여유롭게 기록할 여건이 허락되지 않았다. 해방 이후 혼란과 전쟁을 겪으면서 과거의 기록이 파괴되거나 유실되기도 했다. 아쉽게도 근대 이후 산업기술에 대한 기록과 보전은 참으로 미약한 수준이다. 조선시대 이후 사농공상 士農工商의 신분 구조가 사람들의 의식 속에 잠재되어 있어 산업기술과 연관된 공상工商을 천대했기 때문이다. 19세기 후반 개항 이후 공업과 상업에 대한 시각이 새롭게 정립되기 시작했으나 산업기술을 하나의 유산으로 보고 이를 기록하거나 보전하는 데까지 생각이 이르지는 못했다. 일제강점기-해방-분단-한국전쟁을 거친 이후 경제개발과 함께 쉼 없이 발전했지만, 많은 기술과 제품이 제대로 평가받기도 전에 역사의 뒤안길로 사라져갔다.

2012년 문화재청은 전북대학교 산학협력단에 의뢰하여 기관과 개인 등이 소장하고 있는, 개화기부터 1999년까지의 근현대 시기 산업기술 분야 유물 등을 조사해 보고서를 발간했다. 이 시기의 산업기술을 기계기술, 전기-전자-정보기술, 재료-자원기술, 토목-건설기술, 화학-생명기술, 농림수산기술, 산업기술 총류의 7개 분야로 구분하고 각 분야별 최초 또는 대표적인 기계, 제품 등 175건을 목록화했다. 목록 등재 기준을 보면 공통적으로 '각 분야별 산업 발전의 역사성을 갖춘 유물' '사회문화적으로 큰 의미가 있는 산업기술 유물' '회소성이 있고 멸실 가능성이 큰 유물' '한국 산업기술사 및 과학기술사 연구 및 교육에 가치가 있는 유물' 등이고, 제품의 기준으로는 '각 산업별 최초, 최장, 최다 판매 제품' '해당 산업에서 큰 영향력을 발휘한 기술과 관련된 제품' '연구 개발을 통해 처음으로 국내에서 자체 생산한 제품' '국제 시장에서 기술 및 상업적으로 높이 평가 받은 제품'이다.[203]

목록에 등재된 유물 중 김옥균(1851~1894)이 집필한 《치도규칙治道規則》은 근대 이후 도로 정비에 관한 최초의 저술로, 조선 후기 도시의 도로 정비 방향을 세부적으로 보여주고 있는 귀중한 사료다. 우리는 김옥균을 갑신정변(1884년)을 주도한 개화기의 풍운아 정도로만 알고 있는데, 실은 선진 제도와 문물에 관심이 많은 인물이었다. 공병우 타자기는 1949년 안과의사 공병우가 개발한 것으로 한글 가로쓰기가 가능한 3벌씩 한글 타자기였다. 1885년 언더우드 선교사가 조선에 타자기를 가져오면서 시작된 우리 타자기의 역사는 64년 만에야 제대로 한글을 입력할 수 있는 타자기 시대에 접어들게 된다.

1959년 착공된 우리나라 최초의 원자로인 TRIGA Mark-II는 우리나라 원자력 연구 개발의 시작을 알린 원자로다. 원자력 산업 인력 양성과 방사성 동위원소 생산 등에 이용되어 기술 자립에 크게 이바지했다. 한국의 원자력 산업 하면 대부분 박정희 시대인 1978년 완공된 고리원자력발전소를 떠올리지만, 사실상 실험용 원자로를 들여오고 전문 인력 양성을 위해 과학도들을 외국으로 보내

원자력에 관한 견문을 넓히도록 한 것은 1950년대 이승만 정부 때였다.[204]

1961년 준공된 충주비료공장의 요소비료제립탑(비료 알갱이를 만드는 시설)은 우리나라 최초의 대규모 화학공장이자 중화학 공업화의 효시라는 상징적인 의미가 있는 시설물이다. 1950년대까지만해도 우리나라는 비료 하나 제대로 만들 수 없었다. 충주비료공장은 외국의 원조와 기술 지원을 통해 설립되었다. 충주비료에서 생산한 비료를 이용해 농업 생산성이 향상되었고 농가의 소득도 증대되었다.[205] 당시 기술 지원을 하기 위해 외국 엔지니어들이 충주에상주했는데, 이들은 충주 지역 학생들에게 영어를 가르치며 봉사활동을 했다. 이때 충주비료공장 엔지니어들에게 영어를 배운 청소년들 중에는 훗날 UN 사무총장이 되는 반기문도 있었다.[206]

이외에도 오리엔탈 빗, 럭키 치약, 선경화학이 의뢰하여 KIST가 개발한 PET Polyethylene Terephthalate (합성 섬유 소재) 필름, 한국을 이동통신 강국으로 만든 기틀이 된 CDMA Code Division Multiple Access (코드분할다중접속방식) 시스템과 세계 최초 CDMA 상용화 전화, 극심한 전화 적체에서 벗어나게 해준 전전자교환기 TDX Time Division Exchange (종합정보통신 기기)등도 보고서에 수록되었다.[207]

그리고 보고서 목록에는 1897년 궁중 선전관인 민병호가 국내 최초의 신약으로 개발하고, 1910년 특허국에 등록한 국내에서 가장 오래된 등록상품이자 최장수 의약품인 활명수도 당당히 이름을 올렸다. 1996년 활명수의 모기업 동화약품은 국내 최초의 등록상

최장수 기업으로서의 역사와 가치를 활용한 기업 이미지 광고

품인 '활명수'를 비롯해 최초의 등록상표 '부채표', 국내 최초의 제
조회사 및 제약회사 등 4개 부문에서 기네스북에 올랐다. 여기에
국내 최장수 상장기업이라는 기록까지 더하면 '최고最古' 타이틀만
5개를 가진 국내 유일의 업체다.

　활명수는 1999년 대전 정부청사에 개소된 홍보문화 공간인 '발
명인의 전당'에 한국을 대표하는 발명품 중 하나로 전시되고 있다.
발명인의 전당은 크게 발명의 역사, 명예의 전당, 발명을 만나다,
우리시대 발명대왕 등으로 나뉜다. '발명의 역사' 코너는 발명 연대
표와 세계 우수 발명품으로 이루어져 있다. 활명수는 이 코너에 성
덕대왕신종, 상감청자, 거중기 등 삼국, 고려, 조선시대 우리 선조
들의 위대한 발명품과 이명래 고약 등 국산품 1호 제품들과 함께
전시되어 있다.[208]

발명인의 전당을 소개한 기사

《매일경제》 1999년 5월 20일자

이외에도 활명수는 2013년 서울시에서 진행하고 있는 미래유산에 선정되기도 했다. 미래유산은 문화재로 등록되지 않은 서울의 근현대 문화유산 중에서 미래 세대에게 전달할 만한 가치가 있는 유·무형의 모든 것을 말한다.[209] 활명수는 2014년 중소기업중앙회에서 개관한 중소기업역사관에 1950년대부터 2000년대까지 그 시대를 대표하는 450개 품목 중 하나로 선정되어 시대적 의미를 더했다.[210] 이외에도 크고 작은 한국 근현대사의 유산을 이야기할 때마다 활명수는 빠짐없이 등장한다. 이처럼 활명수는 한 세기 이상을 함께하며 우리의 삶과 문화의 일부분이 되었다.

2012년 문화재청에서 발간된 산업기술분야 유물 목록화 보고서에 실린 175개 품목 가운데 압사기(주화 금형을 만드는 기계), 공병우 타자기, 현대자동차 포니, 해양조사연보, 통일벼 유물, 연구용 원자로, 전기로, 연세 101 아날로그 전자계산기, 아날로그 전자계산기 3호기, 금성 라디오, 금성 냉장고, 금성 텔레비전, 금성 세탁기, 삼성전자 64K DRAM,《치도규칙》《과학조선》, 국가표준 도량형 유물 등 18개 품목이 문화재청에 의해 근현대 산업기술 문화재로 등재되었다.[211] 18개 품목 대부분이 해방 이후에 출시된 것들이며 일제강점기 이전 품목은 압사기와《치도규칙》그리고《과학조선》등이다. 3개 품목 중 2개는 문헌이다. 아쉽게도 활명수는 산업기술 문화재에는 등재되지 못했다.

비록 정부의 공식 문서상에는 문화재로 등재되지 못했지만, 활명수는 120년을 한국 사람들과 함께했고 지금도 함께하고 있는 살아 있는 문화재라고 할 수 있다. 100여 년 전에는 급체로 죽어가는 사람을 기사회생시킨 신비의 물약이었고, 지금은 속 쓰리고 답답할 때 막힌 속을 풀어주는 청량제다. 시대를 이어오면서 급변하는 문화 속에서도 활명수는 제자리를 굳건히 지켰다.

한민족의 브랜드
헤리티지를 넘어서

活
命
水
1897

1975년 3월 21일자 《경향신문》에 실린 활명수 광고는 제품의 효능을 가장 이해하기 쉽게 설명한 광고 중 하나다. 활명수의 주요 성분 중 하나인 '아선약'의 그림을 곁들여 왜 활명수가 78년(1897~1975) 동안 복용되고 있는지와 활명수가 필요한 상황을 잘 표현하고 있다.

활명수는 '우리 체질에 맞는 구급 위장약'이고, '12가지 순수 생약으로 조화된 종합 위장 치료제'고 오랜 시간 '복용 경험을 통한 제품의 신뢰'를 바탕으로 '소화가 안 될 때' '갑자기 체했을 때' '술 마시고 속이 거북할 때' '토하고 설사할 때' '위가 몹시 아플 때' 마시는 약 중의 약이다. 액상 소화제 활명수는 120년간 구급 위장약의 대명사로 자리를 잡았다. 조선 말기에서 일제강점기를 거쳐 지금까지 활명수는 '한국인의 구급 위장약'을 상징하는 대명사다.

1897년 탄생한 활명수가 걸어온 길은 곧 우리 브랜드의 역사요,

活命水는 왜 78년 동안 복용되고 있을까?

활명수의 효능을 쉽게 전달하는 광고

《경향신문》 1975년 3월 21일자

기업의 역사였다. 다시 말해 활명수는 대한민국 비즈니스 역사에 아주 중요한 '헤리티지(유산)' 중 하나다. 브랜드 헤리티지는 단기간 에 만들어질 수 없다. 돈으로 사고팔 수 있는 것도 아니다. 겉모양 만 그럴듯한 상품과는 품격 자체가 다르다. 브랜드 헤리티지는 오 랜 시간 인고의 노력과 수많은 담금질 과정을 거쳐야 비로소 형성 될 수 있다. 단순히 오래되었다고 해서 브랜드 헤리티지를 논할 수 는 없다. 브랜드는 소비자 그리고 브랜드가 속한 사회와 끊임없이 소통할 때 비로소 진정한 유산으로서 자격을 획득할 수 있다.

활명수는 세상에 나온 순간부터 보통 사람을 향해 자세를 낮추 었다. 임금님과 왕족, 고관대작들만 먹던 궁중 비법을 적용한 소화

'구급 위장약'의 상징이 된 활명수

《동아일보》 1935년 11월 27일자, 1973년 5월 16일자

제를 양반이 아닌 보통 사람들을 위해 출시했으니 애초부터 활명수는 양반과 상놈을 구분하던 시대에 이미 새로운 시대적 가치를 소비자에게 선보인 셈이었다. 이 때문에 소비자들은 활명수에 애정을 보이며 제품과 브랜드를 함께 사랑해주었다.

격동의 시대인 구한말 일제강점기에 활명수는 독립운동을 지원하기도 하고, 사회적 약자를 돕고, 민족의 다음 세대를 육성하는 일에도 앞장섰다. 해방 이후에는 분단으로 인해 북한과 만주 지역에 있던 자산의 상당 부분을 잃었음에도 꿋꿋하게 재기했다. 그 과정에서 한국전쟁이라는 참상을 겪으면서도 국민의 고통을 나눠 졌다. 산업화 시대에는 바쁜 일과로 심신이 지친 사람들을 위로했으며 지식정보화 시대에는 그 흐름에 발맞춰 다양한 변화와 혁신을 시도해 왔다.

지나온 길을 돌이켜 보건대 활명수의 헤리티지를 부인하거나 부정할 이는 거의 없을 듯하다. 만약 활명수가 옛날의 명성에 만족해 오늘을 의미 없이 보낸다면 활명수는 기성세대만 누리는 추억 속의 브랜드로 사라지고 말 것이다. 또한 활명수가 국내 액상 소화제 시장을 70퍼센트를 점유하고 있다고 이에 만족한다면 눈앞의 글로벌 시장을 놓칠 수밖에 없다.

그렇다면 어떻게 해야 할까? 활명수는 변화를 지향하며 끊임없이 상상하고 혁신해야 한다. 활명수 고유의 가치를 제외한 모든 것을 시대의 흐름에 맞춰 바꾸는 지혜와 용기가 필요하다. 브랜드 노후화를 막기 위해 다음 세대에게 활명수가 계속해서 익숙해지도록 해야 한다. 감성이 충만한 여성 소비자를 위한 활명수도 필요하고, 미래를 짊어질 어린이를 위한 활명수도 필요하다. 사실상 활명수 모기업 동화약품은 일제강점기인 1920년대부터 사회적 약자이던 여성과 어린이를 지원하는 다양한 프로그램을 시행한 전통이 있다. 이제는 그러한 전통을 적극적인 소비자 전략으로 투영해야 할 시점에 도달했다.

한편 활명수에 다양한 상상력을 불어넣기 위해 노력할 필요가 있다. 2010년 이후 청장년 세대의 트렌드 중 하나는 잘 먹고 마시는 것에 대한 관심이다. TV와 인터넷 공간에서 소위 '먹방'과 '쿡방'이 급격히 늘어나는 추세다. 이런 시대의 흐름을 반영해 '활명수 요리 대회'를 개최하면 어떨까? 활명수에 들어가는 11가지 재료 중에는 약용뿐 아니라 식용으로 사용할 수 있는 '육두구' '정향' '멘톨' 같은 향신료도 있다. 이런 재료를 활용해 새롭고 기발한 요리를 만든다면 활명수 브랜드에 대한 홍보 효과를 극대화할 수 있을 것이다. 활명수 제조에 들어가는 재료 중 '아선약'은 유명한 염색 재료이기도 하다. 한국 사회에 불고 있는 웰빙 열풍에 힘입어 전통 천연 염색이 인기를 끌고 있다. 아선약은 천연 염색을 즐기는 이들이 선호하는 재료이기도 하다. 활명수는 다양한 성분이 조화를 이루고 있으므로 약재 성분의 다양한 용도와 그것에서 파생되는 새로운 가치를 활명수 브랜드 확장을 위해 활용하는 지혜가 필요하다. 전통과 혁신이야말로 활명수 모기업인 동화약품이 처음 출발할 때부터 내걸었던 '구학문 신발명'이란 비전 중의 하나가 아니었던가.

활명수의 역사·문화적 가치를 활용하는 방안도 고려해볼 수 있다. 민족의 지성 함석헌 선생은 '고난과 역경의 역사는 발판에 지나지 않는다'고 했다. 지나온 한국의 역사는 대부분 고난의 역사였다. 특히 한국 근현대사가 그랬다. 우리는 고난과 역경에도 불구하고 이전과는 다른 새 역사를 만들어냈다. 고난을 미화하는 것은 의미가 없고 고난을 정당화해서도 안 되며 부끄러워해서도 안 된다. 고난을 극복하며 박차고 나아가는 것만이 의미가 있다. 한국의 근현대사 속에서 우리가 이룩한 경제적 가치와 다양한 사회적 가치를 다양한 접근으로 새롭게 조명해볼 필요가 있다. 권력자의 시각으로, 민중의 시각으로, 때로는 그 시대를 함께한 특정 사물이나 브랜드의 시각으로 말이다.

활명수와 활명수 모기업 동화약품의 역사는 곧 한국 브랜드와 기업의 역사이자 한국 근현대사의 흐름과 궤를 같이한다. 나아가서는 동서양의 만남과 문화적 교류까지 연결해볼 여지도 있다.

무엇보다 활명수는 시대정신에 맞게 우리나라와 민족과 더불어 기쁨과 슬픔, 즐거움을 함께했다. 이제 그 가치들을 다음 세대에 공유하고 발전시키는 다양한 프로모션으로 연결해야 한다. '활명수와 함께 정동길 걷기' 같은 프로그램을 기획하거나 '활명수의 눈으로 본 한국 근현대사 산책'이나 활명수 성분에 들어가는 재료들을 문화인류학적으로 접근한 '활명수와 함께하는 세계 문화사' 같은 교육 프로그램을 마련할 수도 있다.

글로벌 시대를 맞이하여 한국을 찾는 외국인들을 활명수를 사랑하는 고객으로 끌어들이는 전략도 필요하다고 본다. 특히 활명수를 마신 적이 없더라도 '活命水'라는 이름만 봐도 그것이 무엇을 의미하는지 쉽게 이해하는 중국인들에 대한 관심이 필요하다. 한국을 찾는 수십만의 요커는 어쩌면 거대한 잠재 고객일 수 있다. 애초에 중국은 활명수가 공식적으로 진출한 역사가 있는 나라가 아니던가. 비록 동북3성 만주 지역에 국한된, 일제가 세운 만주국이 주요 판매 지역이긴 했지만, 활명수는 1930~1940년대 중국으로 진출해 조선족과 중국인들에게 인기를 얻은 바 있다. 해방 이후 분단과 이념 갈등으로 중국 시장에서 철수하며 중국 소비자들과 아쉽게 멀어졌지만, 이제는 다양한 목적으로 한국을 찾는 잠재적 중국 소비자들에게 활명수를 선보여야 한다. 그들에게 활명수를 전하고 알리고 마시게 한다면 세계에서 점점 영향력을 더해가는 중화 문화권의 중심인 중국 시장이 열릴 수 있다.

장기적으로 활명수는 잃어버린 북한 시장을 회복하는 꿈을 계속 꿰야 한다. 활명수의 아버지 민병호는 19세기 후반 서울과 평양을 오가며 사업을 일궜다. 그만큼 평양은 초창기 활명수와 활명수 모기업 동화약방의 중요한 사업 지역 중 하나였다. 1910년 첫 활명수 신문 광고에 등장하는 태천출장소는 평안북도 지역이며 1934년 냉면 식중독 사건이 일어났을 때 활명수를 먹고 속을 달랬던 사람들이 살던 곳은 황해도 사리원이었다. 서양의 기술을 도입한 새로운 발명에 영감을 얻어 민족의 모든 영역에서 활명수와 같은 혁신을 일으키자고 주창한 사회운동가 조우 선생이 활동한 곳은 함경북도 북청이었다. 모두 지금의 북한 지역이다. 해방 이전에 활명수는 북한 지역에서 인기가 더 많았다. 이 모든 과거의 영화榮華를 추억으로 남기기에는 아쉬운 점이 너무 많다. 언제가 될지 모르지만 활명수는 북한 지역에 다시 진출할 수 있을 것이다. 아니, '진출'이라기보다는 북한 시장의 '회복'이며 '복원'이다. 어쩌면 웬만한 남한 물건이 다 있다는 북한 내 비공식적 시장인 '장마당'에서 이미 활명수가 거래되고 있는지도 모를 일이다.

끊임없는 변화와 혁신을 엿볼 수 있는 활명수 광고

《동아일보》 1966년 11월 9일자

마지막으로 활명수는 동서양의 지식과 기술이 만나 이룬 혁신의 가치를 계속해서 확장해나가야 한다. 활명수가 혁신의 가치를 잃는다면, 그것은 단지 할아버지, 할머니 세대가 마시던 옛날 소화제로 끝날 뿐이다. 글로벌 마인드와 다음 세대를 생각하는 자세로 활명수 브랜드와 가치의 지경을 넓혀야 한다. 혁신을 위해 끊임없이 '왜'라는 질문을 스스로에게 던져야 한다. 1966년 11월 9일자 《동아일보》에 실린 활명수 광고를 보면 "'왜' 모두들 부채표 활명수를 더 찾을까?, '왜' 해마다 부채표 활명수를 더 찾을까?, '왜' 부채표 활명수는 우리에게 가까워질까?"라는 질문이 나온다. 이에 대한 답으로 "빠르고 정확한 약효" "위에 새로운 활력 공급" "어른이나 어린이나 마음 놓고 복용"이라는 세 가지 근거를 제시하고 있다. 적절한 문제 제기와 정확한 분석이다. 과연 앞으로도 이 질문은 유효할 것인가? 그리고 기존의 답을 넘어서는 새로운 답을 내놓을 것인가? 시장 구조의 변화, 소비자의 기호의 변화에 따라서 새로운 문제가 생기기도 하고 새로운 답이 필요할 수도 있다.

1966년에 나온 광고를 변형하여 "사람들이 부채표 활명수를 더 찾을 수 있을까?" "내년에도 활명수는 우리에게 더 가까워질까?"에 대한 질문이 필요한 시점이다. 창의적 문제해결 방법 중에 '5 why 기법'이 있다. 연속적으로 '왜why'라는 질문을 던지며 문제를 해결해나가는 방법이다. 문제의 근본 원인이 나올 때까지 질문을 멈추지 않는다. 문제를 찾으면 해결책을 발견할 수 있고 그 해결책은 곧 크고 작은 혁신을 만들어낸다.

1897년부터 오늘에 이르기까지 활명수는 역사의 파고를 헤치며 지속적인 혁신을 이루어왔다. 내일 역시 그럴 것이다. 미래를 향한 활명수의 혁신은 한국 브랜드 역사와 우리 기업사의 새로운 한 페이지를 장식하게 될 것이다.

1897년 이래 활명수는 우리 삶의 일부분이었다.

그리고 소비자들로부터 많은 사랑을 받아왔다.

이제 다시 한 번 활명수가 미래가치를 담아 소비자와 사회에 답할 차례다.

주

1 〈[연예산업 파워를 찾아서(29) 에이콤 인터내셔날] '명성황후' '영웅' 잇는 3부작 '위안부' 소재 뮤지컬 계획〉,《이투데이》, 2014. 04. 04 참고.

2 조선 말기 개항 무렵 개화를 주장하던 정치 세력.

3 1876년 조선의 개항 이후 개화를 반대하고 전통적인 것을 지키며 그것을 민족 주체 의식으로 여긴 정치 세력

4 1894년 청일전쟁淸日戰爭이 일어나고 김홍집 내각이 성립되어 갑오경장이 추진될 무렵, 우리 정부가 일본 측에 요구해 새로이 구성한 군대.

5 〈을미사변 그후 117년〉,《제민일보》, 2012. 10. 13.

6 〈산업인맥 (17)제약업 〈1〉 선구자들 (상)〉,《매일경제》, 1973. 02. 26.

7 〈[우리 박물관 숨은 보물] 한글로 기록된 의학 책 '구급간이방'〉,《소년한국》, 2009. 09. 07.

8 〈"어라, 100년 전에도 '활명수'가?" … 그 탄생의 비밀〉,《프레시안》, 2009. 09. 04.

9 〈"어라, 100년 전에도 '활명수'가?" … 그 탄생의 비밀〉,《프레시안》, 2009. 09. 04.

10 〈[한국인의 藥 베스트10] ⑨동화약품, 액체 소화제 '까스활명수 큐'〉,《아이뉴스24》, 2011. 06. 13.

11 〈[코리아 베스트 원] 한국 최고最古 브랜드 '부채표 활명수'〉,《주간경향》, 제795호, 2008. 10. 09.

12 〈산책하라 격동의 현장을〉,《시사IN》, 제315호, 2013. 10. 11.

13 〈[조선후기 신지식인 한양의 中人들] 〈47〉 개화기 역관 양성 외국어학교〉,《서울신문》, 2007. 11. 19.

14 〈한국인보다 한국을 더 사랑한 '헐버트Homer B. Hulbert'〉,《재외동포신문》, 2012. 11. 19.

15 〈[열린세상] 덕수궁, 치욕의 역사를 잊지 않기 위한 성찰 공간〉,《서울신문》, 2011. 12. 06.

16 〈'정숙한 동네' 정동을 아십니까? (5)〉,《오마이뉴스》, 2002. 08. 01.

17 김영철,《영어, 조선을 깨우다》, 일리, 2011.

18 〈손탁 마담이 커피와 함께 배달한 것은〉,《오마이뉴스》, 2003. 03. 25.

19 〈[인천일보 연중기획] 한국 최초 대불호텔은 일본식 2층 건물〉,《인천일보》, 2014. 09. 16.

20 〈인류의 두 번째 불 백열전구 '역사속으로'〉,《연합뉴스》, 2013. 07. 16.

21 〈[열린세상] 덕수궁, 치욕의 역사를 잊지 않기 위한 성찰 공간〉,《서울신문》, 2011. 12. 06.

22 〈우리나라 최초의 국가는 금지곡이었다〉, KBS 역사스페셜, 2011. 09. 22 방송.

23 〈우리나라 최초의 국가는 금지곡이었다〉, KBS 역사스페셜, 2011. 09. 22 방송.

24 〈X-마스 이브에 문 열어…여름까지 1,700명 치료〉,《매일신문》, 2013. 03. 18.

25 〈제중원〉, SBS, 제29회 속 대사.

26 〈일본서 예수 영접한 '조선의 마게도냐인' 이수정, 최초 성경 번역… 美 선교사들 내한 앞당겨〉,《국민일보》, 2015. 07. 01.

27 전병길,《통일시대를 살다》, 포앤북스, 2012.

28 월남 이상재 기념사업회 누리집. http://www.leesj.or.kr

29 〈[언중언] 한서 남궁억〉,《강원일보》, 2009. 09. 01.

30 예종석,《활명수 100년 성장의 비밀》, 리더스북, 2009.

31 〈[박명수 교수의 이야기 교회사 (73)] 떡잎부터 달랐던 언더우드 형제〉,《국민일보》, 2005. 04. 21.

32 전병길,《통일시대를 살다》, 포앤북스, 2012.

33 〈[상하이 엑스포] 1889년 파리박람회 첫 참가…도자기·모시 진열〉,《한국일보》, 2010. 04. 21.

34 가일스 밀턴,《향료전쟁》, 생각의나무, 2012.

35 〈식민지 지배층의 특권적 공간 '남촌'〉,《한겨레21》, 제781호, 2009. 10. 15.

36 본 글의 내용은 1909년 기사를 현대식 맞춤법과 표기법으로 변환한 것임.

37 신민회는 1907년을 전후하여 일제가 보안법·신문지법 등의 악법을 만들어 반일적 색채를 띤 계몽운동을 탄압함에 따라, 사회계몽운동가들이 국권회복운동을 위해 비밀리에 조직한 단체다. 안창호安昌浩의 발기로 창립된 이 단체의 회원은 대부분 1896년도에 결성되어 2년 동안 활동하다 와해된 독립협회獨立協會의 청년회원들이었다.

38 〈［창간 100주년—학술대회·지면분석］〉,《서울신문》, 2004. 07. 16.

39 물류와 문류기반의 항구문화 덕상세창양행고백, 네이버 지식백과, http://terms.naver.com/entry.nhn?cid=3940&docId=1796090&mobile&categoryId=3940

40 한국광고협회,《한국광고100년》, 광고정보센터, 1996.

41 지구 표면의 온도 차이에 따라 나눈 다섯 기후대. 곧, 열대熱帶 및 남북南北의 두 온대溫帶와 두 한대寒帶, 네이버 한자사전

42 〈［한국 기독교 초석 놓은 언더우드］ (13) 언더우드와 '하나님' 이름〉,《국민일보》, 2014. 09. 23.

43 1910년 1월《매일신보》에 실린 동화약방 규례 광고.

44 〈판매량 상승〉,《매일경제》, 1967. 10. 24.

45 이홍기, 〈19세기 말 20세기 초 의약업의 변화와 개업의〉,《의사학》, 제19권 제2호(통권 제37호), 대한의사협회, 2010. 12.

46 손일권,《브랜드 아이덴티티》, 경영정신, 2003.

47 〈동화약품, 114년 활명수… 제조·제약부문 기네스 신기록〉,《한국경제》, 2011. 08. 04.

48 전병길,《브랜드 임팩트》, 생각비행, 2014에서 재인용.

49 대정大正은 일본日本의 다이쇼大正 일왕이 사용한 연호(1912~1926). 조선왕조실록사전 누리집, http://encysillok.aks.ac.kr/Contents/Index?contents_id=90000065

50 전병길 외,《사회혁신 비즈니스》, 생각비행, 2013에서 재인용.

51 〈［동아일보 속의 근대 100景］〈1〉문맹퇴치 운동〉,《동아일보》, 2009. 10. 19.

52 〈제중원에 말라리아 환자가 많았던 이유는〉,《프레시안》, 2010. 05. 24.

53 예종석,《활명수 100년 성장의 비밀》, 리더스북, 2009.

54 〈쇠락기 걷던 19세기 조선 양반 수명 6년 짧아졌다〉,《동아일보》, 2011. 08. 08.

55 〈사학명문 동성 개교 80돌〉,《경향신문》, 1987. 12. 05.

56 대한민국 임시정부 기념사업회 누리집, http://www.kopogo.com/bbs/board. php?bo_table=govstory&wr_id=25

57 예종석,《활명수 100년 성장의 비밀》, 리더스북, 2009.

58 1919년 11월 항일단체인 대동단이 주동이 되어 고종의 아들 의친왕義親王 이강李堈을 중국 상해로 망명하게 하여 대한민국임시정부의 지도자로 추대하려다가 중국 요녕성遼寧省 안동安東(현재 단둥)에서 일본 경찰에게 발각되어 간부 전원이 체포된 사건.

59 〈[커버스토리] '조선 근대화' 보도는 일본의 왜곡〉,《주간경향》, 제888호, 2010. 08. 12.

60 예종석,《활명수 100년 성장의 비밀》, 리더스북, 2009.

61 16년간 통권 29호를 낸 학지광, 네이버 지식백과, http://terms.naver.com/ entry.nhn?docId=2170146&cid=42192&categoryId=51064

62 〈[3.1절 88주년—여성독립운동가 열전] 만세운동·광복군… '男못잖은 항일투쟁'〉,《국민일보》, 2007. 02. 28.

63 예종석,《활명수 100년 성장의 비밀》, 리더스북, 2009.

64 〈여명의 개척자들 (12)—이강현〉,《경향신문》, 1984. 05. 26.

65 〈[동아일보 속의 근대 100景] ⑷물산장려운동〉,《동아일보》, 2009. 10. 12.

66 〈고무신을 처음 신은 사람은 '순종' [지식용어]〉,《시선뉴스》, 2015. 02. 22.

67 〈[문화와 세상] '묻지 마라 갑자생'을 이해하면서〉,《경향신문》, 2010. 08. 16.

68 〈우리의 국토(32)—을축년대홍수〉,《매일경제》, 1983. 12. 16.

69 〈한강홍수통제소 '을축년 대홍수비' 복원〉,《연합뉴스》, 2012. 09. 23.

70 동화약품 누리집, http://www.dong-wha.co.kr

71 〈을축년 대홍수가 부른 암사동 유적〉,《연합뉴스》, 2008. 08. 22.

72 〈[주영하의 음식 100년] ⑻ '사시사철' 별미, 냉면〉,《경향신문》, 2011. 04. 28.

73 정근식, 〈맛의 제국, 광고, 식민지적 유산〉,《사회와 역사》 통권 66호, 2004. 12.

74 〈사리원에 냉면소동 백명중독신음〉,《동아일보》, 1934. 08. 24.

75 〈"여인들이 뜀질을 하다니 조선에 망조가 들었군", 여성 스포츠사〉, 《경향신문》, 2012. 08. 01.

76 《동아일보》 광고, 1932. 09. 19.

77 〈여자정구 우승교 예상개표〉, 《동아일보》, 1932. 09. 29.

78 〈여자정구 현상투표―1등 상품 수여〉, 《동아일보》, 1932. 10. 01.

79 〈시대의 빗장 연 '女權의 산실'…동아일보의 女風 사업들〉, 《동아일보》, 2007. 03. 30.

80 〈가을빛가득한교외로!〉, 《동아일보》, 1935. 09. 27.

81 〈70년전 광화문의 '붉은악마'와 '민족'〉, 《연합뉴스》, 2005. 07. 14.

82 국가보훈처 독립유공자(공훈록), https://mpva.go.kr/narasarang/gonghun_view.asp?ID=13493&ipp=10

83 예종석, 《활명수 100년 성장의 비밀》, 리더스북, 2009.

84 《동화약품 백년사 1897~1997》, 동화약품, 1998.

85 네이버 한국민족문화대백과, http://terms.naver.com/entry.nhn?docId=559889&cid=46623&categoryId=46623

86 〈'스페인독감' 전세계 5000만명 목숨 잃어〉, 《한국경제》, 2015. 06. 06.

87 〈[지평선] 경의선 남은 숙제〉, 《한국일보》, 2014. 12. 26.

88 [철도 역사속으로] 한국철도와 남만주철도, 코레일 블로그, http://blog.naver.com/korailblog/10150366671

89 〈日朝滿運輸連絡(일조만운수연락) 八月十日(팔월십일)부터 實施(실시)〉, 《동아일보》, 1934. 07. 15.

90 〈[만물상] 손기정 유라시아 횡단철도 티켓〉, 《조선일보》, 2015. 03. 14.

91 〈윤동주, 나운규의 모교 명동학교〉, 《연합뉴스》, 2008. 04. 23.

92 〈[광복·분단 70년, 대한민국 다시 하나로] 우당 이회영 가문은〉, 《세계일보》, 2005. 03. 03.

93 예종석, 《활명수 100년 성장의 비밀》, 리더스북, 2009.

94 광복이전통계:시도별 호구 및 인구, 국가통계포털(KOSIS) 누리집, http://kosis.kr/statHtml/statHtml.do?orgId=999&tblId=CS010001942&vw_cd=MT_CHOSUN_TITLE&list_id=999_Q02_B01_1&seqNo=&lang_mode=ko&language=kor&obj_var_id=&itm_id=&conn_path=E1

95 구글맵, https://www.google.co.kr/maps/place/Jin+Tang+Jie,+Yuanbao+Qu,+Dandong+Shi,+Liaoning+Sheng,+%EC%A4%91%EA%B5%AD+118000/@40.1338728,124.398019,19z/data=!4m2!3m1!1s0x5e2b00393ad5b985:0x665a40b2afc02355

96 〈[안도현의 발견] 경의선〉, 《한겨레》, 2013. 10. 22.

97 예종석, 《활명수 100년 성장의 비밀》, 리더스북, 2009.

98 《동화약품 백년사 1897~1997》, 동화약품, 1998.

99 《동화약품 백년사 1897~1997》, 동화약품, 1998.

100 중앙선거관리위원회, 《역대 국회의원 선거상황》, 1963, 81~177쪽, 한국사데이터베이스에서 인용, http://db.history.go.kr/item/level.do?levelId=dh_017_1950_06_01_0030

101 〈[새로 쓰는 대한민국 70년(1945~2015)] 백화점 가던 이순재, 외박 나온 박태준도 "그날이 비극 시작일 줄은⋯"〉, 《조선일보》, 2015. 03. 26.

102 국방군사연구소, 《한국전쟁 피해 통계집》, 국방부, 1996

103 〈'국제시장 르포'―펄펄 끓는 용광로에서 팥죽 한 그릇〉, 《한겨레》, 2015. 01. 02.

104 《동화약품 백년사 1897~1997》, 동화약품, 1998.

105 예종석, 《활명수 100년 성장의 비밀》, 리더스북, 2009.

106 이어령, 《축소지향형의 일본인》, 문학사상사, 2003에서 재인용.

107 〈아직도 남은 식민잔재 청산〉, 《경남매일신문》, 2015. 04. 23.

108 전병길, 《브랜드 임팩트》, 생각비행, 2014.

109 〈68년 제작 이승만 대통령 풍자 영화 〈잘돼갑니다〉〉, 부산일보, 2012. 09. 07.

110 〈아세아의 위대한 선각자〉, 《경향신문》, 1953. 02. 07.

111 〈선거의 교훈〉, 《경향신문》, 1956. 05. 12.

112 강준만, 《한국 현대사산책―1950년대편 3권》, 인물과사상사, 2005.

113 〈이 구실 저 구실 연행 민주당원 20명 불법 감금 백일하 폭로된 안양선거 방해사건〉, 《경향신문》, 1956. 05. 17.

114 〈접객업소에서 약품 판매 단속〉, 《동아일보》, 1964. 01. 21.

115 1956년 제3대 대통령선거의 개표 및 후보자 득표 결과는 중앙선거관리위원회

누리집 http://www.nec.go.kr 참조.

116 〈광복40년 우리는 어디에 있는가? (10) 미국은 우리에게 무엇인가?〉, 《동아일보》, 1985. 08. 16.

117 〈코리아서 첫날 밝힌 자유의 벗〉, 《경향신문》, 1960. 06. 19.

118 〈[이건희칼럼] '과외망국' 대한민국〉, 《머니위크》, 2014. 10. 29.

119 〈[DB를 열다] 중학교 입시 폐지로 이어진 1960년대 무즙·창칼 파동〉, 《서울신문》, 2013. 01. 26.

120 〈잊을수 없는 선생님의 말씀〉, 《한국일보》, 2012. 12. 14.

121 〈[DB를 열다] 1963년 무작정 상경한 시골 소녀들〉, 《서울신문》, 2013. 04. 16.

122 〈어린 남매 겪은 시궁창 서울〉, 《동아일보》, 1965. 09. 24.

123 〈월남전중 한국군 전사자 4천6백24명〉, 《연합뉴스》, 1992. 02. 29.

124 〈월남전 참전 '소대장 수첩', 머나먼 쏭바강에 노을이…〉, 《경제풍월》, 2014. 11. 10.

125 〈PR 의약품 월남에〉, 《매일경제》, 1967. 10. 18.

126 〈⑨ 1·21 청와대 기습과 병영국가의 탄생 박정희에겐 지속적인 '위기'가 필요했다, 고경태의 1968년 그날〉, 《한겨레21》 제996호, 2014. 01. 22.

127 〈동아방송 790KC 독점중계〉, 《동아일보》 광고, 1968. 04 .23.

128 〈제44주차 시사안보 — 울진·삼척 무장공비 침투사건의 교훈〉, 《국방일보》, 2014. 10. 24.

129 〈오아시스〉, 《동아일보》, 1968. 12. 09.

130 〈자주문화의 재정립 (3) 통기타·생맥주 방향 잃은 청년문화〉, 《경향신문》, 1978. 01. 06.

131 〈박정희는 통기타를 어떻게 부숴버렸나〉, 《한겨레》, 2012. 10. 05.

132 〈윤형주의 세시봉과 인생 얘기, 한번 들어보실래요?〉, 《조선일보》, 2012. 12. 28.

133 '전일방송'은 1980년 신군부의 언론통폐합 정책으로 KBS에 흡수·통합되었으며 KBS 광주 제2라디오로 전환하게 된다.

134 〈[DB를 열다] 1971년 성탄절 대연각호텔 화재〉, 《서울신문》, 2013. 04. 08.

135 미국의 우주 탐사에 관한 라이스 대학교 연설, http://www.jfklibrary.org/JFK/

Historic-Speeches/Multilingual-Rice-University-Speech/Multilingual-Rice-University-Speech-in-Korean.aspx

136 〈아폴로 때문에 멸망 묻혀올 미생물 우려〉,《경향신문》, 1969. 03. 27.

137 〈달 착륙 수기 집필에 라이프지서 백만불〉,《경향신문》, 1969. 06. 24.

138 《아폴로11호 한국에도 TV 중계》,《경향신문》, 1969. 07. 11.

139 〈한국서도 임시공휴일〉,《경향신문》. 1969. 07. 19.

140 〈3명 화상〉,《경향신문》, 1969. 07. 17.

141 〈날개 돋친 텔리비〉,《매일경제》, 1969. 07. 17.

142 〈[DB를 열다] 1967년 전화국에서 근무하는 전화교환원〉,《서울신문》, 2013. 04. 24.

143 〈조선시대 삶의 파노라마〉,《서울신문》, 2006. 04. 15.

144 〈조선시대 식사량 '얼굴 보다 큰 밥그릇에 산처럼'〉,《머니투데이》, 2012. 10. 14.

145 〈[지평선/2월4일] 쌀밥〉,《한국일보》, 2014. 02. 03.

146 전병길 외,《사회혁신 비즈니스》, 생각비행, 2013에서 재인용.

147 〈70년대 미국의 상징물 스마일 마크 첫손 꼽혀〉,《동아일보》, 1998. 11. 05.

148 켄 벨슨 외,《헬로우 키티의 감성마케팅》, 문이당, 2006.

149 〈[광복 70년… 물건의 추억] [15] '웃으며 살자' 외친 스마일 배지… '정치의 겨울' 1972년 유행 시작〉,《조선일보》, 2015. 04. 15.

150 〈스마일마크 20년만에 부활〉,《동아일보》, 1996. 10. 28.

151 〈[사설] '새마을의날' 법정기념일에 부쳐〉,《농민신문》, 2011. 04. 25.

152 새마을운동, 두산백과사전, http://terms.naver.com/entry.nhn?docId=1110202&cid=40942&categoryId=33385

153 새마을운동기록물, 유네스코 세계문화유산, http://www.unesco.org/new/en/communication-and-information/resources/multimedia/photo-galleries/preservation-of-documentary-heritage/photos-memory-of-the-world-register/2013/republic-of-korea-archives-of-saemaul-undong-new-community-movement/

154 〈폐품 모아 '알뜰 마을금고' 리어카로 골목길 누벼〉,《경향신문》, 1976. 09. 07.

155 새마을운동, 두산백과사전, http://terms.naver.com/entry.nhn?docId=111102
02&cid=40942&categoryId=33385

156 〈[허문명 기자가 쓰는 '김지하와 그의 시대'] 〈69〉광고 탄압〉, 《동아일보》,
2013. 07. 16

157 〈부채표 활명수 병따기 큰 불편〉, 《동아일보》, 1975. 03. 11.

158 〈[여적] 신어와 말장난〉, 《경향신문》, 2015. 04. 19.

159 〈[새로 쓰는 대한민국 70년(1945~2015)] 유엔(1948년 파리 총회) '대한민국 승인'
기적 뒤엔… 이승만·張勉 '바티칸 공략 作戰'〉, 《조선일보》, 2015. 02. 26.

160 한국역사정보통합시스템, http://db.history.go.kr/item/level.do;jsessionid=
2E6F109536AA1E71BE94CB2AFAAAC153?levelId=dh_022_1951_08_
07_0050

161 〈[무비콕] '내 심장을 쏴라' 꽉 막힌 심장 뻥 뚫는 '청춘활명수'〉, 《TV리포트》,
2015. 01. 24.

162 〈대포알 같은 박주호의 골, 안정환 '가스 활명수'로 표현〉, 《일간스포츠》,
2014. 09. 26.

163 전병길 외, 《사회혁신 비즈니스》, 생각비행, 2013에서 재인용.

164 〔한국생활사〕 주식의 변화, 네이버 캐스트, http://navercast.naver.com/
contents.nhn?rid=141&contents_id=8092

165 2014 양곡소비량 조사결과, 통계청, 2015. 01.

166 〈한국 1인당 우유소비 43년새 45배 증가〉, 《연합뉴스》, 2015. 05. 12.

167 〈동화약품 '활명수', 117년 장수 한국 最古 걸맞게 젊은 감각 디자인 2종 선보
여〉, 국민일보, 2014. 12. 22.

168 〈ISSUES 2015 | 인산인해의 지구를 구하라〉, 《뉴스위크》, 2014. 12. 30.

169 《활명수, 제 2회 '생명을 살리는 물' 캠페인 기금 전달식》, 《약업신문》, 2014.
04. 11.

170 예종석, 《활명수 100년 성장의 비밀》, 리더스북, 2009.

171 예종석, 《활명수 100년 성장의 비밀》, 리더스북, 2009.

172 전병길, 《브랜드 임팩트》, 생각비행, 2014.

173 '유명인celebrity'과 '마케팅marketing'의 합성어로 유명인을 마케팅에 활용하는
방법을 말한다.

174 《동화약품 백년사 1897~1997》, 동화약품, 1998.

175 〈수요자 요구에 부응 까스 활명수도 신조〉, 《매일경제》, 1967. 06. 30.

176 중요도가 낮고, 값이 싸며, 상표 간의 차이가 별로 없고, 잘못 구매해도 위험이 별로 없어 구매할 때 소비자의 의사결정 과정이나 정보처리 과정이 간단하고 신속하게 이루어지는 제품을 말한다. 초콜릿, 껌 등이 대표적인 저관여 제품이다. 네이버 New 경제용어사전 참조. http://terms.naver.com/entry.nhn?docId =782577&cid=42111&categoryId=42111

177 《매일경제》, 1967. 07. 19, 까스명수 광고.

178 《경향신문》, 1967. 07. 19, 까스명수 광고 문구.

179 〈라이벌 의약품 동화 까스활명수 조선무약 위청수〉, 《매일경제》, 1994. 06. 27.

180 〈솔표 우황청심환, 쌍화탕, 위청수 역사속으로〉, 《서울신문》, 2012. 02. 14.

181 김기원, 《김기원의 경제학포털》, 필맥, 2009.

182 전병길 외, 《사회혁신 비즈니스》, 생각비행, 2014.

183 예종석, 《활명수 100년 성장의 비밀》, 리더스북, 2009.

184 예종석, 《활명수 100년 성장의 비밀》, 리더스북, 2009.

185 《동아일보》, 1924. 06. 27, 동화약품 광고, 《동아일보》, 1933. 07. 25, 활명수 광고.

186 예종석, 《활명수 100년 성장의 비밀》, 리더스북, 2009 내용과 1920년~1930년 대 《동아일보》에 실린 활명수 광고 내용을 취합.

187 본 자료는 네이버 역사카페 '부흥'에 게시된 아이디 '자중자애ksyi9070'의 분석 자료를 참조하였음. http://cafe.naver.com/booheong/49386

188 〈음식 값 껑충〉, 《경향신문》, 1966. 06. 06.

189 〈올 독과점 157품목 지정〉, 《경향신문》, 1977. 04. 28.

190 〈전국 관광 유원지의 실태〉, 《동아일보》, 1978. 05. 01.

191 〈[어제의오늘] 1980년 컬러tv 방송 시작〉, 《경향신문》, 2008. 11. 30.

192 전상인, 《편의점 사회학》, 민음사, 2014.

193 〈성별에 따라 찾는 안전상비약 다르다〉, 《헬스포커스》, 2013. 04. 08.

194 김덕호, 《욕망의 코카콜라》, 지호, 2014.

195 [20세기 디자인 아이콘 : 패키지] Coca-Cola, 1915, 네이버캐스트, http://

navercast.naver.com/contents.nhn?rid=101&contents_id=3664

196 동화약품 누리집, http://www.dong-wha.co.kr/company/spirit.asp

197 〈헤리티지마케팅, 기업의 가치를 높이다〉, 《월간 마케팅》 제48권 제4호, 한국 마케팅연구원, 2014. 04.

198 《동아일보》, 1922. 09. 16 대륙고무 광고.

199 《동아일보》, 1931. 12. 07. 아지노모도 광고.

200 〈장수식품〉, 《경향신문》, 1997. 09. 26.

201 최연구, 《미래를 예측하는 힘》, 살림지식총서 372, 살림출판사, 2009.

202 〈[한국 근대교육 선구자, 아펜젤러] (14)안식년, 한국사랑의 실천〉, 《국민일보》, 2015. 02. 17.

203 문화재청 누리집, http://www.cha.go.kr

204 〈삼성·현대·SK·두산·한화·CJ...시장경제 틀 만든 이승만〉, 《미디어펜》, 2015. 03. 04.

205 《[역경의 열매] 이희조 (7) 산업화 비전 품고 전역 후 비료회사로》, 《국민일보》, 2011. 08. 11.

206 〈반기문 총장 영어발음 한국인만 창피해 한다'〉, 《한국경제》, 2012. 04. 29.

207 문화재청 누리집, http://www.cha.go.kr

208 〈'발명인의 전당' 개관〉, 《연합뉴스》, 1999. 05. 25.

209 서울시 미래유산 누리집, http://futureheritage.seoul.go.kr/web/main/index.do

210 〈中企 100년 역사를 한눈에…상암동에 역사관〉, 《매일경제》, 2014. 01. 23.

211 〈근·현대 산업기술 유물 문화재 등록 예고〉, 정부 정책 브리핑, 2013. 06. 21.